ERLEBNIS UND WANDLUNG

KARLFRIED GRAF DÜRCKHEIM

ERLEBNIS
UND
WANDLUNG

GRUNDFRAGEN
DER SELBSTFINDUNG

Erweiterte Neuausgabe

OTTO WILHELM BARTH VERLAG

Fünfte Auflage 1986
Vom Verfasser erweiterte und überarbeitete Neuausgabe.
Gesamtdeutsche Rechte © 1978 by Scherz Verlag Bern,
München, Wien für Otto Wilhelm Barth Verlag.

INHALT

Der erste Beitrag des Bandes erschien zuerst in *Psychotherapie in Selbstdarstellungen,* hrsg. v. Ludwig J. Pongratz, Hans Huber Verlag, Bern - Stuttgart 1973.

»Der Mitmensch als Mittler zum Wesen« ist die wörtliche Wiedergabe des 1954 auf dem Internationalen Kongreß für Psychotherapie gehaltenen Vortrags »Das Überpersönliche in der Übertragung«.

»Die Erfahrung des Wesens als Voraussetzung menschlicher Wandlung« ist die erweiterte Fassung eines gleichnamigen Vortrags, gehalten auf der Tagung der Schweizerischen Gesellschaft für praktische Psychologie 1955 in Zürich.

»Haltung, Spannung und Atem...« erschien zuerst in *Das Kraftfeld des Menschen und Forschers Gustav Richard Heyer. Eine Festschrift zu seinem 65. Geburtstag,* Kindler Verlag, München 1955.

»Vom Leib, der man ist...« wurde geschrieben für den Sammelband *Psychotherapie – Körperdynamik,* hrsg. v. Hilarion Petzold, Junfermann Verlag, Paderborn 1977.

»Die Ganzheit des Menschen...« erschien in der Festschrift zum 75. Geburtstag von Lama Anagarika Govinda, *Wege zur Ganzheit,* Kasar Devi Ashram Publ., Almora (Indien) 1973.

»Wann ist der Mensch in seiner Mitte?« wurde zuerst veröffentlicht in *Wirklichkeit der Mitte. Beiträge zu einer Strukturanthropologie. Festgabe für August Vetter zum 80. Geburtstag,* hrsg. v. Johannes Tenzler, Karl Alber Verlag, Freiburg/Brsg. – München 1968.

VORWORT

Allzuleicht gibt sich der Mensch der Illusion hin, daß das, was
er in einer Sternstunde des Lebens erfuhr, schon unverlierba-
rer Besitz ist, und daß er selbst schon allein kraft solchen Erlebens ein anderer geworden. Doch auch ein Erlebnis, das den
Menschen in der Tiefe erschüttert und für einen Augenblick
über den unfruchtbar gewordenen Ich-Stand seines Daseins in
die Wirklichkeit eines Größeren Lebens hinaushebt, versandet
im Raum sentimentaler Erinnerung, wenn es nicht zum verpflichtenden Anstoß eines Neuwerdens wird, um das der
Mensch sich in unablässiger Übung selber bemüht. Geschieht
dieses nicht, dann wird auch dem Menschen, der sich auf
Grund bestimmter Erlebnisse schon ins Licht getaucht fühlte,
als sei er zu höherer Stufe entbunden, unausweichlich die
schmerzliche Erfahrung zuteil, daß er der alte geblieben! Und
im Bewußtsein des Versagens an dem, was sich ihm für einen
Augenblick beglückend und verpflichtend gezeigt hat, wird er
die Begrenztheit und Dunkelheit seines alten Gehäuses noch
schmerzlicher empfinden als zuvor. So muß gerade der
Mensch, in dem die große Sehnsucht erwacht ist, und dem es
auch nur einmal gewährt wurde, seiner Teilhabe an einem
höheren Sein innezuwerden, erkennen, daß *Erlebnis* und
Wandlung zweierlei ist.

Zum erschütternden Erlebnis, in dem für einen Augenblick
das »Eigentliche« aufblitzt, muß hinzukommen die den ganzen
Menschen erfassende langsame Verwandlung. Ohne Seinser-
lebnis gibt es keine Verwandlung, aber ohne Verwandlung
geht auch das als wesenhaft Erlebte verloren. Nur in dem
Maße, als der Mensch das, was er in der Tiefe erfuhr, fortschreitend in sich Raum greifen läßt und mit ihm eins wird,
erfüllt auch die *Große Erfahrung* ihren Sinn. Und erst wo aus

der Integration mit dem Wesen eine *Verfassung* hervorwächst, die den Menschen befähigt, das in der Tiefe Erlebte nicht nur innerlich zu bewahren, sondern auch in der Welt zu bewähren, bleibt der Mensch auf dem Weg, der seiner Bestimmung entspricht: im praktischen Vollzuge der Welt vom Überweltlichen zu zeugen.

Die im folgenden vorgelegten Aufsätze und Vorträge umkreisen alle das Doppelthema des menschlichen Lebens: Das Erlebnis des Durchbruchs zum Wesen und die auf Grund dieses Erlebnisses mögliche Wandlung.

Es möge den Leser nicht stören, daß sich in diesen Beiträgen mancherlei wiederholt, was schon in früheren Veröffentlichungen zur Sprache kam. Und es ließ sich auch nicht völlig vermeiden, daß einzelne Teile der hier vorgelegten Arbeiten sich an einzelnen Stellen überschneiden.

Wo immer es sich um das Letzte handelt, tritt das Ganze in die Erscheinung. Nur auch wenn man es immer als Ganzes durchschimmern läßt, ist es möglich, diese oder jene Seite und Stufe des Menschseins in ihrer vollen Bedeutung zu beleuchten.

Karlfried Graf Dürckheim

VORWORT ZUR NEUAUSGABE

Die der Neuausgabe von *Erlebnis und Wandlung* hinzugefügten Aufsätze stehen im Zeichen der gleichen Thematik, die den Aufsätzen der ersten Auflage zugrunde liegt.

Der erste Aufsatz, »Mein Weg zur initiatischen Therapie«, zeigt etwas vom Zusammenhang zwischen persönlichen Erfahrungen, die das Leben des Verfassers bestimmt haben, mit der von ihm vertretenen initiatischen Therapie.

Der Aufsatz »Vom Leib, der man ist« – im Unterschied zum Körper, den man hat – öffnet einen neuen Zugang zur Arbeit am Menschen. Die Arbeit am Leib, der man ist, erweist sich als unabdingbar für jegliche Arbeit am Menschen, auch wenn sie zunächst nur in psychologischer oder spiritueller Absicht geschieht.

Der Aufsatz »Die Ganzheit des Menschen als Integration von östlichem und westlichem Lebensbewußtsein« beantwortet eine Frage, die in dem Maße an Bedeutung gewinnt, als heute östliche Praktiken Einzug in unsere westliche Welt halten.

Im Aufsatz »Wann ist der Mensch in seiner Mitte?« spiegeln sich Schicksal und Bestimmung des Menschseins im Kreuzpunkt seines Herzens, darin sich die Horizontale seiner raumzeitlichen Wirklichkeit und die Vertikale seiner transzendenten Bestimmung schneiden.

Diese neuen Aufsätze kreisen ebenso wie die der ersten Ausgabe um das, was ich heute den *initiatischen Weg* nenne. Auf ihm öffnet sich im initiatischen Grunderleben das Tor zum Geheimen, das wir selbst in unserem Wesen sind, und erfüllt sich im Annehmen des Auftrages zur Verwirklichung der »Person«, die sich als Zeuge der erfahrenen Transzendenz mitten im weltlichen Dasein bewährt.

Karlfried Graf Dürckheim

MEIN WEG ZUR INITIATISCHEN THERAPIE

Jede Therapie gründet in einer Konzeption des Menschen, seines Wesens und seiner Bestimmung. Sie bestimmt, dem Therapeuten mehr oder weniger bewußt, die Weise seines Heilens.
Eine solche Konzeption ist ihrerseits das Ergebnis geistiger
Tradition, persönlicher Erfahrungen und Entscheidungen, zum
Teil aber auch die Folge der Zugehörigkeit zu einer bestimmten »Schule«.

Was meine Zugehörigkeit zu Schulen unserer Zeit anbetrifft,
so empfinde ich große Dankbarkeit gegenüber der Ganzheitspsychologie von Felix Krueger, dem ehemaligen Leiter des
psychologischen Instituts der Universität Leipzig, dessen Assistent ich lange Jahre, von 1925–1932 war. Ohne Zweifel hat
auch die Gestaltpsychologie von Friedrich Sander Einfluß auf
mein Denken gehabt, wie auch in den letzten zwanzig Jahren
das Werk C. G. Jungs und Erich Neumanns.

Größeren Einfluß auf meine geistige und berufliche Entwicklung als alle anderen hatte Meister Eckehart. Meine Vorstellung vom Menschen ist aus einer freien christlichen Tradition hervorgewachsen, deren zeitlose und universale Erfah-
rungsgrundlagen mir zuerst durch Meister Eckehart, später
dann auch in der Begegnung mit östlicher Weisheit »aufgin-
gen«. Die universalen, allgemeinmenschlichen Erfahrungs-
grundlagen jeder lebendigen Religiosität bestimmen den
Grundcharakter meiner Therapie.

Die Problematik des heutigen Menschen erscheint mir im
wesentlichen religiöser Natur zu sein. Die religiöse Bodenlosigkeit ist heute im Menschen die Wurzel seines »Nicht-Heil-
seins«. Alle Versuche, ihn heil zu machen, die nicht von der
Einsicht in diese Bodenlosigkeit ausgehen und versuchen, die
fehlende religiöse Grundlage durch andere, z. B. rationale

Ordnungen zu ersetzen, können Heilung immer nur in einem begrenzten Sinn ermöglichen. Ebenso fruchtlos müssen auf die Dauer alle Versuche bleiben, verlorenen religiösen Grund durch eine Popularisierung der Glaubensgeheimnisse zurückzugewinnen. Erneuerung und Gesundung kann es nur auf einem Wege geben: den Weg über das Ernstnehmen religiöser Urerfahrungen. Eben dieses war und ist dem Menschen im Zuge seiner Rationalisierung verstellt, so daß schließlich jede legitime Äußerung des »Grundes« als Illusion verdächtig, die sie verhindernde Deformation des Geistes aber als real und natürlich angesehen wird. Heute sind wir nun Zeuge dafür, daß nichts die Neugeburt des Menschen aus der Tiefe seines Wesens besser vorbereitet, als das langsame Abwürgen seines lebendigen Kernes: Die Bedrohung der Mitte führt zu ihrem Erwachen. Der chaotische Zusammenbruch aller Ordnungen, die Rebellion der Jugend gegen eine sie nur auf Durchsetzungskraft, Leistungsvermögen und Wohlverhalten drillende Erziehung ist das Kindsbett eines zu seinem Wesen erwachenden neuen Menschen, und Heilen bedeutet für mich heute, an diesem Neuwerden mitzuwirken. Ehe ich auf meine auf dieser Grundlage entwickelte Therapie im einzelnen eingehe, gebe ich kurz den Rahmen an, in dem sie sich vollzieht.

Todtmoos-Rütte

Es ist für mich heute schwer, von »meiner« Therapie zu sprechen, da sie sich seit zwanzig Jahren in einem wachsenden Kreise von Mitarbeitern vollzieht und entwickelt. In Todtmoos-Rütte, einem abgelegenen Hochtal des Schwarzwaldes, hat sich mit der Zeit die »existential-psychologische Bildungs- und Begegnungsstätte« entwickelt. Von Anfang an wuchs sie hervor aus dem Zusammenwirken mit Maria Hippius. Die Zusammenarbeit mit ihr geht auf die Zeit am Leipziger Institut zurück, war in den Jahren 1933–1948 unterbrochen und wurde 1948 wieder aufgenommen. Frau Hippius vertritt vor allem die tiefenpsychologische und archetypische Fundierung und Ausrichtung unserer Arbeit. Uns zur Seite stehen zwei Atem- und Bewegungstherapeutinnen, ein Aikido-Meister, ein Musik-Therapeut. Hinzu kommen jüngere Mitarbeiter für Ausdruck und Gebärde, entomische Übungen, therapeutisches Zeichnen, Tanz und anderes. Schon daraus wird deutlich, daß ich versuche, jede Art von »Psyche-Psychotherapie« zu vermeiden, und den Menschen verstehe als ein Kind des Himmels und der Erde, und also den Leib ebenso ernst nehme wie sein überweltliches »Wesen«. In mehreren Gästehäusern oder beim Bauern wohnen jeweils dreißig bis vierzig Personen, die unsere Hilfe in Anspruch nehmen. Die Dauer des Aufenthaltes schwankt zwischen einer Woche und mehreren Jahren. Ganz gleich, was der akute Anlaß ist, es geht stets weniger um die Behebung irgendwelcher Störungen, die der Anlaß ihres Hierseins sein können, als um den nächsten Schritt auf dem Wege echter Selbstverwirklichung. Jeder hat in der Woche ein bis drei Stunden bei Dr. Hippius oder bei mir, arbeitet außerdem regelmäßig bei einem oder mehreren unserer Mitarbeiter. Der Tag beginnt von 7 bis 8 Uhr mit einer Meditation im Stile des Zen für diejenigen, die entsprechend dazu vorbereitet sind. Dazu kommen Aussprachenabende, Gruppentherapie, Vorträge von auswärtigen Forschern, Kurse in Astrologie, Blumenstekken u. a. Mehrmals im Jahr Tagungen zu aktuellen Problemen unserer Therapie, und endlich für Auswärtige (Psychologen, Ärzte und Priester) einige Tagungen zur Einführung in die Meditation. Meine therapeutische Arbeit in Rütte wird ergänzt durch Vorträge im In- und Ausland und in wachsendem Maße durch Meditationstagungen, zu denen ich immer häufiger, insbesondere von kirchlichen Institutionen, Klöstern usw. gebeten werde. Das Hauptthema solcher Tagungen: Religiöse Urerfahrung und Praxis der Meditation als Verwandlungsübung. Die Arbeit wird unterbaut und nach Sinn und Ziel zusammengefaßt in meinen Veröffentlichungen, Aufsätzen und Büchern.

»Meine Therapie«

Wie weit für das, was ich mit den Menschen tue, die sich mir anvertrauen, um heil zu werden, der Name »Therapie« erlaubt ist, ist mir nicht klar. Es läuft heute so Verschiedenes unter diesem Begriff. Vielleicht ist es aber gerechtfertigt, den Bezug auf das »Heilsein des Menschen« als das aller Therapie Gemeinsame anzusehen. Freilich, sobald man fragt: Was verstehen Sie unter Heilsein?, können die Antworten weit auseinandergehen, denn es gibt zweierlei Leiden: das Leiden an einer Funktionsuntüchtigkeit für die Welt und das Leiden an dem Nicht-eins-Sein mit dem eigenen Wesen.

Es gibt den Therapeuten, der als heilgeworden einen Menschen ansieht, der, von einer akuten Störung befreit, »wieder in Ordnung« ist, lebensfroh, leistungsstark und kontaktfähig in der Welt. Ein anderer wird als wirklich heil erst den Menschen gelten lassen, der zu seinem »Wesen« hingefunden hat, das heißt zu der Weise, in der ein überweltliches Sein in ihm anwesend ist und in dieser Welt Gestalt finden möchte im wahren Selbst. Heil ist dann nur der Mensch, der als Person durchlässig geworden ist für sein Wesen und in ihm das Sinnzentrum und die unversiegbare Quelle seines Lebens gefunden hat, eine Quelle, die heilsam und verwandelnd gerade auch *im* Leiden fließt.

Das sind zwei grundverschiedene Auffassungen. Wahrscheinlich wird der Vertreter der ersten sagen, bei der zweiten handle es sich überhaupt nicht mehr um Therapie, sondern um eine weltanschaulich bedingte Seelenführung. Dem könnte der andere entgegnen, wahre Therapie wie echtes Heilsein fängt überhaupt erst dort an, wo das Überweltliche in einem Menschen angesprochen und als der eigentliche Herr im Hause zur Wirksamkeit gebracht wird. Dem wird der erste vielleicht entgegenhalten, das »Überweltliche« sei nichts als eine metaphysische Konzeption, worauf der zweite wieder sagen könnte: Es ist der eigentliche Kern des Menschen, der seine Ganzheit bestimmt und einem unverstellten Gemüt auch *erfahrbar* ist. Wirklich heil kann nur der Mensch werden, dem diese Tiefe erschlossen ist.

Ich gestehe, daß »meine Therapie« auf diese letztere Art Heilsein bezogen ist, was nicht ausschließt, ja, meist einschließt, daß ein Mensch dabei auch im üblichen Sinn des Wortes gesund wird. Hat eine Therapie dieser Art noch echte wissenschaftliche Grundlagen? Das ist eine zur Beurteilung meiner Therapie unerläßliche Frage. Ja, vorausgesetzt, daß man für eine dem Menschen als Person angemessene Wissenschaft nicht die Voraussetzungen verlangt, die für eine auf Sachen oder bloße »Lebewesen« bezogene Wissenschaft erforderlich sind. Diese gelten nur in dem Maße, als man den Menschen, wie es z. B. in der klassischen Medizin geschieht, zu einem »Gegenstand« machen, erforschen und erkennen kann. Wo es aber um den Menschen als lebendige Person geht, muß Erkennen und Heilen auf jenes Wesenszentrum bezogen sein, das nicht in gleicher Weise rational erfaßt werden kann. Zu glauben, daß dieses die Grenzen einer Erfahrungswissenschaft überschreitet, ist der große Irrtum gewesen. So nehme ich für meine auf das Wesen bezogene Arbeit am Menschen in Anspruch, daß sie von Erfahrungen ausgeht, und daß ihre Ergebnisse an Erfahrungen kontrolliert und verifiziert werden können, obwohl diese »Transzendentes« betreffen. Ja, alle meine Arbeit hat zum Kern- und Quellpunkt, aber auch zur Sinnmitte, die *Erfahrung* einer dem Menschen immanenten, auf Manifestation in der Welt drängenden Offenbarung eines überweltlichen Lebens. Da diese Therapie auf dem Ernstnehmen von Erlebnissen aufruht, die den Horizont des gewöhnlichen Ichs überschreiten, die Erschließung der in seinen Ordnungen verborgenen Wirklichkeit sucht und eine Verwandlung des Menschen anstrebt, die dieser transzendenten Wirklichkeit entspricht, bezeichnen wir unsere Therapie als eine *initiatische* Therapie. »Initiatisch« kommt von initiare: den Weg zum Geheimen öffnen. Dieses Geheime ist nichts anderes als die unserem Wesen immanente Transzendenz als eine erfahrbare Wirklichkeit. Ihr Bewußtwerden und ihre »Auszeugung« ist Bestimmung des Menschen, dieser Bestimmung entsprechen zu können, ist sein »Heil«. Diesem »Heil«-Werden zu dienen, ist der Sinn meiner »Therapie«. Denn heil wird der Mensch nur in dem Maße, als er den in ihm verborgenen Schatz finden und ihn, unabhängig von den ihn bedrohenden und ihn krankmachenden Bedingungen der Welt, hervorleuchten lassen kann. Wir müssen heute die Verkrüppelung unseres Geistes überwinden, die seine Erkenntniskraft, sobald es sich um

»Wissenschaft« handelt, auf das rational Faßbare, das heißt aber auf das das Geheimnis Verbergende, begrenzt.

Ich beginne bisweilen meine Arbeit, indem ich sage: Wenn mich jemand fragt: Was ist Ihr Hauptproblem? werde ich immer antworten müssen: Wie kommt der Karlfried durch den Dürckheim durch? Mit dem Familiennamen meine ich den Menschen, der von der Welt her bedingt ist, in einer bestimmten Familie geboren, unter bestimmten Umständen aufgewachsen, erzogen, gebildet und verbildet, diesen und jenen Einflüssen unterworfen, Produkt einer Entwicklung mit Erfolgen und Enttäuschungen, schließlich der geworden, als der er heute in der Welt an der Stelle steht, an der er steht. – Mit dem Vornamen dagegen meine ich den Unbedingten in ihm, der sich von Kindheit an unter allen Bedingungen hätte manifestieren wollen und auch immer weiter will. Mit dem Vornamen meine ich also das »Wesen« und verstehe darunter die individuelle Weise, in der sich das überweltliche, »unbedingte« Leben in mir und durch mich hindurch entfalten möchte in der Welt. Für dieses Wesen bedeutet jede Beschränkung der Gestalt, auf die es eigentlich angelegt ist, einen Druck und ein Leiden. Die sich mir und jedem Menschen stellende Frage also ist: »Wie kann der von der Welt mitbedingte Schicksalsleib so durchlässig und so geformt werden, daß das ihm innewohnende, auf Fleischwerdung drängende Wesen und die in diesem Wesen verkörperte Transzendenz Weltgestalt gewinnen kann?«

Was die Formulierung: »Wie kommt der eine durch den anderen durch?« meint, leuchtet einem jeden sofort ein. Ja, mehr noch, oft wird sich der Partner zum ersten Mal beim Hören dieser Formulierung der zwei Pole bewußt, zwischen denen menschliches Leben in leidvollen Gegensätzen schwingt. Nur eine in ihrem Wirklichkeitsbegriff einseitig rationalistisch deformierte Menschheit, die sich, von transzendenten Erlebnismöglichkeiten ganz abgesehen, auch ihre Wirklichkeit als Subjekt als »nur subjektiv« verdächtigen läßt, konnte sie aus dem Auge verlieren. Die Rede vom zweifachen Ursprung des Menschen, wie immer man ihn bezeichnen will, »himmlischen und irdischen, oder geistigen und natürlichen Ursprung«, ist nicht der Ausdruck einer irgendwie möglichen oder aber wissenschaftlich unmöglichen Weltanschauung, sondern die begriffliche Spiegelung menschlicher Urerfahrung von zwei Dimensionen. Von ihrem Vorhandensein, ihrer Unterscheidung und ihrer Integration muß jede Arbeit am Heilsein des Menschen ausgehen. Es gibt keine Form des Unheilseins, des physischen, psychischen oder geistigen Krankseins, bei der das Heilwerden nicht mitbestimmt wäre davon, ob und in welchem Ausmaß der »Kranke« seinen derzeitigen Zustand allein vom Standpunkt seines weltbedingten Ichs oder aber vom Wesen her, d. h. auf dem Hintergrund einer Fühlung mit dem überweltlichen Sein, angeht. So auch unterscheiden sich therapeutisch zwei Situationen, je nachdem, ob man es mit einem Menschen zu tun hat, der noch im primären Bewußtsein befangen, sich ganz mit seinem raumzeitlich bedingten Schicksalsleib identifiziert, oder mit einem Menschen, der sich schon einmal in seinem Wesen erfahren hat und sich und seine Situation von daher wahrnimmt.

Persönliche Erfahrungsgrundlagen

Die Besinnung auf »meine Therapie«, zu der diese Monographie der Anlaß war, ließ mich mit immer größerer Deutlichkeit erkennen, daß sich in ihr durchweg Erfahrungen auswirken, die irgendeinmal in meinem Leben von entscheidender Bedeutung waren: Erschütterungen, Beglückungen, tief nachwirkende Stimmungen, insbesondere aber Erfahrungen, die ich später »Seinsfühlungen« oder »Seinserfahrungen« genannt habe. Und da auch meine Arbeit mit anderen wesentlich an solche Erfahrungen anknüpft, scheint es mir gerechtfertigt, die Beschreibung der Eckpfeiler meiner Therapie aus Mitteilungen solcher Erfahrungen hervorwachsen zu lassen. Ich beschränke mich dabei auf die Mitteilung von Erfahrungen, die den besonderen, das heißt den »initiatischen Charakter« meiner Therapie begründen, es also mit Transzendenz zu tun haben. Zur Ergänzung weise ich an dieser Stelle auf den Beitrag hin, den Maria Hippius für die zu meinem 70. Geburtstag erschienene Festschrift *Transzendenz als Erfahrung* unter dem Titel »Am Faden von Zeit und Ewigkeit« geschrieben hat.*

---

* Erschienen im O. W. Barth Verlag, Weilheim 1966.

Darin hat sie bereits die wichtigsten Phasen meines Lebens und den Zusammenhang entscheidender Erlebnisse und Ereignisse mit meiner Therapie sowie das Wesentliche unserer gemeinsamen Arbeit in Rütte beschrieben, oft besser, als ich es selbst könnte.

Die Erfahrung des Numinosen in der Kindheit

Im Kleinkind ist das Leben noch ungebrochen und ungeteilt, noch als ungeschiedene Ganzheit gegenwärtig. Wo dann das gegenständliche Bewußtsein und sein Zentrum, das seiner selbst und seiner Welt bewußte Ich, zu erwachen und zu wachsen beginnt, kann die das Leben doch noch tragende, beseelende und bergende Einheit im Randbewußtsein jene Qualität des Gesamterlebens zeitigen, die später dann in vielen Menschen als »Glanz der Kinderzeit« fortlebt. Solange das gegenständlich-rationale Bewußtsein, das Tat-Sachen schafft, in Begriffen fixiert und sich an ihren Ordnungen orientiert, noch unentwickelt ist, bleibt das gesamte Erleben wie beim »Primitiven« maßgebend von etwas Umfassendem durchwittert. In allem, was den Menschen wirklich berührt, ist dann die Aura von etwas Übergreifendem vorhanden. So erlebt das Kind dann wechselweise zwei Wunder: auf dem Hintergrund des noch undifferenzierten Ganzen das Wunder der sich allmählich gleichläufig mit dem Ich gegenständlich erstellenden »Welt« mit allem, was »tatsächlich« in ihr ist; zum anderen auf dem Hintergrunde der sich sachlich als eine Vielheit von Tatsachen konstituierenden Welt erlebt es »inständlich« mit seinem Wesen das Wunder des umgreifenden Ganzen in der numinosen Qualität einer alles durchdringenden Aura. In dem Maße, als der Mensch sich mehr und mehr an die Tatsachenwelt hält und sich in ihr verliert, geht ihm das ihn weitende und tragende Wunder der in allem präsenten Ganzheit im Bewußtsein verloren. Da diese aber seinen eigentlichen Kern spiegelt und ausmacht, gewinnt sie eines Tages in der Rebellion der von der Welt verdrängten Seiten sowie ihres Zentrums neue Bedeutung. Dies ist die Situation des heutigen Menschen, ist

Wurzel seines Leidens und Anlaß zur »Therapie«. Der über-weltliche Grund unserer weltlichen Existenz rührt uns an in der das »Ganze« anzeigenden Qualität des »Numinosen«. Ja, diese ist eigentlich die Grundqualität unseres Erlebens über-haupt, die dann im Zuge der Entwicklung von peripheren Qualitäten verdrängt wird. Wenn es in der Therapie darum geht, den Menschen wieder an seinen Grund anzuschließen, wird es immer zu den ersten Aufgaben gehören, zu lernen, sich dieser numinosen Qualitäten bewußt zu werden, mehr noch, sie wahrzunehmen und ernst zu nehmen im Hinblick auf das, was uns in ihnen anrührt. Es muß das Organ für das Numinose entwickelt werden, der »andere« Sinn, der in einer Verfassung des ganzen Menschen besteht, in der er offen ist für das ihn in ihm und in allen Dingen anrührende *Wesen*.

Die Erziehung zur Wesensfühlung über das Ernstnehmen der Erfahrungen des Numinosen steht am Anfang einer initia-tischen Therapie. Dazu gehört wesentlich das Erinnernlassen frühkindlicher Situationen von numinosem Charakter.* Wir müssen lernen, solche Qualitäten nicht als bloße Empfindun-gen abzuwerten, sondern sie ebenso wie einen Schmerz, einen Ton oder einen Geruch anzuerkennen als Qualitäten, in denen sich etwas Reales, das dahinter ist, bemerkbar macht.

Im folgenden gebe ich eine Reihe frühkindlicher Erlebnisse meines Lebens wieder, in denen mich das Numinose in nach-wirkender Weise angerührt und gezeichnet hat.

Das unheimlich Wundersame

Meine früheste Kindheitserinnerung 1898: Ich werde mit $1^1/_2$ Jahren auf dem Arm der Kinderfrau in das Sterbezimmer mei-ner Großmutter, der Mutter meines Vaters, getragen. Das war das erste, das mich in meiner Kindheit so berührte, daß ich es nicht mehr vergaß, diese Stimmung von ganz besonderem

---

* Vgl. K. Dürckheim: *Durchbruch zum Wesen,* Hans Huber Verlag, Bern – Stuttgart 1972 (5. Aufl.).

Charakter, die bestimmt war durch die Präsenz des Todes. Es war so eigentümlich still. Halbdunkel der Raum, nur von etwas Kerzenlicht beleuchtet. Es roch eigenartig nach Wachs. Auf dem Arm der Kinderfrau schaute ich, nichts verstehend, zum Bett hin, auf dem die Großmutter lag, und fühlte mich – und fühle es heute noch – in eigenartiger Weise zum Bett hingezogen und zugleich geängstigt und abgestoßen und zurückstrebend in die Geborgenheit. Das Ganze hatte eine wundersam-unheimliche Qualität. Es war die erste Erfahrung der Einheit von Fascinosum und Tremendum, die im Grunde der Erlebnisqualität des Numinosen eignet. Diese Qualität hatte es mir auch im intensiven Erleben aller Sinnesqualitäten angetan.

Die Tiefendimension der Sinnesqualitäten

Als ich drei Jahre alt war, spielte der Sandhaufen eine große Rolle. Er war unter einer großen Linde. Da »webte« ich gleichsam zwischen den verschiedenen Qualitäten meiner Sinne. Da war der *Geruch* der Lindenblüten, der Geruch des feuchten Sandes und des von der Sonne erwärmten Holzes eines Sommerhäuschens, in dem die Gartengeräte aufgehoben wurden. Da war das beglückende *taktile Erleben* beim Formen des Sandes mit kleinen Holzförmchen, und immer auch das Wunder der plötzlich dastehenden »Form«. Das Ganze ein Umweht- und Durchwirktsein von diesem reichen Beieinander sinnlicher Qualitäten. Nahe dem Haus auf dem Weg zum Fischer floß ein Bach, über den ein Brett ohne Geländer führte. Der Bach gluckste so schön, und dieses *gurgelnde Glucksen,* von dem man nicht wußte, wo es eigentlich herkam, von ganz weit her und doch in unmittelbarer Nähe, hat mich tief angerührt und gehört zu den unvergeßlichen Eindrücken der Kindheit.

Ein wichtiges Erlebnis aus derselben Zeit war akustischer Natur: der *Peitschenknall,* den ich selbst hervorbringen konnte! Die Peitsche und vor allem die Peitschenschnur gab es beim »Seiler«, der selbst die Seile drehte. In seinem Laden herrschte eine wundersame, vielversprechende Atmosphäre, besonders der Geruch nach einem Gemisch von Gemüse, Zuckerwaren, Stoffen und Metallgeräten. Und nun die Peitsche! Das war etwas Wunderbares! Sie verlängerte mich über den eigenen Körper hinaus. Man konnte mit ihr knallen, wie und wann man wollte. Das gab ein erweitertes Selbstbewußtsein und gesteigertes Lebensgefühl, dem ich, ernst und langsam auf der Chaussee dahinschreitend, selbstbewußt und eindrucksvoll für andere (!), immer aufs neue knallend, Ausdruck verlieh. Ich brauchte die Peitsche nur in die Hand zu nehmen, und es durchrieselte mich eigentümlich, denn wenn ich wollte, gab sie einen Knall. Es gab den flachen, spitzen Knall. Der war nichts. Es gab aber auch den vollen, runden Knall – der war herrlich!

Es gab noch andere Sinneserlebnisse, die mich eigenartig berührten und die ich immer wieder zu erleben versuchte, weil deren Qualität mich wohltuend etwas Größeres erleben ließ. So gab es z. B. die schönen, glatten, frisch gefallenen Roßkastanien. Ihr Geruch verschmolz mit dem Geruch des modrigen und zugleich raschelnden Herbstlaubes auf dem Boden der großen Kastanienallee. Es gab die vielerlei Gartengerüche: der die Wege im Park einsäumende Buchsbaum, der warme Duft im großen Gewächshaus, in dem Palmen standen und große, dunkelblaue Trauben reiften. Es gab die Gerüche in der »Landwirtschaft«, im Kuhstall, auf dem Heuboden. Es gab den Misthaufen auf dem großen Hof, den wundersamen Geruch im Pferdestall, wo vier schöne Rappen standen; vor allem in der Sattelkammer, dem Stolz des alten Kutschers. Dazu kamen noch die Gerüche in der Hühnerzucht, in den großen Erdhütten oder in dem Raum, in dem die Brutmaschinen standen und eigentümlich nach Petroleum rochen.

Gewiß gewannen alle Sinnesqualitäten ihre spezifische Tiefenqualität auch durch den Zusammenhang, in dem sie erlebt wurden. Aber doch waren es die Qualitäten als solche, die Träger des Besonderen waren.

Es ist bekannt, daß das Kind mehr im Reich sinnlicher Qualitäten lebt als Erwachsene. Was aber nicht genügend beachtet wird, ist die Bedeutung ihres Fortwirkens im Unterbewußtsein dort, wo für das Kind mit ihnen die Valenz von etwas unerklärlich Anziehendem und Verlockendem verbunden war, oft verbunden mit etwas Unheimlichem, so z. B. in dem, was der Erwachsene einen Gestank nennt.

Mit dem Zunehmen des Verstandes wird das Qualitative des Erlebens im Zuspitzen und Fixieren des Erlebten zu objektiven Tatsachen distanziert, umgemünzt und verengt und auf diese Weise der besonderen Qualität des umgreifend Nahen beraubt. Demgegenüber besitzt das Reich der Qualitäten, wenn es uns als solches berührt, häufig jene bewußtseinserweiternde Weite und Tiefe, die den in Begriffen gefangenen Menschen anzieht, und wenn er sie ernst nimmt, wieder freimacht und birgt.

Daß in jeder voll aufgenommenen Sinnesqualität, wenn man ihr hingegeben in entsprechender Einstellung bei ihr verweilt, uns etwas Numinoses, Überweltliches anrühren kann, ist mir seit langem in seiner therapeutischen Bedeutung zur Gewißheit geworden. Die Weise, wie das Kind darin aufgeht – im Doppelsinn des Wortes – kann wegweisend werden für systematische Übungen, die dazu helfen können, den im Rationalen befangenen und von seinem Wesensgrund getrennten Erwachsenen wieder mit seinem Ursprung zu verbinden. Solche Übungen gehören an den Anfang einer initiatischen Therapie und spielen in Rütte eine große Rolle.

Der hindurchscheinende Sinn

Ungeheure Faszination übte auf mich, ehe ich lesen konnte, die Schrift aus. Ich sammelte Postkarten, auf denen unter einem Bild etwas Gedrucktes war, kleine Verse oder Gedichte. Ich konnte sie nicht entziffern, aber der eben nicht entzifferte Sinn, der, wie ich wußte, darin war, hatte es mir angetan.

Das stärkste Erlebnis eines nicht greifbaren, aber dahinter liegenden Sinnes hatte ich einmal auf einem Spaziergang mit meiner Mutter in München. »Ob es wirklich war, ich weiß es nicht. Ich weiß nur, daß es *wirklich* war – diese wundersame Welt sich bewegender Farben und Formen, die mein Kinderauge mit unermeßlich beglücktem Staunen hindurchleuchten sah. Ich habe später immer wieder danach gesucht, nach dieser Litfaßsäule, deren Anzeigen von hinten durchlichtet waren, und dieses funkelnde Innen den Hintergrund bildete für etwas, das zu erfassen war. Ich konnte damals noch lange nicht lesen, aber alle Zeichen schienen mir rätselhaft eindringlich und voller Verheißung.«*

Dieses Zusammen von einem von innen kommenden Licht und einem verschlüsselten Außen hielt mich immer wieder im Bann. Von diesem Kindheitserlebnis an hat der verborgene Sinn sichtbarer Erscheinung in meinem Leben eine wichtige Rolle gespielt, und mit ihm hängt heute ein Kernstück meiner Therapie zusammen: Das Innewerden des in allen Erscheinungen verborgenen »Wesens«. Das Wort von Novalis: »Alles Sichtbare ist ein in einen Geheimniszustand erhobenes Unsichtbares« gewann und gewinnt für mich immer noch mehr Gewicht in einer Arbeit initiatischen Charakters. Es geht um das Wecken des »inneren Sinnes«. In dem Maße, als einer sich selbst im Wesen erspürt, rührt ihn durch alle Erscheinung hindurch das Wesen der Dinge auch an.

Unendlichkeit

Wie das Geheimnis räumlicher Erscheinungen, so hat mich auch das Geheimnis der Zeitlichkeit früh angerührt.

»Einst saß ich als Kind an meinem Schreibpult. Es war lange, bevor ich aufs Gymnasium kam – vielleicht im zweiten Schuljahr – ich machte meine Schulaufgaben. Und als ich hinaussah durchs Fenster, sah ich das große eiserne Tor, das zum Dorfplatz führte, und den Gärtner, der die Rosenbeete betreute. Im Schauen mußte ich auf einmal denken, was Ewigkeit sei. Wieso ich dies dachte, weiß ich nicht mehr. Aber dann mußte ich denken, Ewigkeit wäre, wenn alles, was jetzt, eben in diesem Augenblick, war und nun schon nicht mehr da war, noch einmal ganz genau so, wie es gerade war, wiederkäme:

* Vgl. *Transzendenz als Erfahrung,* a. a. O., S. 7.

Ich hier am Pult, in genau dieser Haltung und Bewegung, und draußen das Tor, der Gärtner – so, wie er gerade war – und die Bäume, wie sie jetzt sind, und die Häuser, der Mann und der Wagen . . . Ja, wenn das wäre, dann wäre dies die Ewigkeit. Dann würde ich Ewigkeit kennen.«*

Ich war tief befriedigt. Warum eigentlich? Ich weiß es nicht. Ich weiß nur, daß mein kindlicher Geist angesichts dieser Unmöglichkeit zur Ruhe kam. Heute weiß ich, daß es auf dem initiatischen Wege eine Weise gibt, bewußt die Schranken des Ichs einzuschmelzen und über sie hinaus zu fühlen: ein Unbegreifbares auszuhalten! An der Grenze des Begriffes halt zu machen und sie auszuhalten. Dann entsteht die Chance, von etwas ganz anderem aufgenommen zu werden, und auch dazu, daß etwas Überweltliches in uns eindringt oder hochkommt, das alle Grenzen aufhebt. Soeben war man noch »draußen« – und plötzlich ist man »drinnen«, in seltsamer Weise zu Hause. Das »Aushalten des Unaushaltbaren« ist ein Bestandstück »meiner Therapie« geworden.

Das Geheimnisvolle

Ein bis auf den heutigen Tag und auch in meine Arbeit hineinwirkendes Geschenk meiner Kindheit ist die Faszination durch das Geheimnis. Das ist gewiß nichts Besonderes, es wird bei vielen Kindern vorhanden sein. Aber allzu selten wird es als Ausdruck für einen verborgenen »Boden« und als Quelle tieferen Wahrheitfindens verstanden und als Erfahrungsgrundlage religiöser Erziehung genutzt.

Zu den geheimnisvollen Situationen meiner Kindheit gehörte die Teilnahme an der heiligen Messe. In der Dorfkirche von Steingaden hatten meine Eltern eine »Loge«, von der man auf die Sakristei herunterblicken und auch das Geschehen am Altar ganz nahe verfolgen konnte. Ich verstand nichts, aber fühlte unendlich viel. In diesem Ganzen von

---

* Vgl. *Transzendenz als Erfahrung*, a. a. O., S. 7.

Weihrauchduft, Chorgesang, wundersamen Gebärden des Pfarrers in seinen schönen Gewändern, dem Läuten der Glöckchen, dem Murmeln der betenden Gemeinde fühlte ich mich wundersam geborgen. Eben das Nichtverstandene, aber von etwas Geheimnisvollem Geladene hielt mich in seinem Bann, die Wahrheit im Unfaßbaren.

Etwas davon blieb in mir lebendig, und die Bezogenheit auf das »Geheimnis« bestimmte immer ganz wesentlich meine Arbeit. Religiöse Verankerung des Lebens scheint mir nur in dem Maße lebendig zu bleiben und weiter reifen zu können, als sie in Erfahrungen wurzelt, die als solche unabweisbar sind und für den Verstand ein Geheimnis bleiben. Rechter Glaube ist eine Verfassung des Gemütes, in der die Geheimnisse sprechen, ohne daß man sie »lüftet«, das heißt rational einordnet. Gerade in dem, was für den Verstand zunächst dunkel bleibt, leuchtet für die Seele das Licht, und der schwankende Boden verwandelt sich zu einem sicheren Grund, auf dem man faktisch lebt, und auf dem »Erfahrene« sich *begegnen* und finden. Menschen, die selbst nichts erfahren, sind, auch wenn sie viel »wissen«, für die Beurteilung solcher Erfahrungen nicht »zuständig«. In aller Therapie, insbesondere dann bei der Einführung in meditative Übungen ist die Unterscheidung zwischen zum Sein hin offenen und seinstauben Menschen von großer Bedeutung.

Knabenalter

Sehr früh hatte ich ein Gewehr in der Hand, und sehr früh lernte ich also zu töten.

Mit neun Jahren hatte ich ein Tesching und schoß damit Ratten im Rübenkeller und im Hühnerstall. Dann kamen Sperlinge, später dann Eichelhäher, Krähen und Eichhörnchen, Kaninchen. Den ersten Hasen schoß ich mit meinem Vater auf dem Anstand. Dann kamen Fasanen und Rebhühner auf Treibjagden und erst, nachdem ich das Abitur hatte, durfte ich den ersten Bock schießen und schließlich den Hirsch. Die Entwicklung zum Jäger stand unter der sehr strengen

Erziehung des Vaters. Die Jagd gewann niemals den Charakter eines »Sportes«, sondern immer mehr den eines verantwortlichen Tuns im Vollzug einer Gesetzlichkeit innerhalb eines Lebensraumes, in dem der Schütze zugleich der Heger war. Gesunder Nachwuchs muß geschont werden, Schädlinge vernichtet. Daher muß auch Töten sein, aber ein Tier verwunden, so daß es irgendwo elend verenden muß, bedeutet schuldig werden. Furchtbar war das Gefühl, als ich einmal eine Wildtaube anschoß, die dann flügellahm und jämmerlich ins Gebüsch humpelte und dort verschwand, elendem Verenden ausgeliefert.

Einmal habe ich etwas Schreckliches: die Lust am Töten erfahren! Wie ein böser Rausch kam sie über mich, als ein ganzer Wurf junger Eichhörnchen, eins nach dem anderen, mir vor die Flinte kam. »Ich schoß eins um das andere tot, die ganze Brut ... Mich packte Entsetzen und Grauen vor mir. Warum nur hatte ich das getan? Warum mußte ich weiter, immer weiter schießen? Ich lief weg und verbarg mich weinend im Busch.«*

Das sind Erlebnisse, die mir später halfen, das »Abgründige« zu erkennen. Das Abgründige ist etwas anderes als der »Schatten«. Ist dieser das Insgesamt des nicht gelebten, nicht zugelassenen Lebens, so wird im Abgründigen der »Widersacher« erfahren. Man kann die Bedingungen erforschen, unter denen er auftritt. Was er ist, läßt sich voll nicht mehr psychologisch fassen. Es gibt ihn als eine Erscheinungsform der »negativen Transzendenz« (M. Hippius), die mehr ist als eine psychologisch auflösbare Projektion.

Mit der Jagd war aber noch etwas anderes verbunden: das Erlebnis des Numinosen in der Natur. Vom Vater hatte ich gelernt, daß man das »Weben der Natur« nie stören durfte, so insbesondere nicht die Stille des Waldes. Jedes Geräusch war zu vermeiden. Das lautlose Gehen wurde selbstverständlich. Dann wurden in der Tiefe der hier erfahrbaren Stille die Stimmen der Natur lebendig. Gewiß wird die Stille der Natur immer auf den modernen, am Lärm krankenden Menschen wohltätig einwirken. Es fragt sich aber, wieweit man sich der numinosen Qualität bewußt wird, die einen in der Natur

* Vgl. *Transzendenz als Erfahrung,* a. a. O., S. 8.

anrühren kann. Und wer erfährt in ihr bewußt ein in ihr erscheinendes und in uns widerklingendes größeres Leben? In diesem Sinn lernte ich als Kind vom Vater das Schweigen des Waldes zu hören.

Meine Arbeit vollzieht sich auf dem Lande. Das Bewußtwerden des Numinosen im Erleben der Natur gehört in die Anfangsgründe einer initiatischen Therapie.

»Der Anfang des Wesens in der Zeit der ersten Reife« ist der Titel eines Aufsatzes aus dem Jahre 1953.* Ich weiß heute, daß viele Menschen den Höhepunkt ihrer geistigen Entwicklung in der Pubertät haben, in der Zeit ihrer ersten Begegnung mit ihrem Wesen, das heißt mit der ersten Erfahrung ihres überweltlichen Kernes. Es ist die Zeit leidvoll erfahrener Konfrontation einer vom Wesen erfüllten Innerlichkeit mit einer von den Erwachsenen vertretenen wesensfernen »realen« Außenwelt. Im Grunde ist es auch die Erfahrung des zweifachen Ursprungs des Menschen. Doch was heißt hier schon »real«?

Das große »Innen« nicht nur in mir, sondern auch im Inneren der Welt wurde mir außer in der Natur in jener Zeit zum Erlebnis in der ersten Begegnung mit der modernen Kunst. Das war in Weimar, der Zeit der Anfänge des Bauhauses, dessen Lehrer und Schüler (unter ihnen Klee und Kandinsky) häufig bei meiner Mutter zu kleinen Festen zu Gast waren. In jene Zeit fiel auch die erste Begegnung mit dem Mädchen.

Eros als geheimnisvolle Macht, in der die Anziehung in eigentümlicher Weise zusammengeht mit der Wahrung der Distanz, zu einer Zeit, in der das Wunder der zarten Berührung noch den Sexus als grobstofflich ausschließt, wurde zu einer bleibenden Erfahrung und Erkenntnis zugleich. Die damals erfahrene Liebe blieb ein Zug im Ganzen möglicher Erfahrung einer »anderen Dimension«, die von einer »realen Welt« zugedeckt wird.

In dieser Zeit erlebte ich zum ersten Mal bewußt den Gegensatz der beiden Dimensionen: das Überweltliche, Unbedingte in mir und draußen die Welt des Endlichen und Bedingten, dann aber auch das Bedingte in mir und das uns

---

* Vgl. *Durchbruch zum Wesen,* a. a. O.

auch als Erfahrung zugängliche und zur Wahrnehmung aufgegebene Nichtendliche in der Welt.

In der Gegensätzlichkeit dieser zwei Erfahrungen kann,
wenn sie bewußt wird, das Numinose sehr deutlich erfahren
und in seiner Bedeutung erkannt werden. So gehört ihre
Unterscheidung auch zu den Mitteln des initiatischen Weges.
Sie ist auch wichtig für das Gespräch mit Jugendlichen in der
Gegenüberstellung von Eros und Sexualität wie für das
Bewußtmachen des alle Erotik begleitenden Numinosen, das
in der grobstofflichen Sinnlichkeit leicht verspielt wird.

Die Welt des Erwachsenen, in der wir alle leben, hat ihren
Gegensatz nicht nur im Reich des Kindes und des Pubertieren-
den, sondern auch in der geheimen Wirklichkeit des gereiften
Menschen. Ihre wahre Bedeutung kann dieser aber nur gewinnen, wo er sich vom Absolutheitsanspruch der verhärteten
Ordnungen einer rational gefaßten Wirklichkeit zu befreien
und sich der sie umfassenden und durchdringenden Wirklichkeit eines größeren Lebens zu öffnen weiß – ein Grundthema
der initiatischen Therapie.

Der Krieg (Leben und Tod)

Ohne Zweifel ist die Teilnahme am Ersten Weltkrieg (mit
achtzehn Jahren freiwillig als Fahnenjunker ins Feld, sechs-
undvierzig Monate als Offizier des bayerischen Infanterie-Leib-
regiments an der Front) ganz wesentlich an der in Erfahrungen wachsenden Verankerung meines Lebens in der Transzendenz beteiligt – vor allem durch die Begegnung mit dem
Tod.*

Der erste Tote, den ich sah, war ein Franzose mit roten
Hosen am Rande eines Weges vom Schützengraben an die
Front. Oft mußte ich den Weg allein hin- und zurückgehen. In

---

* Vgl. K. Dürckheim, »Leben aus dem Tod«, in *Alles Lebendige meinet
den Menschen. Max-Niehans-Gedenkschrift,* hrsg. v. Irmgard Buck,
Francke Verlag, Bern 1972.

den starren, weit aufgerissenen und leblosen Augen des Toten grinste mich etwas grauenvoll an, stieß mich ab, zog mich aber auch an, griff nach mir und jagte mich in die Flucht, hielt mich fest und verfolgte mich noch ein Stück Weges, bis mich dann endlich, beglückend und befreiend, das Leben wieder »hatte«. Ich erlebte dann »Leben« in einer Weise, die ich nie gekannt hatte. Leben war plötzlich nichts Selbstverständliches mehr, sondern eine beglückende Fülle von überweltlichem Charakter – auf dem Hintergrund des Todes, den ich als Vernichter und als Grauen erlebt hatte. So ist er mir auch später häufig begegnet, vor allem in der Schlacht von Verdun, im Trommelfeuer und im Trichtergelände, wo überall aus dem Boden menschliche Körperteile herausragten, und im Fort Douaumont, wo die Sorge für die Verwundeten meine Aufgabe war. Hier war der Tod immer gegenwärtig. Wenn man aus der Zone des Grauens herauskam, wußte man erst, was Leben, ganz einfach »Leben«, war.

Der Tod als die Macht, die im Menschen das Grauen erweckt und die Urangst vor der Vernichtung wachhält, wurde mir im Krieg immer wieder eine Erfahrung, in der »Leben« mir überhaupt erst in seiner »Fülle« voll aufging. So groß immer wieder die Angst war, und ich hatte viel Angst, so tief war die Erfahrung der Dankbarkeit für das wiedergewonnene Leben nach dem Durchschreiten gefährdeter Zonen, nach dem glücklichen Überleben eines Trommelfeuers, nach glücklicher Heimkehr von einer Patrouille in der Nacht. Auf dem Hintergrund des Todes erfuhr ich die Valenz des Lebens, und zwar dieses raumzeitlichen Lebens, das als solches einen numinosen Charakter empfing. Etwas ganz anderes war die mir gleichfalls über den Tod zuteil werdende Erfahrung eines überweltlichen Lebens. Damit ist nicht die beglückende Erfahrung des vom Tode bedrohten Lebens auf dem Hintergrund einer *überstandenen* Todesgefahr gemeint, sondern die Erfahrung eines größeren »Lebens«, das im Tode selbst, das heißt im Akzeptieren oder in der Unausweichlichkeit des Todes als einer Wirklichkeit, die jenseits von Leben und Tod ist, aufgehen kann. Hiermit zusammen hängt das Erlebnis einer überweltlichen Freiheit, die nichts zu tun hat mit Freiheit vom Zwang in der Welt.

Es ist bekannt, daß es wohl nirgends eine so ausgelassene

Heiterkeit gibt wie gelegentlich unter Soldaten an der Front. Ich kann auch das Mädchen verstehen, das mir einst sagte, sie würde wohl einen Suicidversuch, aus dem man sie gerettet hatte, wieder machen, denn unsagbar herrlich seien die Gefühle einer himmlischen Freiheit gewesen, die sie empfand, nachdem sie das Gift genommen hatte und der Tod ihr eine Gewißheit war. In diesem Augenblick hatte sie das dem Tod überlegene Leben gespürt. Und so kann auch der Soldat an der Front mit dem Tod leben, so daß er ihn nicht mehr schreckt, mehr noch, ihn wie ein treuer Geselle begleitet, der ihn immer wieder über die Schwelle des kleinen Lebens in die Freiheit eines größeren Lebens hineinträgt.

Eine ähnliche Erfahrung verhinderten Lebens als Quelle des Erlebnisses »Leben« und uneingeschränkter Freiheit hatte ich dreißig Jahre später, als mich eine gewisse Wehmut ergriff in dem Augenblick, in dem ich nach sechzehn Monaten Gefängnis (ohne Verhör), in das ich, wie mir später erklärt wurde, durch ein Mißverständnis gelangte, der bürgerlichen Freiheit zurückgegeben wurde. In diesem Augenblick empfand ich die Gefängnismauern, die Zelle, in der ich so lange Zeit gelebt, gewacht, geschlafen, geschrieben, gebetet, gefürchtet, gehofft und geübt hatte, wie ein treu bergendes Wesen, das mich durch die Not an die Quelle des Lebens gebracht hatte, einfach weil ich in ihm eine Freiheit gefunden hatte, die ganz unabhängig war von aller Freiheit in der Welt.

Eine andere Erfahrung über das Verhältnis von Todeserleben und Lebenserfahrung enthielten einige Augenblicke, in denen man als Soldat befehlsgemäß und in Gemeinschaft mit anderen in den wahrscheinlichen Tod gehen und ihn auf sich nehmen muß. Es gibt da eine Lust ganz bewußten Sichhineinwerfens in die tödliche Gefahr. So erfuhr ich es im Antreten zu einem nächtlichen Sturmangriff auf eine bewaldete Kuppe, im Durchlaufen einer Trommelfeuerbarriere bei der Erstürmung des Kemmels in Flandern, beim Durchspringen eines von einem Maschinengewehr bestrichenen Hohlweges. Es ist, als spüre man im Augenblick möglicher und im voraus akzeptierter Vernichtung das Unvernichtbare. In all diesen Erfahrungen bricht im Überschreiten der Grenze unseres gewöhnlichen Lebens eine andere Dimension auf – nicht als Glaubensinhalt, sondern als befreiende Erfahrung.

In dieser Erfahrung, deren volle Bedeutung mir erst viel später aufging, liegt eines der initiatischen Potentiale unseres Lebens. Nicht nur erlebt man das Leben im gewöhnlichen Sinne auf dem Hintergrund seiner Vernichtung mehr und tiefer und ganz anders, sondern im Ja zum Tode dieses Lebens ist ein »Leben« zu spüren, das jenseits dieses Lebens und seines Todes ist. Man hat sein Leben lang Gelegenheit dazu, über ein dem gewöhnlichen Ich unmögliches »Ja« zu seiner Vernichtung dieses »Lebens« zu spüren. An ihm teilzuhaben macht unser eigentliches Wesen aus. Diese Erfahrung im bewußten Vollzug in Situationen des »Stirb und Werde« vorzubereiten, gehört zu den wesentlichen Anliegen einer initiatischen Therapie.

Seinserfahrung und absolutes Gewissen (Nachkriegszeit)

Die entscheidende Weichenstellung für die Bewegung meiner geistigen Kräfte in Richtung auf »Transparenz und Transzendenz«* bis hin zu einer darin zu verankernden Arbeit und Entwicklung zum Therapeuten erfolgte in den Jahren, die der Heimkehr aus dem Krieg folgten.

Was im Krieg angesichts des Todes als Präsenz eines größeren Lebens mehr stimmungsgemäß als wirklich bewußt in mich eindrang, sollte nun immer klarer als die Wirklichkeit erfahren und bewußt werden, die allein personal gültige Erkenntnis ermöglicht, personalem Heilen Richtung gibt und personal unbedingte Verpflichtung begründet. Eine mich insgeheim begleitende und mich tragende Kraft sollte nun in einer Weise ins Innesein treten, die sie immer deutlicher zum bestimmenden Faktor meiner Laufbahn werden ließ, bis sie schließlich nach vielen Proben im Beruf des Heilers und der initiatischen Therapie ihren letzten Ausdruck gewann.

Initiatische Therapie gründet und kreist bewußt um Tran-

---

* Vgl. das Kapitel »Transparenz« in K. Dürckheim: *Überweltliches Leben in der Welt,* O. W. Barth Verlag, Weilheim 1972 (2. Aufl.).

szendenz als Erfahrung. Initiatische Therapie ist die Antwort auf die in einem Menschen als Sehnsucht, Frage und auch Verheißung aufgehende Transzendenz und Grundkraft seines Wesens. In ständiger Gegensatzspannung zu den rationalen Ordnungskräften und Leistungsforderungen der Welt verlangt sie, wenn der Mensch auf eine bestimmte Stufe und auf ihr in die existentielle Not geraten ist, nicht nur grundsätzliche Anerkennung, sondern will ins Zentrum aller Sinngebung gerückt sein. Die Voraussetzung dafür, daß dies geschehen kann, ist, daß ein Mensch das Sein in einer Weise erfahren hat, die ihn nicht nur als vorübergehendes Erlebnis beglückt und befreit, sondern eine Metanoia herbeiführt, die ihn endgültig zu einer neuen Entwicklung verpflichtet, in der der Dienst am Sein zur Mitte des Lebens wird. Die in solchen Erfahrungen erscheinende überweltliche Kraft aus der Tiefe erweist ihre Realität in einer Verwandlung des Menschen, insbesondere in der Geburt eines neuen, eines »absoluten Gewissens«. Das ist eine Kraft zu bindenden Entscheidungen, eine Kraft zur Abwehr entgegengesetzter Tendenzen und Verlockungen, aber auch eine Kraft zur »Untreue« gegenüber bestehenden Verpflichtungen, zum Zerschneiden bestehender Bindungen, zur Störung bestehender Ordnungen usw. Zu einer wirklich verwandelnden Kraft wird sie aber erst in einer weitergehenden Arbeit an sich selbst, das heißt im Exerzitium. Diese drei Grundsteine einer initiatischen Therapie: unabweisliche Seinserfahrung, in ihr begründetes absolutes Gewissen, treues Exerzitium, wurden in jenen Jahren gelegt.

Das absolute Gewissen

Nach einer Frontdienstzeit von 46 Monaten war ich im November 1918 einer der beiden Offiziere des Regimentes, die unverwundet heimkehrten. Es war die Zeit, in der in der »Heimat« die »Roten«, das heißt die äußerste Linke, das Heft in der Hand hatten. Zum Leidwesen der Truppe und der sie erwartenden Bevölkerung wurde dem in seiner Haltung und

Geschlossenheit noch intakten Regiment der reguläre Einzug verwehrt. Ein nach Tausenden zählendes Aufgebot revolutionierender Massen machte die geordnete Marschkolonne unmöglich. Aber in der alten Türkenkaserne in München hatte sich das Regiment dann doch noch gesammelt, und die Soldaten bestanden auf einem letzten Vorbeimarsch vor ihrem alten Regimentskommandeur. Dieser Augenblick war ein mich tief aufwühlendes Ereignis. Der letzte Vorbeimarsch! Ich spürte, wie hier eine Epoche der deutschen Geschichte zu Ende war, aber auch ein Lebensabschnitt und sein Sinn, der fraglose, zum Tode bereite Einsatz für das Vaterland war plötzlich in Frage gestellt. Man war auf sich selbst zurückgeworfen. Eine Wirklichkeit, die eben noch getragen und alles bestimmt hatte, war versunken, aber damit zugleich die Frage nach neuer Sinngebung aufgeworfen. Die Geschehnisse der folgenden Monate waren noch mit der Soldatenzeit verbunden. Den Versuch, eine kleine Ordnungstruppe aufrechtzuerhalten, mußte ich mit einer Verhaftung bezahlen. Meine erste Gefängniserfahrung unter dem Verdacht des Hochverrates, mit dem Tode bedroht und wundersamerweise durch die Treue eines alten Dieners meines Vaters, der in der kommunistischen Stadtregierung war, gerettet! Und dann kam eine für den initiatischen Weg und eine in seinem Zeichen geschehene Therapie wichtige Erfahrung, die erste Erfahrung des absoluten Gewissens.

Es gibt dreierlei *Gewissen:* Das erste, *kindliche Gewissen* kommt aus der *Angst vor Strafe.* Diese Art Gewissen hat mehr Gewicht, als man gemeinhin ahnt. Die Angst vor der Hölle oder auch vor den Folgen eines schlechten oder falschen Lebens in einem zukünftigen Leben gehört dazu.

Das zweite Gewissen wird erfahren als *Stimme des Ganzen,* dem man als Glied angehört. »Das Sein des Ganzen ist das Sollen seiner Glieder.«* Die fraglose Einheit mit einem Menschen, einer Gemeinschaft, einer Sprache, einer Idee, einem Werk, vorhandene Verbundenheit und Verpflichtung erscheint im »Biß des Gewissens«, sobald man nicht automatisch in ihrem Sinn handelt, ihr gegenüber versagt, oder »untreu«

---

* Vgl. »Psychologie der Gemeinschaft«, in *Neue psychologische Studien,* hrsg. v. Felix Krueger und Otto Klemm, C. H. Beck Verlag, München 1926.

wird. Die »Treue ist das Mark der Ehre« (Hindenburg). Wird man untreu, verliert man seine Ehre, und das bedeutet, man verliert seine Existenz in dem Kreise, dessen Existenzvoraussetzung die Treue seiner Glieder ist.

Das dritte Gewissen ist das *absolute Gewissen*. Es wird dort erfahren, wo eine höhere Instanz einen zwingt, etwas zu tun, das das erste Gewissen ausschaltet und vom zweiten Gewissen her unbegreiflich ist, weil es eine Untreue, einen Verrat verlangt. In diesem Gewissen erhebt sich unabweislich eine Forderung des Wesens, die alle Verpflichtungen dieser Welt außer Kraft setzt. Eben dieses Gewissen sollte ich nun erfahren.

Um der im Rheinland drohenden Gefahr des Spartakus entgegenzutreten, wurden im Frühjahr 1919 aus den Resten der bayerischen Regimenter Zeitfreiwilligen-Bataillone aufgestellt. Ich war mit der Aufstellung unseres Bataillons mitbeauftragt. Und da geschah es, daß ich in der vorletzten Nacht vor dem Ausmarsch aufwachte mit dem Wissen: »Deine Zeit, Soldat zu sein, ist vorbei! Du darfst da nicht mehr mit!« Und diese Stimme ertönte mit einer so gebieterischen Bestimmtheit, daß ein Widerspruch nicht möglich war – eine für einen Offizier völlig unmögliche Situation! Aber ich mußte sie auf mich nehmen, der Stimme des absoluten Gewissens gehorchen, die Entscheidung meinem Vorgesetzten melden. Ich blieb zu Hause.

Etwa ein Jahr später hatte ich die zweite Erfahrung des absoluten Gewissens. Als ältester Sohn sollte ich den Familienbesitz Steingaden erben und übernehmen. Es kamen Zweifel, und eines Tages erwachte ich wiederum in dieser unausweichlichen Bestimmtheit mit dem Wissen, daß ich es nicht tun dürfe, weil mir ein anderer Weg bestimmt war. Die alte, völlig andere, mir auch tief in den Gliedern sitzende Tradition meiner Familie stand diesem Wissen entgegen, vor allem auch die enge Bindung an meinen Vater, dem ich das eigentlich nicht antun konnte; und endlich auch die Tatsache, daß ich selbst mit allen Fasern an meiner ländlichen Heimat hing. Aber wiederum gab es keinen Zweifel. Das absolute Gewissen hatte gesprochen. Ich mußte diese Bindung zerreißen und *meinen* Weg gehen.

Im Gehorsam gegenüber dem absoluten Gewissen geht es nicht um den alten Konflikt zwischen Neigung und Pflicht, sondern um eine durch eine »Neigung unseres Wesens«

begründete Pflicht gegen Neigung und Pflicht in der Welt! Die Erfahrung dieses Gewissens gehört unabdingbar zum initiatischen »Weg«. An der Schwelle zum Weg ins *Unbedingte* steht die grundsätzliche Unverbindlichkeit aller Bindungen im Raum des Bedingten. Die Freiheit aus dem absoluten Gewissen gehört letztlich zum Heilsein des Menschen als Person. Es zu wecken, gehört daher zu den Aufgaben initiatischer Therapie.

Das absolute Gewissen ist Ausdruck der sich durchsetzenden Wirkkraft der uns innewohnenden Transzendenz. Es macht hart gegen äußere Notwendigkeiten und frei von jedem Konformismus, von ethischen Tabus oder traditionellen Glaubensforderungen. Nur in seinen Entscheidungen gründet auch die autonome Disziplin und die in ihr wurzelnde Treue zum Exerzitium. Im Unterschied zur heteronomen Disziplin ist sie Ausdruck der Treue zum eigenen Wesen, das heißt zu den Entscheidungen, durch die das größere Leben auf dem Weg der Verwandlung Gestalt werden will. Solche Disziplin spielt innerhalb der initiatischen Therapie und für das zu ihr gehörige Exerzitium eine entscheidende Rolle.

Im Hinblick auf das aller Psychotherapie gemeinsame Bemühen um den Abbau frustrierender Tabus und konformistischer Haltungen und hinsichtlich der Frage, wer hier eigentlich befreit wird, muß immer wieder festgestellt werden, daß es in der initiatischen Therapie letztlich nicht um den kreatürlichen Menschen mit seinem Nachholbedarf, seinem Anrecht auf Gesundheit und gesichertes Leben geht, sondern um den zu seinem Wesen erwachten und befreiten Menschen als potentiellen Zeugen der anderen Dimension. Wohl ist in den meisten Fällen das Lösen neurotischer Verhärtungen die Voraussetzung einer gesicherten Wesensfühlung, tiefenpsychologische Bereinigung des Grundes also ein unerläßlicher Bestandteil initiatischer Therapie. Oft ist es aber auch umgekehrt so, daß bewußte Fühlung mit dem Wesen das Freilegen und Auflösen neurotischer Mechanismen erleichtert, bisweilen sogar erst ermöglicht, insbesondere dann, wenn sie Schutzmechanismen des Ichs sind, auf die verzichtet werden kann, wenn der Mensch sein Zentrum im Wesen statt im weltbedingten Ich findet. Dies alles ist freilich nur für den überzeugend und einleuchtend, der das Wesen als Erfahrung und Verpflichtung kennt. Wer es nicht erfahren hat, und dazu gehört ein großer

Teil der Psychologen unserer Zeit, für den ist »Wesen« Produkt einer metaphysischen Spekulation oder Bestandteil einer religionsartigen Weltanschauung.

Seinserfahrungen (Die Münchner Zeit)

Mit dem Ende meiner Soldatenzeit begann das Studium. Angezogen durch die Gestalt Max Webers war es zunächst Sozialökonomie, doch bald folgte das Umsatteln auf Philosophie. Im Mittelpunkt stand hier die Phänomenologie mit Vorlesungen und Seminaren bei Alexander Pfänder, dem Schüler Husserls. Das erste Referat: »Bergsons schöpferische Entwicklung«. In den ersten Studienjahren 1919/20 war das Wichtigste die Begegnung mit Menschen; die entscheidende Begegnung die mit meiner zukünftigen Frau, Enja von Hattingberg. Durch sie kam ich nicht nur früh mit der Psychoanalyse in Berührung, sondern ein ganzer Kreis von Menschen kam auf mich zu, die mir Tore zum geistigen Leben öffneten. Sie war befreundet mit der Dichterin Elisabeth Schmidt-Pauly, mit Rainer Maria Rilke, Richard Wilhelm, Wilhelm Otto, Ludwig Klages, Else Lasker-Schüler, Ferdinand Weinhandl, Otto Zopf u. a. – alles Menschen, in denen sich aus dem Zusammenbruch von 1918 etwas Neues erhob und auch in mir bald bewußt werden ließ, was in den Nachkriegsjahren alle bewegte: die Frage nach dem neuen Menschen. Der Anstoß dazu, diese Frage nicht nur als eine allgemeine Verpflichtung der Zeit zu empfinden, sondern in den Mittelpunkt meines Lebens zu stellen, war die Folge eines bestimmten Erlebnisses, der für mein Leben entscheidenden Großen Erfahrung, die mir, dem damals Vierundzwanzigjährigen in der ersten Begegnung mit Laotse zuteil wurde.

Es war im Atelier des Malers Willi Geiger. Meine spätere Frau, die mit ihm befreundet war, hatte wie beiläufig Laotses *Tao-te-king* in die Hand genommen und begann den elften Spruch zu lesen:

Dreißig Speichen treffen die Nabe,
aber das Leere in ihnen erwirkt das Wesen des Rades;
aus Ton entstehen Töpfe,
aber das Leere in ihnen wirkt das Wesen des Topfes . . .

Und da geschah es: »Beim Hören des elften Spruches schlug
der Blitz in mich ein. Der Vorhang zerriß, und ich war
erwacht. Ich hatte *Es* erfahren. Alles war und war doch nicht,
war diese Welt und zugleich durchscheinend auf eine andere.
Auch ich selbst war und war zugleich nicht. War erfüllt, ver-
zaubert, ›jenseitig‹ und doch ganz hier, glücklich und wie
ohne Gefühl, ganz fern und zugleich tief in den Dingen drin.
Ich hatte es erfahren, vernehmlich wie ein Donnerschlag,
lichtklar wie ein Sonnentag und das, was war, gänzlich unfaßbar. Das Leben ging weiter, das alte Leben, und doch war es
das alte nicht mehr. Schmerzliches Warten auf mehr ›Sein‹,
auf Erfüllung tief empfundener Verheißung. Zugleich unendli-
cher Kraftgewinn und die Sehnsucht zur Verpflichtung – auf
was hin –?«*

Der außerordentliche Zustand dauerte den Tag über bis in
die Nacht, aber ich war ein für allemal gezeichnet. Ich hatte
das erlebt, wovon alle Zeiten künden: von Menschen, die
irgendwann einmal eine Erfahrung hatten, die wie ein Blitz
einschlug und sie ein für allemal dem Stromkreis des eigentlichen Lebens anschloß, besser gesagt, ihn bewußt machte, nicht
nur als Quelle eines großen Glücks, sondern auch des Leidens,
das der Mensch empfindet, wenn dieser Stromkreis dann
immer wieder unterbrochen wird. Aber zugleich enthält diese
Erfahrung den unbedingten Auftrag zum inneren Weg. Viele
Jahre später erst sollte mir dieses Erleben und einige, wenn
auch weniger starke Wiederholungen zum Wegweiser gültiger
Erkenntnis und Arbeit an mir und anderen werden.

In der verwandelten Verfassung war ich nun für alles, was
nun aus der geistigen Welt auf mich zukam, auf einen
bestimmten Pol gestimmt, und es war kein Wunder, daß in
dieser Zeit Meister Eckehart bei mir einschlug. Ich kam von
seinen Traktaten und Predigten nicht mehr los und vernahm
ihren Gehalt wie ein vielfältiges Echo auf den großen Glok-

---

* Vgl. *Transzendenz als Erfahrung,* a. a. O.

kenton, der in mir erklungen war. Bis heute noch genügen mir einige Sätze von Meister Eckehart, um immer wieder von dem großen Strom durchrieselt zu werden. Den gleichen Ton hörte ich dann, wenn auch in immer anderen Klägen, bei Rilke, bei Nietzsche und vor allem bei der ersten Lektüre von Schriften über den Buddhismus, wo die Lehre der allen Menschen innewohnenden Buddhanatur sogleich einleuchtete. Und damals schon bewegte mich die Frage: Eckehart – Laotse – Buddha – war die große Erfahrung, die sie bewegte, nicht im Grunde die gleiche?

Anfänge praktischer Arbeit und erste Exerzitien

Aus ersten bewußten Seinsfühlungen und absolutem Gewissen kristallisierte sich in jener Zeit, wenn auch erst in vagen Umrissen, die Aufgabe meiner Bestimmung: die Arbeit am Menschen. Es war dies eine Aufgabe, die nach dem Zusammenbruch von 1918 in der Luft lag. Sowohl die Eckehart-Renaissance wie das Interesse für östliche Weisheit, das damals erwachte, hing damit zusammen. Die »Arbeit am Menschen«, das meinte für mich von vornherein etwas anderes als einen neuen Staatsbürger, bedeutete nicht eine wiederum auf Leistung und gesellschaftliches Wohlverhalten zielende neue Pädagogik, aber auch nicht eine neue Therapie zur Wiederherstellung psycho-physischer Gesundheit. Es ging vielmehr um eine Aufgabe, die ebenso am Gesunden wie am kranken Menschen zu leisten war. Das gilt auch für mein heutiges Wirken. Mir scheint, daß alle Therapie gründen müßte in eine dem Gesunden nicht weniger als dem Kranken aufgegebene Entwicklung zur »Reife«, die ihrerseits letztlich nur aus der Fühlung mit der Transzendenz möglich ist. Von vornherein ging es uns damals nicht um eine Ideologie, sondern um eine auf Urerfahrungen und Wesensgewissen beruhende Sinngebung und eine ihrer Verwirklichung dienende Arbeit am Menschen. Es sollte Jahrzehnte dauern, bis daß das hier in vagen Umrissen Geschaute klare Umrisse erhielt.

Im Zeichen der gemeinsam erkannten Aufgabe bildete sich damals das »Quadrat«. So nannten wir unsere Vierergruppe, bestehend aus dem Ehepaar Weinhandl (Weinhandl hatte soeben die *Exerzitien des heiligen Ignatius* neu herausgegeben), Enja von Hattingberg und mir. Durch gemeinsame Arbeit an sich selbst und an anderen gewann die Gruppe immer mehr Festigkeit im gemeinsamen Suchen und ersten Exerzitien. Die Therapie bestand in Beratungen von Menschen, die zu uns kamen, angezogen durch das, was uns verband. Wie in einer modernen Selbsterfahrungsgruppe galt unter uns das Gesetz der Bereitschaft zu uneingeschränkter wechselseitiger Kritik und absoluter Ehrlichkeit. Dazu kam die erste »Praxis«: tägliche Gewissenserforschung, bestimmte Exerzitien, insbesondere Stille-Übungen, meditatives Sitzen: mein erstes »Zazen«.

Kiel und Rom (Intellektuelle und künstlerische Entwicklung)

Die auf München folgenden Jahre dienten der Entwicklung des intellektuellen Rüstzeugs meiner späteren Arbeit.

Das »Quadrat« zog geschlossen nach Kiel, lebte dort in einer Wohngemeinschaft, hörte gemeinsam Vorlesungen bei Scholz (Ethik), Hans Freyer (Plato). Ich schaltete dann von Philosophie auf Psychologie um, um die psychologischen Grundlagen der Wert-Philosophie kennenzulernen. Aber welche Enttäuschung! Die Psychologie hatte wenig mit der Reifung des Menschen oder gar mit dem neuen Menschenbild und seiner Begründung zu tun. Wohl war die Psychologie von Johannes Wittmann, Schüler von Martius, »an Ganzheit orientiert«. Wittmann gründete damals die Methode des Ganzheitsunterrichtes. Aber das quantitative Prinzip spielte doch in der experimentellen Psychologie seine Rolle. Doch in welcher Weise kann, so fragte ich damals, personal Relevantes, Qualitatives, durch Quantitatives ausgedrückt werden? Ich erinnere mich noch meines Protestes in einem Seminar gegen die Behauptung, der Ton C *sei* 256 Schwingungen in der Sekunde. Ich stand auf und meinte, er »sei« das nicht, man könne ihm dieses höchstens zuordnen. Der Mensch lebe doch mit den Tönen und nicht mit den Wellen!

Die Aversion gegen Zahlen und Apparate im Rahmen der psychologischen Forschung hat mich nie verlassen. Natürlich muß ich zugeben, daß es, wie in der Medizin, so auch in der Psychologie die Möglichkeit gibt, den Menschen zu einem Gegenstand zu machen und gewisse Daseinsfehler mit quantifizierenden Methoden anzugehen. Doch oft frage ich mich, was gewinnt der Student der Psychologie aus der zunehmenden Zahl quantifizierender Methoden für seine personale Selbsterkenntnis als Mensch und für seine Arbeit am anderen Menschen? Der Mensch im eigentlichen Sinn bleibt wie in der Ausbildung des Arztes, des Priesters und des Erziehers, so auch oft in der Ausbildung des Psychologen mehr oder weniger draußen. Und so sehe ich die Entwicklung der Psychologie an unseren Hochschulen, dort, wo die Tendenz sich immer mehr durchsetzt, die Psychologie der Naturwissenschaft einzuordnen, nicht ohne Sorge, bei aller Anerkennung der objektiven Bedeutung ihrer Forschungsergebnisse für die »Welt-Wissenschaft«. Immer noch muß die Tiefenpsychologie um ihr Recht auf Existenz kämpfen, von einer initiatischen Seelenkunde ganz zu schweigen. Alle Vorschläge zu einer experimentellen Arbeit schlug ich aus und schrieb mir als Dissertation eine rein phänomenologische Arbeit vom Herzen mit dem Titel: *Erlebnisformen, Ansätze zu einer analytischen Situationspsychologie* – die zu meiner Überraschung mit der Note 1 zensiert wurde.

Nach meiner Doktorprüfung im Jahre 1923 (Nebenfächer: Philosophie [Scholz] und Soziologie [Tönnies]) und der danach folgenden Verheiratung blieb ich noch zwei Semester als Volontärassistent, interessiert vor allem an Denkpsychologie, am Psychologischen Institut in Kiel, bis mir diese Tätigkeit zu eng wurde. Nun stand ich vor der Wahl zu einer Fortsetzung des Studiums an einer anderen Universität, einer stillen Zeit auf der Insel Föhr oder einem Aufenthalt in Italien. Die Ablehnung der Universität erfolgte an einem Tag in Marburg, an dem ich nacheinander Heidegger, Nikolai Hartmann, Heiler, Rudolf Otto und Natorp hörte, wahrhaft ein Sternenbanner der Philosophie. Ergebnis: Nichts wie weg von jeder Universität ins Freie! Eine Einladung zu einem Soziologenkongreß in Neapel entschied für Italien. Das war das Jahr 1925, das heilige Jahr. Nach sechs Monaten Süditalien kam Rom mit seinen Schätzen. Ich malte, zeichnete viel Akt, studierte die Museen.

Aber im Mittelpunkt der ganzen Italienzeit stand mein Schreiben an einer Einheitsphilosophie. Ich war völlig gefesselt von dem »Faktum« und dem Problem, das mich nicht losließ: einer alles umfassenden Einheit, die in sich gesetzlich geordnet, alles umfängt und Gestalt werden läßt. Es war die Form, in der in jener Zeit bei mir das Geheimnis des transzendenten Seins als Fülle, Gesetz und Einheit in das begriffliche Bewußtsein strebte.

Leipzig

Diese Beschäftigung mit dem Problem der Einheit und ihrem Offenbarwerden in der Mannigfaltigkeit der Welt veranlaßte dann Felix Krueger, auf Vorschlag von Hans Freyer, mich 1925 als Assistent am Psychologischen Institut der Universität Leipzig einzustellen, dem er vorstand, und an dem ich dann sieben Jahre als Assistent und Leiter einer Abteilung blieb.

Als ich das Institut zum ersten Male betrat, wurde mir ängstlich zumute, als ich die vielen Apparate sah! Auf mein freimütiges Bekenntnis, ich wäre für »experimentelle« und »quantitive« Psychologie völlig ungeeignet, meinte Krueger lächelnd, wenn ich einmal die Vorlesungen der anderen Assistenten, Sander, Klemm und Volkelt, gehört hätte, würde es mit der Zeit für Einführungskurse am Institut schon reichen! Im übrigen aber könnte ich die nichtexperimentelle Seite der Psychologie entwickeln und betreuen. Heute ist mir bewußt, daß sich in diesen sieben Leipziger Jahren meine Arbeit gerade in der ständigen Reibung mit der experimentellen Psychologie bei gleichzeitig immer tieferem Eindringen in die Ganzheits- und Gestaltpsychologie von Krueger und Sander immer mehr profilierte. Untergründig war aber immer das mich bewegende Geheimnis am Werk. So war es mir auch bei meinen ersten Vorlesungen (1930 Habilitation) und Seminaren weniger um Wissensvermittlung zu tun, als um Anregung und Übertragung gewisser seelischer Grunderfahrungen, die mir wichtig erschienen. Wohl als erster an einer deutschen Hochschule behandelte ich in meinen Vorlesungen Klages, Freud, Adler und Jung. Nicht eine durch rationale, fixierbare Tatsachen begründbare Theorie schien mir damals schon der nervus rerum aller Wissenschaft vom Menschen zu sein, sondern mehr – bei aller Verpflichtung zu klaren Begriffen – ein Gefüge qualitativer Erfahrungen. In dieser Zeit entstanden auch die »Untersuchungen zum gelebten Raum.«* Der Maßstab für das Gewicht der in Frage kommenden Erfahrungen ergibt sich aus der Tiefenqualität des Erlebens. Was dieses bedeutet, habe ich von Felix Krueger gelernt: eine Erfahrung ist um so tiefer, als an ihr die Ganzheit des Menschen beteiligt ist; um so flacher, als sie nur einen Teil seines Menschseins anspricht. Eben weil aber die Ganzheit des Menschen in seinem in numinosen Qualitäten erfahrbaren Kern wurzelt, muß eine gültige Erkenntnis, Lehre und Führung des Menschen sich allem zuvor um die Erfahrung, Erkenntnis, Befreiung, Entfaltung und Profilierung dieses Kerns kümmern. Diese Grundvorstellung von der Arbeit am Menschen bestimmte auch meine Volkshochschularbeit als langjähriger Leiter der Fichte-Volkshochschule in Leipzig, wie auch meine Arbeit als Gastdozent am Bauhaus in Dessau. Mehr als die Begegnung mit Mies van der Rohe und als die Wiederbegegnung mit Klee und Kandinsky bedeutete mir damals die Begegnung mit einer Studentenschaft, die einer rein materialistischen Vorstellung vom Menschen huldigte. Es war ein herrliches Ringen, bei dem ich lernte, daß das Anklingenlassen qualitativer Erlebnisse letztlich eine rein rationale Argumentation aus dem Feld schlägt. – Im Jahr 1931 wurde ich Professor für Psychologie an der Pädagogischen Akademie in Breslau, 1932 in gleicher Eigenschaft an die Pädagogische Akademie in Kiel versetzt. Es folgte die Umhabilitation an der Universität Kiel.

* Vgl. Festschrift für August Kirschmann, *Neue psychologische Studien,* hrsg. v. Felix Krueger und Otto Klemm, C. H. Beck, München 1929.

Japan (Die Begegnung mit dem Zen-Buddhismus)

Die wichtigsten Erfahrungen und Erkenntnisse für Theorie und Praxis einer initiatischen Therapie brachte mir der langjährige Aufenthalt in Japan (1937–1947), insbesondere meine Begegnung mit dem Zen-Buddhismus.

Meinen Aufenthalt in Japan verdanke ich dem Umstand, daß ich im Jahre 1936 als »politisch untragbar« aus meiner damaligen Stelle als freier Mitarbeiter in der Englandabteilung des Büros Ribbentrop entlassen und mit einem Forschungsauftrag (Motto: »möglichst weit weg«) nach Ostasien geschickt wurde. Das Thema lautete »Erforschung der geistigen Grundlagen der japanischen Erziehung«. Mit einer Unterbrechung im Jahre 1939 – damals erkrankte und starb meine Frau – blieb ich in Japan bis zur Evakuierung aller Deutschen im Jahre 1947.

Den Zugang zum Zen erleichterte mir meine Vertrautheit mit Meister Eckehart. Was lehrt Zen?* Jeder ist in seiner ursprünglichen Natur Buddha. Das ursprüngliche »Antlitz« ist durch die festliegenden gegenständlichen Ordnungen des an der Welt haftenden Ichs verstellt. Voraussetzung für die Reifung, deren Frucht der zu seiner *Buddhanatur* hin befreite Mensch ist, ist daher das Sterben des Ichs und die Erfahrung des »Wesens«. Hindurchzudringen durch die Kruste seiner eingefleischten Vorstellungen und Begriffe hin zur erfahrbaren Präsenz seiner *Buddhanatur,* die ihn in individueller Weise mit allen Wesen verbindet, darum geht es! Für sich allein aber ist diese Erfahrung noch nichts. Hinzukommen muß die »Verwandlung«, das heißt die Ausbildung und Festigung einer Verfassung des ganzen Menschen, in der die vorübergehende Seinsfühlung zu einem tragfähigen Dauerkontakt mit der *Buddhanatur* geworden ist. Dazu dient, wie auch schon zur Vorbereitung der Großen Seinserfahrung (Satori), das Exerzitium, verstanden als exercitium ad integrum. Die Übung hat also einen doppelten Sinn: den Menschen bereit zu machen für die Möglichkeit einer Seinserfahrung und die Verwandlung zu einem immer zuverlässigeren Zeugen des in der Erfahrung

---

* Vgl. K. Dürckheim: *Zen und wir,* O. W. Barth Verlag, Weilheim 1972 (2. Aufl.).

dem Menschen aufgegangenen Seins; denn eine Erleuchtung gibt noch keinen Erleuchteten!

Je länger ich in diese Erfahrungs- und Exerzitienweisheit des Buddhismus eindrang, desto klarer wurde mir, daß hier ein Verständnis des Menschen und seiner Möglichkeit vorlag, das Allgemeingültiges enthielt und zum Bewußtsein brachte. Es war eine Sicht, die im Hinblick auf Freisein und Heilmachen des Menschen, über Gesundheit, Leistungskraft und Gesellschaftstreue hinaus, den Menschen in seinem Wesensgrund erfaßte, dessen Erfahrung und Integration auch die Voraussetzung für die Entwicklung zum wahren Selbst ist. Dabei appellierte man freilich nur an den Menschen einer bestimmten Stufe, die ihn befähigte, die Qualität des Numinosen als »Zeichen des Wesens« ernst zu nehmen, und der fähig und gewillt war, um der Verwandlung willen harte Übung auf sich zu nehmen.

Es ist eine für die initiatische, ja, für alle personale Therapie schwerwiegende Feststellung, daß nicht jeder Mensch die Stufe, das heißt »die Ohren hat, zu hören«. Es gibt vortreffliche Menschen, die gut, tüchtig, zuverlässig und höchst intelligent sind und doch seinstaub. Gewiß ist jeder in seinem Wesen »Buddha«, aber das Organ, den Ruf aus seiner Wesensnatur zu hören, und die Bereitschaft, ihm zu folgen, ist nicht bei allen im gleichen Maße vorhanden. Bisweilen sind es schwere Erschütterungen und tiefes Leid, die die primäre Natur brechen oder den wohleingespielten Ich-Panzer einschmelzen und dieses Organ wecken können. Bisweilen kann eine richtig angesetzte tiefenpsychologische Behandlung zu dieser Tiefe vorstoßen. Immer aber verläuft der Weg zur Verwandlung auf zwei Geleisen: erstens Vertiefung der Fühlung mit der uns immanenten Transzendenz, zweitens Treue zum Exerzitium, das eine dieser Fühlung widersprechende Verfassung ausfleischt und die ihr entsprechende, das heißt sie ermöglichende und bewährende Verfassung bewußt macht und einfleischt.

Aus eigener Anschauung lernte ich eine Vielfalt der Zen-Exerzitien kennen. Selbst übte ich außer der Meditation (Zazen) vor allem das Bogenschießen und das Malen. Es ist überraschend für uns, wie vom Zen-Standpunkt her die verschiedensten Künste ein und denselben Sinn haben, ob es um Bogenschießen geht oder Tanzen, Singen oder Karate, Blumenstecken oder Aikido, Teezeremonie oder Speerstoßen, Puppenspiel oder Judo usw. Streng genommen und im Zen-Geist geübt, sind es nur verschiedene Wege, auf denen es immer wieder um dasselbe geht: durchzustoßen zur *Buddhanatur*, zum »Wesen«. Zu diesem Ende ist eine in langer Übung gewonnene Technik schließlich so zu meistern, daß, weil wir die Leistung nicht mehr selbst zu »machen« brauchen, eine »Tiefenkraft« in Aktion treten kann, die die Leistung ganz ohne unser Zutun vollbringt. Wichtiger aber als die Leistung selbst ist immer das, was auf dem Weg zu ihr gewonnen, in ihrem Vollzug erlebt, durch sie ausgedrückt und in der Tiefe bleibend ausgelöst wird: Die Freiheit aus dem »Wesen«. Wohl ist das *Ziel* jeder Übung eine bestimmte, möglichst vollendete Leistung, der *Sinn* aber ist die nicht mehr von äußeren Faktoren abhängige Kondition, das heißt der Mensch. Das bedeutet, näher besehen, ein Durchlässigwerden für die uns innewohnende Transzendenz, das ihn unabhängig macht von den Bindungen der Welt. Dies meint vor allem: Herr zu werden über sein weltbezogenes und weltbedingtes kleines Ich! Im Buddhismus ist der Abbau der Ich-Herrschaft mit der Vorstellung verbunden, einmal endgültig eingehen zu können in das all-eine Sein; freilich, was vom Buddhismus als Endstadium gedacht ist, das Eingehen in die Leere des das Ich und alle Dinge zurücknehmenden »All-Einen«, hat für den westlichen Menschen die Bedeutung einer Durchgangserfahrung. Es ist eine Station auf dem Weg zur Verfassung des »Gereiften«, deren Frucht der von der Herrschaft des kleinen Ichs befreite Mensch ist, der wirklich Person werden kann, durch die in allem Lieben, Leben und Gestalten in der Welt das überweltliche Sein hindurchtönen kann, erlösend und schöpferisch zugleich. Um dieses Sein wahrzunehmen und ernst zu nehmen, dazu bedarf es nur eines vorurteilslosen empirischen, nüchternen Realismus, eines transzendentalen Realismus!

Je länger ich mich diesen Übungen unterzog und erfuhr, daß schon die Übung einer Technik einen völlig anderen Charakter haben kann als die nur einer Leistung dienenden technischen Übungen bei uns, um so deutlicher wurde es mir, daß diese Art Exerzitium zwar einer östlichen Tradition seine Blüte verdankt, und vom Buddhisten geübt, ihrem Ziel, dem Aufgehen im »All-Einen« dient, aber doch einen allgemeinmenschlich bedeutsamen Kern enthält. Wenn es sich auch nie darum handeln könnte, bestimmte Übungen »wörtlich« nach Europa einzuführen, so kann man doch, ja muß, wie mir scheint, das hier obwaltende *Prinzip* in seiner unbestreitbaren Wahrheit anerkennen. So werden heute in Rütte vielerlei Übungen im Sinn dieses Prinzips gemacht.

Nur wenn alles Üben auf Transzendenz bezogen bleibt, das heißt auch: wie ein sakrales Tun vollzogen wird, kann man zum Beispiel stundenlang die gleiche Bewegung wiederholen und dabei nicht nur nicht müde werden, sondern gleichsam eine Sakralisierung der inneren Verfassung erfahren. Jede solche Übung wird in der japanischen Tradition ganz selbstverständlich vollzogen »wie eine heilige Handlung«. Das klingt für uns zunächst nach etwas Verstiegenem, und doch ist das gerade der natürliche Ausdruckscharakter einer wahrhaft meditativen Handlung, in der – das ist dann ihr Sinn – einer Wirklichkeit gedient wird, die den Horizont des gewöhnlichen, natürlichen und individuellen Bewußtseins übersteigt. Von hier aus versteht man zum Beispiel auch, daß der Schüler im Bogenschießen, ohne müde zu werden, drei Jahre lang auf ein Strohbündel von einem Meter Durchmesser auf drei Meter Entfernung übt. Nicht auf das Treffen also kommt es an, sondern auf den Menschen, der sich im Üben verwandelt. Zum Verständnis und Vollzug dieser Übungen ist aber ausschlaggebend eine neue Sicht des *Leibes*.

Der Leib und seine Übung in der initiatischen Therapie

Es ist eine eigentümliche Tatsache, daß im Fernen Osten, für dessen Weltanschauung die »Inkarnation« das Grundübel ist, die Erlösung immer auch auf dem Wege leiblicher Übungen gesucht wurde, während im christlichen Westen, für den die Inkarnation, die Fleischwerdung des Geistes, in der Mitte steht, der Leib immer wieder als Widersacher und Störung auf dem Weg zum Heil empfunden wurde, als habe er eine nur säkulare und antigeistige Wirklichkeit. So ist es auch kein

Wunder, daß, wenn heute altöstliche Leibesübungen, wie etwa das »Hatha-Yoga«, ihren Einzug im Westen halten, diese als eine Art Gymnastik des Körpers gelehrt und geübt werden. Damit ist aber ihr wahrer Sinn: »Anjochen an das Absolute« vertan.

Ganz einseitig wird bei uns der Leib als Instrument verstanden, mit dem man in der Welt bestehen, sich durchsetzen und etwas leisten muß. So wird er »geübt«, das heißt trainiert und behandelt wie ein Ding, das in Ordnung, haltbar, elastisch, »gut geölt« sein muß, um leistungsstark und reibungslos zu funktionieren. So aber behandelt man nur den Körper, den man hat, dessen Funktionieren, wie große Sportskanonen beweisen, sehr wenig mit der inneren Reife oder gar dem initiatischen Weg zu tun hat. Etwas ganz anderes ist es, den Leib, statt ihn nur um sichtbarer Leistungen willen gesund zu halten und zu trainieren, als Leib in den Dienst der inneren Verwandlung zu stellen. Dann freilich handelt es sich nicht mehr um den Körper, den man hat, sondern um den Leib, der man ist. Dies ist eine für die personale Therapie schlechtweg entscheidende Unterscheidung. Was meint das: Der Leib, der man ist? Es meint den Menschen, den ganzen Menschen als Person in der Weise, in der er sich nicht nur erlebt, sondern darlebt, das heißt dar-leibt. Der Leib, der man ist, ist die Weise, in der man *in der Welt da ist*.

Der Leib, der man ist, ist die Einheit der Gebärden, in denen man sich als Person ausdrückt und darstellt, in der Welt verwirklicht oder verfehlt. Man kann in diesem Leibe richtig da sein oder falsch: richtig, wenn man als Leib durchlässig ist für sein Wesen, das heißt für die Weise, in der das »Leben« in unserer Individualität Gestalt gewinnen und sich manifestieren möchte in der Welt. Falsch ist man da in dem Maße, als man das Werden und sich Bezeugen der wesensgemäßen Gestalt verhindert. Demnach gibt es drei Leibgewissen. Das erste ist orientiert an der Gesundheit, das zweite an der Schönheit, das dritte aber, uns noch nicht genügend bekannte, ist orientiert an der Transparenz, der Durchlässigkeit für die uns immanente Transzendenz und die Ausnutzung der ihr gemäßen Gestalt.

Der Mensch muß lernen, sich selbst im Leibe wahrzunehmen, nicht nur im Hinblick auf physische Störungen, sondern auf alle Deformationen der ihm vom Wesen her eigentlich aufgegebenen »Form«, Mensch zu sein. Das ist die zur Transzendenz hin durchlässige Form bzw. geformte Durchlässigkeit. Ist einem einmal die Möglichkeit und die Aufgabe bewußt geworden, sich auch als Leib seinsgemäß zu verwandeln, dann beginnt ein neues Leben, denn diese Aufgabe wird zum Begleiter in allen Situationen des Lebens. Das ist altjapanische Übungs-Tradition.

Die Begegnung mit der japanischen Form des Exerzitiums hat einen tiefen Einfluß auf meine Therapie gehabt, und die über den Leib laufenden Übungen sind aus der Therapie in Rütte nicht mehr wegzudenken.

Der Leib als Ausdrucksmedium der Person spricht zu uns in der *Haltung* (die durch den Schwerpunkt bestimmt ist), im *Atem* und im Verhältnis von *Spannung und Entspanntheit.* Alle drei Begriffe bedeuten, personal verstanden, nichts Körperliches, sondern drei Ausdrucksmedien personaler Möglichkeiten rechten Daseins und Werdens oder deren Verhinderung.

Sieht man den Menschen als Leib und den Leib als Menschen, so rückt das auch die für alle Therapie wichtige diagnostische Bedeutung der leiblichen Erscheinung erst ins rechte Licht. So die Symptomatik der kleinsten Bewegungen, Lässigkeiten, Verspannungen usw. Nicht nur die Graphologie, sondern auch die Handlesekunst gewinnt ihre Bedeutung.*

Die Arbeit über den Leib, die zur personalen Therapie gehört, ist etwas anderes als die ärztliche Körperbehandlung. Hochgezogene, verkrampfte Schultern z. B. bedeuten medizinisch gesehen eine verspannte Muskulatur, die durch Massage, technische Übungen oder gegebenenfalls durch eine Injektion gelockert werden kann. In diesem Sinne sind Lockerungs- und Entspannungstechniken zur Behebung muskulärer Verspannungen schon Allgemeingut geworden. In einer personalen Leibtherapie bedeutet das gleiche Phänomen etwas anderes. Eine verspannte Schulter z. B. ist der Ausdruck einer personalen Unsicherheit, eines Mißtrauens gegen das, was kommt, eine Abwehrbereitschaft. Die personale Behandlung läuft über ein Einsehenlassen dieser Fehlhaltung und das Erfahrenlassen derjenigen Haltung, die Sicherheit und Vertrauen ausdrückt

* Vgl. K. Dürckheim und Ursula v. Mangoldt: *Der Mensch im Spiegel der Hand,* O. W. Barth Verlag, Weilheim 1966 (2. Aufl.).

und erzeugt. Anstelle des Verspanntseins nach oben muß die Verankerung »unten«, das heißt im Beckenraum, treten, wobei der Beckenraum wiederum nicht von außen als ein Körperteil angesehen werden darf, sondern verstanden werden muß als ein Ausdrucks- und Verwirklichungsmedium der Weise, wie man in der Welt »da« ist, als ein Zentrum, dessen rechte Ausbildung gelassene Sicherheit und ein auch erlebbares Angeschlossensein an eine umfassendere Kraft bedeutet und ermöglicht.

So wie der Mensch als Person nicht verstanden werden kann, es sei denn im Hinblick auf seine transzendente Bestimmung, so auch gibt es eine personal richtige Weise, den Leib, der man ist, zu sehen und zu üben, nur im Hinblick auf seine Bedeutung als Medium gesamtmenschlichen Reifens zur Transparenz für Transzendenz. Der Mensch ist nur dann richtig da, wenn er vom Wesen her und zum Wesen hin da ist, also offen für die Manifestation des Wesens. Übung des Leibes zur Transparenz meint Abbau von allem, was ihr im Wege steht, und Fördern von allem, was sie ermöglicht. Der Wesensbezeugung im Wege stehen alle Erscheinungsformen des in seinen »Positionen« sich wahrenden und absichernden Ichs. So alle Verspannung und ihr Gegenspiel, die Auflösung. Beides ist von der rechten Weise, im Leibe da zu sein, gleich weit entfernt. Jede Persona-Haltung, jede Fassade, die das Eigentliche versteckt, jeder falsche Ton in der Stimme, jede Unsicherheit im Auge, Künstlichkeit oder Nachlässigkeit in der Haltung können und müssen als Symptome personalen Unheilseins bewußt und ihre Beseitigung ins exercitium ad integrum genommen werden.

Hara

Kernstück einer notwendigerweise den Leib, der man ist, mit einschließenden, initiatischen Therapie ist die Lehre und Praxis des *Hara* (wörtlich »Bauch«).* Wiederum

---

* Vgl. K. Dürckheim: *Hara. Die Erdmitte des Menschen,* O. W. Barth Verlag, Weilheim 1972 (5. Aufl.).

handelt es sich dabei um etwas, was zwar östliche Tradition ist, aber der Sache nach von allgemein-menschlicher Bedeutung und Gültigkeit: Es ist die Lehre und Praxis der gelöst-gefestigten Leibesmitte als Voraussetzung, Ausdruck und Bewährung einer personal richtigen, das heißt zugleich kosmisch verwurzelten und geistig offenen Weise, in der Welt da zu sein. Der »Hara no hito«, zu deutsch: »der Mann mit Hara«, meint den Gereiften. »Hara no nai hito«, der Mensch ohne Hara, bedeutet den dem Reifsein fernen Menschen.

Biographisch gesehen wurzelt meine Entdeckung von Hara in einem bestimmten Erlebnis. Ich lag in Tokio auf meinem Bett, hatte mich sehr über jemanden geärgert und wälzte mich in jenem unwürdigen Zustand herum, der Ausdruck ist eines Gemischs von ohnmächtiger Wut und Vernichtungsverlangen. Da fiel mir ein, einmal gelesen zu haben, daß, wenn »ein Japaner« in solche Wut gerät, er einfach sein Ich von oben herunter in den Bauch gleiten läßt. Ich wußte nicht, was das war, aber . . . es widerfuhr mir. Und schlagartig war ich ruhig. Das war immer noch ein schlechter Mensch, der eine Lektion verdiente, aber es ging mich persönlich nichts mehr an! Ich wußte sofort, daß ich hier etwas Entscheidendes erlebt hatte, und ging auf die Suche nach Menschen, die mir mehr darüber sagen konnten. Das war nicht so leicht, denn im Volk war Hara eine ungeschriebene Tradition. Es gab kein Buch über Hara (die Japaner übersetzen zur Zeit mein Buch über *Hara* ins Japanische), aber dann lernte ich den Sinn im Gespräch mit Meistern aller Künste, und schließlich in eigener Übung kennen. Der *Sinn* jeder Kunst ist für den japanischen Meister letzten Endes Hara. Was meint Hara eigentlich? Hara meint eine Verfassung des ganzen Menschen, in der er, verankert in der Leibesmitte, gelöst ist von seinem kleinen Ich, das heißt personal nicht im Ich, sondern ganz »woanders« verwurzelt, so daß er frei ist zum Dienst an der Sache, die ihm gerade aufgetragen ist (der Soldat z. B. zu sterben), unverstellt auch für das Durchströmt-werden von der universalen Lebenskraft und befähigt, als durchlässige Form die ihm immanente Transzendenz zu erfahren, und sie durch sich auswirken zu lassen. So ist es für den »Weg« wichtig, zu lernen, in Hara zu stehen, zu gehen, zu sitzen und zu handeln, aus dem Hara heraus zu sprechen, die Welt zu »nehmen«, sie zu gestalten und zu ertragen.

Die Hara-Übung gehört zu den Grundübungen in Rütte. Die Praxis besteht, äußerlich gesehen, vor allem in einer Verlegung des Schwerpunktes in die Leibesmitte. So unwahrscheinlich es zunächst für ein europäisches Ohr klingen mag: eine nunmehr jahrzehntelange Praxis mit Hunderten von Menschen hat erwiesen, daß das Gewinnen von Hara ausnahmslos von einer für das personale Werden entscheidenden Bedeutung ist.

Der Besitz von Hara bedeutet die Fähigkeit, den Faktor auszuschalten, der vorhandenes Wissen und Können im entscheidenden Augenblick blockiert und dem Wirken der natürlichen und der übernatürlichen Werdekräfte im Wege steht: jenes Ich, das fixiert, Angst hat, um seine »Position« kreist und auch das, was es kann, glaubt, noch einmal »machen« zu müssen und dadurch verdirbt. Jede Leistung, deren Technik man an sich beherrscht, ist gefährdet, wenn man nicht in der rechten Kondition ist. Die rechte Kondition ist durch das »kleine Ich« gefährdet, durch Hara gewährleistet.

Daß mit Hara auch manche Wunderheilungen zusammenhängen, sei nur am Rande bemerkt. Es ist bekannt, daß vielerlei Lähmungserscheinungen Folge eingefleischter Angsthaltungen sind: Angst vor dem Fallen, Angst vor Anstrengungen, Angst vor Schmerzen, Angst vor Begegnungen. Immer wieder geschieht es, daß mit dem Gewinnen von Hara solche Lähmungen und Hemmungen schlagartig verschwinden. Immer wieder geschieht es, daß »Gelähmte« oder Gehbehinderte, sobald sie Hara praktisch begreifen, ihre Krücken wegwerfen und gehen und tanzen können. Ein Wunder? Nein, es wäre ein Wunder, wenn sie dann nicht gehen könnten.

Körperliche Behandlung?

Sieht man im Leib den Menschen selbst als Person und nicht nur einen Körper, den er hat, und der abgelöst von ihr betrachtet und behandelt werden kann, so öffnen sich auch für den »Psychotherapeuten« neue Aspekte, nicht nur zur Diagnose, sondern auch zur »Behandlung« des Menschen, und zwar im wörtlichen Sinn des Wortes, das heißt zum »In-die-Hand-Nehmen« des Menschen. Mit dieser Feststellung rühren wir ein heißes Eisen an. Der Arzt wird sagen, jede körperliche Behandlung sei Sache des Arztes und ist jedem Nicht-Arzt untersagt. So weiß ich auch, daß mir als Nichtmediziner eine »körperliche Behandlung«, z. B. eine »Massage« im üblichen Sinn nicht zusteht. Hat man aber einmal begriffen, was der Leib als Einheit der Gebärden ist, in dem der Mensch als *Person* da ist, sich ausdrückt und darlebt, verwirklicht oder verfehlt, so öffnet sich hier das Tor zu einer Weise der Behandlung, von der die »Mediziner«, die primär den Körper sehen, bisher noch wenig Kenntnis genommen haben und die mit medizinischer Behandlung nichts zu tun hat. So wie man den Händedruck, mit dem man jemanden begrüßt, nicht mit dem Wort »Körperberührung« richtig beschreibt, so gibt es eine Behandlung des Menschen als Leib, die nichts mit Körpermassage zu tun hat. Ja, man kann einem Menschen, der begabt ist und gewillt, *Menschen* zu behandeln, und dazu »Massage« lernt, nur den Rat geben: »Rühren Sie nie einen Körper an!« Auf die Frage: »Was soll ich denn tun?« muß man antworten: »Nehmen Sie einen *Menschen* in die Hand, liebevoll den Menschen in die Hand!« Das sind zwei Welten.

Wie weit man heute von einer personalen Sicht und einer menschlichen Behandlung des Leibes entfernt ist, zeigt die Tatsache, daß es noch nicht zu den Selbstverständlichkeiten einer Ausbildung in Massage gehört, die Strichführung in Beziehung zu setzen zum Atem. Dieses Manko kann man als Skandal der üblichen Massagepraxis bezeichnen. Abgesehen von den speziellen, medizinisch begründeten Teilmassagen, besteht Massage für gewöhnlich darin, eine eingespielte Technik von Griffen und Strichen wie eine Platte über den Körper laufen zu lassen. Das kann sehr erfrischend wirken und gelegentlich auch physisch guttun, oft aber auch nervös machen, so z. B. dort, wo die Striche der Bindegewebsmassage ohne Rücksicht auf den Atem gemacht werden. Es wird nur der Körper angegangen, nicht der Mensch in die Hand genommen. Es ist anscheinend weithin unbekannt, daß der ganze Leib im Augenblick des Ausatems in einem anderen Tonus ist als im Einatem, so daß, wenn es darum geht, einen verkrampften

Menschen zu »lösen«, der Strich vorwiegend in den Ausatem geführt werden muß. Für den, der den *Menschen* heil zu machen sucht, öffnet sich die rechte Sicht und der rechte Weg für die Behandlung über das Wahrnehmen des *Atems.* Dann ist es ihm unmöglich, irgendwelche Bewegungen oder Striche unabhängig vom Atemrhythmus zu machen. Wichtig ist freilich, daß der Behandelnde im Atem mehr sieht als eine mehr oder weniger funktionierende physische Einrichtung zum Holen und Lassen von Luft! Personal gesehen ist das Aus und Ein des Atems vielmehr das Sichöffnen und Sichwiederschließen, Sichhergeben und Sichzurückempfangen, Sichlösen und Wiederformgewinnen usw. der *Person.*

Ich habe es mehr und mehr als unfair empfunden, mich in der Therapie auf das analytische Gespräch zu beschränken, wenn ich erkenne, daß die Blockade in einer eingefleischten Fehlhaltung wurzelt und weiß, daß mit einem kurzen »In-die-Hand-Nehmen« eine überlebte, weil von innen her nicht mehr gerechtfertigte Verkrampfung, die den nächsten Schritt verhindert, sich löst. Der verkrampfte Mensch ist etwas anderes als ein Träger einer verkrampften Muskulatur. Sein personal begründeter Krampf geht mit einfachen Lockerungsübungen nicht vorbei. Ich bin davon überzeugt, daß keine zehn Jahre vergehen werden, und es wird die personale Leibtherapie ein unabdingbarer Bestandteil jeder personalen Therapie sein und von ihr auch den Ärzten eine neue Sicht des »Patienten« und eine zusätzliche Behandlungsweise geschenkt werden.

Magnetische Behandlung

Eine andere, unorthodoxe Seite in meiner Therapie ist die gelegentliche Anwendung »magnetischer« Striche.

Meine erste Bekanntschaft mit dem »Magnetismus« erfolgte in meiner Kindheit. Mein Vater hatte die »heilende« Hand, und wenn meine Mutter Kopfschmerzen hatte, und sie litt oft darunter, konnte er sie mit einigen wenigen Strichen davon befreien. Es ist eine tragische Tatsache in der Geschichte der

Heilkunst, daß Mesmers Entdeckung des »Magnetismus« von dem Interesse, das die im Schlafe sprechenden Patienten erweckten (zu seiner Zeit war die Hypnose noch nicht bekannt), überschattet wurde, und die Entwicklung der analytischen Methode der Exploration des Unbewußten die Erforschung und fachmännische Anwendung des Magnetismus an den Rand rückte.

Was auch immer die Ausübung magnetischer Behandlung durch unseriöse Heilpraktiker und Wunderheiler an seltsamen Blüten gezeitigt haben mag, es ist einfach eine Tatsache, daß der magnetische Strich ohne oder nur mit leichter Körperberührung vollzogen, überraschende und nicht nur psychische Wirkungen ausüben kann. Ich glaube nicht, daß es sich um Kraftübertragung oder um ein Abziehen von schlechten Kräften handelt, sondern eher darum, daß gewisse Symptome darauf zurückgehen, daß das feinstoffliche Schwingungssystem eines Menschen nicht in Ordnung ist, demzufolge die »Lebenskraft«, dem Osten unter dem Namen »Prana« (Indien) oder »Ki« (Japan) bekannt, den Menschen nicht durchströmt. Wo Mangel ist, kann sie nicht herein, und wo sie gestaut ist, nicht abfließen. Sobald das gestörte System in Ordnung kommt, geht der Mensch wieder »auf«, ein Krampf löst sich, und das Symptom verschwindet. Dies aber betrifft nur *eine* Form der Wirkungen. Es gibt auch das Schwinden von Depersonalisations-Erscheinungen durch eine magnetische Behandlung, wobei sich freilich immer die Frage erhebt, ob das Verschwindenlassen des Symptomes erlaubt ist, d. h. je nach dem Stande der tiefenpsychologischen Durcharbeitung des Problems überhaupt schon gerechtfertigt ist, oder nicht.

Im Hinblick auf den Magnetismus müssen wir aus Erfahrung einfach heute feststellen: Es gibt, in der alten Terminologie gesprochen, neben dem physischen und dem psychischen noch ein »drittes System«, das mit dem zu tun hat, was man als den Ätherleib bezeichnet, und dessen Erforschung eine Aufgabe der Zukunft ist. Es handelt sich um eine Präsenz kosmischer transpersonaler Kräfte, von denen abgeschnitten zu sein, »krank« macht, zu denen hin geöffnet zu sein, zum wirklichen Heilsein des ganzen Menschen gehört.

Das feinstoffliche System wird nicht nur im magnetischen Strich angesprochen, sondern auch durch eine Mikro-Vibration. Es gibt in der körperlichen Behandlung, das ist bekannt, zwei Formen der Vibration, die eine, sehr starke, die bis auf die Knochen geht; eine andere, die in die Muskulatur eindringt. Es gibt aber eine dritte Form, die eigentlich keine Vibration mehr ist, sondern eine Art »Strom« durchläßt von hoher Schwingungsfrequenz und einer minimalen Amplitude. Es ist eine »Vibration«, die kaum die Haut berührt, die aber, wo immer sie vollzogen wird, durch und durch geht und, dem Atemrhythmus des »Patienten« eingewoben, eine krampflösende und *personal* befreiende Wirkung haben kann und dazu, wie alle in Rütte vollzogenen Übungen, die den Leib angehen, den Menschen als Person meinen, d. h. als Leib, der sich selbst aufgegeben ist zur Transparenz.

Meditative Praktiken

Alle initiatischen Übungspraktiken wurzeln und münden letzten Endes in der Meditation. Darunter ist hier nicht nur eine Betrachtung eines Textes oder eines heiligen Bildes gemeint, sondern mit oder ohne sie eine Verwandlung des Menschen zur Transparenz für Transzendenz. Eine solche der Verwandlung dienende Meditationsübung ist das im Zen-Buddhismus geübte Zazen. Dies ist eine Übung, die, in korrekter Haltung durchgeführt, als Sitzen in völliger Unbewegtheit des Leibes, im Ledigwerden von allen Inhalten (Bildern und Gedanken), das heißt über die totale »Leere«, den Boden bereitet für die Begegnung mit dem »Wesen«. Es ist eine »Askese« im Sinne des heiligen Thomas von Aquin: »Zuchtvoller Dienst an einer Verfassung, in der die Fülle des Seins aufrauscht.«

Meditation gehört seit Jahren zu den Grundübungen in unserer Bildungsstätte, wo jeder Tag mit einer Übung im Stile des Zazen beginnt, freilich nur für diejenigen, die die technischen und geistigen Voraussetzungen dazu bereits ausgebildet haben. Die Einführung in diese Praxis ist nicht auf die in Rütte anwesenden Personen beschränkt. Ich gebe sie auf zahlreichen in- und ausländischen Tagungen weiter.

Mehrmals im Jahr findet eine Meditationstagung in Rütte statt, auf der im Zusammenhang einer Vermittlung der Grundzüge unserer Therapie Zazen gelehrt und auch geübt wird. Von diesen Tagungen strahlt der Kerngehalt unserer Arbeit in weitere Kreise hinein. Die vor allem von Vertretern der Kirchen, insbesondere Ordensgeistlichen übernommene und weitergegebene Form der Meditation als Verwandlungsübung bildet in rasch fortschreitendem Maße einen wichtigen Bestandteil der geistigen Bewegung unserer Tage. In ihr geht es darum, zu den Urerfahrungen religiösen Lebens zurückzufinden, nachdem die verhärteten Interpretationen zu einem fortschreitenden Glaubensschwund geführt haben. Hier wird initiatische Therapie zu einem wichtigen Faktor des abendländischen Geistes, der sich heute zum erstenmal in der Geschichte der westlichen Menschheit auf breiter Front sowohl dem Ernstnehmen transzendenter Erfahrungen öffnet, als auch meditativen Praktiken, die der Verwandlung des ganzen Menschen dienen. Von anderen Meditationspraktiken, z. B. der des Maharishi Mahesh, unterscheidet sich die bei uns gepflegte Übung im Stile des Zen u. a. durch die Bedeutung, die der rechten Haltung, das heißt der Leibesgestalt beigemessen wird. Ähnlich wie bei dem im Zen geübten Zazen suchen auch wir die nur durch ein anfängliches Ausschalten aller Bilder und Gedanken mögliche Durchlässigkeit zu tieferen Schichten des Unbewußten und also eine Bewußtseinserweiterung in der »Leere«. Entgegengesetzt aber östlicher Sinnbildung bildet die Erfahrung des von allem, was »Welt« ist, entleerten Grundes für uns nicht ein Endziel, sondern Durchgang zu einem personalen Ja zur Welt in einem Selbst, das gerade durch seine bewußte Verwurzelung im Sein weltkräftiger und gestaltungsmächtiger ist, zugleich aber seinen eigentlichen Sinn letztlich nicht in der Welt als solcher, sondern in der Manifestation des Göttlichen in der Welt sucht.

Die in Rütte gelehrte Meditationspraxis betont die Notwendigkeit gleichzeitiger tiefenpsychologisch fundierter Bereinigung des Unbewußten und fordert die Kombination des meditativen Sitzens mit meditativen Bewegungsübungen, als da sind: das meditative Gehen, meditative Übung von Gebärde und Ausdruck, meditativ gepflegte Atem- und Entspannungsübungen, Aikido, Eutonie u. a. Von maßgebender Bedeutung für die therapeutische Arbeit in Rütte ist das von Maria Hippius entwickelte »geführte Zeichnen«.* Hierbei werden Grundgebärden des Lebens in ihrem sichtbaren Ausdruck geübt: so Wellenlinie und Gerade, Girlande und Arkade, Spirale, Strahlenbündel, Schale u. a. In ewiger Wiederholung in meditativer Haltung aufs Papier »hingelassen« (getanzt) erwecken und befreien solche Übungen tiefere Schichten der Person, führen zur Bewußtwerdung des Männlichen und Weiblichen, zu erschütternden Begegnungen mit dem eigenen Schatten und zum Hochkommen lebensgesetzlicher Folgen von archetypischen Symbolen und, über deren im psychologischen Gespräch geklärten Erkenntnis, zu immer tieferer Fühlung und Befreiung des eigenen Wesens. Ein besonderer Zweig der Arbeit bildet in fortschreitendem Maße die Arbeit in der Gruppe. Sie steht im Dienst und in der Fortsetzung einer langfristig angesetzten Selbstfindung und Selbstrealisation, eines Individuationsprozesses. Das Stehen in der Gruppe als einem Wegkörper und Gefäß kann dem einzelnen zur Betroffenheit werden, ihn katalysieren und amplifizieren, wie die Gruppe als Ganzes auch durch den einzelnen Qualität und Struktur bekommt.

Die Dreieinheit des Seins

Der initiatische Weg und die ihm folgende Praxis kreist um »Transzendenz als Erfahrung«. Sie bereitet den Menschen zur Möglichkeit solcher Erfahrungen und zur Fähigkeit, von dem in den Seinserfahrungen Erfahrenen in der Welt zu zeugen. Aus den Seinserfahrungen selbst wächst die Einsicht in die Dreieinheit des Seins, um die zu wissen fruchtbar ist für alle Arbeit am Menschen.

Die Lehre von der Dreieinheit des Seins gehört zu den theoretischen Grundlagen meiner Therapie. Sie ist nicht das Ergebnis einer metaphysischen Spekulation, sondern in Erfahrungen

* Vgl. Maria Hippius: »Beitrag aus der Werkstatt«, in *Transzendenz als Erfahrung,* a. a. O.

gegründet. Vielleicht kann man sagen: Die Dreieinheit des in uns zur Manifestation drängenden Seins ist ein Apriori menschlicher Erfahrung. Denn ob wir uns dessen bewußt sind oder nicht, wir erfahren uns selbst und die Welt in diesem dreifachen Aspekt.

In allem, was lebt, erscheint das Sein in seiner Dreieinheit: seiner Fülle, seiner Gesetzlichkeit, seiner Einheit.

In allem, was lebt, erscheint die Fülle als die Kraft zum Leben, die Gesetzlichkeit als Drang zu einer bestimmten Gestalt, die Einheit des Seins als Zug zum Ganzen, das heißt zum Ganzsein mit sich und mit anderen. So auch im Menschen.

Im Menschen erscheint die Dreieinheit des Seins auch in den drei Formen des Selbstbewußtseins: Selbst-Kraftbewußtsein, Selbst-Wertbewußtsein und Selbst-Wirbewußtsein. Immer aber bedeutet Selbstbewußtsein etwas anderes, je nachdem der Mensch noch allein im weltbedingten und weltbezogenen Ich verwurzelt ist oder aber im weltüberlegenen und unbedingten Wesen.

Ist der Mensch nur in seinem Ich begründet, dann hängt sein Selbst-Kraftbewußtsein von dem ab, was er hat, weiß oder kann; das im Wesen gegründete Selbst-Kraftbewußtsein aber in dem, der er *ist*. So wird es sichtbar gerade dann, wenn er von der Welt her gesehen nichts mehr hat, weiß oder kann. Er ist präsent in der Kraft aus dem Wesen, das jenseits aller »Bedingungen« ist. Das Selbst-Wertbewußtsein des Ichs hängt ab von der Schätzung durch andere, vom Reüssieren in der Welt. Das im Wesen gegründete Selbst-Wertbewußtsein wird erfahren gerade in der Ablehnung oder Verachtung durch die Welt.

Das Selbst-Wirbewußtsein des Ichs hängt ab vom Vorhandensein gesicherter Kontakte, faktischer Verbundenheit und Geborgenheit in einer weltlichen Gemeinschaft. Die im Wesen gegründete Geborgenheit wird erfahren gerade in der Ausgeschlossenheit, in der Trostlosigkeit des Alleingelassenseins von der Welt.

Der Zusammenhang zwischen dem im Wesen gegründeten Selbstbewußtsein mit dem Lebensbewußtsein des in einem festen Glauben stehenden Menschen liegt auf der Hand. Der wirklich lebendige Glaube ist in erfahrener Transzendenz gegründet. Der Dreieinheit des Seins entsprechen die drei Grundnöte des Menschen: die Angst vor der Vernichtung, die Verzweiflung am Absurden, die Trostlosigkeit in der Einsamkeit. Die Angst, die Verzweiflung, die Trostlosigkeit werden um so größer, je auswegloser Vernichtung, Wahnsinn und Einsamkeit den Menschen bedrohen. Je größer aber die Bedrohung, um so größer die Chance, daß der Mensch an der Grenze der Vernichtung zu etwas befähigt wird, das er für gewöhnlich als das weltbedingte Ich nicht kann: den Tod, den Irrsinn und die Grausamkeit, die ihm widerfahren, *anzunehmen*. Dieses ist vom Ich her gesehen, unmöglich. Geschieht es doch, geschieht es aus einem Geöffnetsein woandersher und woandershin, und dann *kann* es geschehen, daß der Mensch, wo er die Vernichtung seines kleinen Lebens akzeptiert, ein »Leben« verspürt, das jenseits ist von Leben und Tod, im Annehmen des Absurden einen *Sinn,* der jenseits ist von Sinn und Unsinn der Welt, und im Annehmen der Einsamkeit eine *Geborgenheit*, die jenseits ist von Geborgenheit oder Verlassenheit dieser Welt.

Um dies voll zu verstehen, muß man es freilich erfahren haben, aber nicht nur erfahren, sondern die Erfahrung in ihrer unüberbietbaren Bedeutung erkannt haben. Das Wissen um diese Erfahrung gehört zu den Grundvoraussetzungen einer initiatischen Therapie. Ihr Erinnern wird bei einem unheilen Menschen oft zum Ausgangspunkt der Genesung. Es gibt wenige Menschen, die nicht einmal etwas davon verspürt haben. Es gibt viel mehr, als man weiß, die einmal den großen Sprung getan haben und dann blitzartig, aber nur für einen Augenblick, ihr Wesen erfuhren, aber nicht darauf vorbereitet waren, ihm den gebührenden Ernst zu erweisen. Wo es voll erfahren wurde, erlebt der Mensch einen Zustand der Mächtigkeit aus einer unbedingten Kraft, befindet sich in der Weisheit eines unbedingten Lichtes und erfährt, auch als Zustand, eine unbeschreibliche überpersönliche Liebe, erfährt also jene Grundqualitäten, in denen sich in allen Religionen das überweltliche Leben in den Eigenschaften spiegelt, die die Gläubigen ihren Göttern sowohl wie den im Überweltlichen wurzelnden Gereiften und Weisen zuschrieben: Mächtigkeit, Weisheit und Güte.

Es müssen nicht Grenzsituationen der Not sein, in denen

die Dreieinheit des Seins aufleuchtet. Es können auch Erlebnisse sein, in denen für einen Augenblick die dem Menschen innewohnende Transzendenz anklingt. Ich nenne das Seinsfühlungen.

Man kann vom Sein und vom Seienden, von Wesen und Welt-Ich, vom Göttlichen und Menschlichen, vom Überweltlichen und Weltlichen sprechen, und es ist nichts als die Deklamation einer Ontologie, das schwärmerische Vortragen einer Ideologie oder das leidenschaftliche Bekräftigen eines Glaubens. Etwas ganz anderes ist es, davon zu sprechen als Ausdruck wirklicher Erfahrung. Daß aber das, was hier erfahren wird, eine Wirklichkeit ist und keine Illusion, Projektion oder Inflation, dafür gibt es Kriterien. Das Gewichtigste ist die dem Menschen widerfahrende Verwandlung. Es gibt keinen stärkeren Beweis innerhalb der personalen Welt für die Wirklichkeit einer den Menschen bewegenden Kraft als seine Verwandlung zu einem Menschen hin, der die Angst, die Verzweiflung und die Trostlosigkeit überwunden hat.

Ein großer Teil der nach Rütte kommenden Personen findet den Weg zu uns, weil sie, von einer Seinserfahrung getroffen, jemanden suchen, der diese Erfahrung annimmt und aufschließt und einen Weg weist, auf dem der Mensch der werden kann, der in bleibendem Kontakt mit der Wirklichkeit bleiben kann, die er unabweislich für einen Augenblick erfuhr!

DER MITMENSCH
ALS MITTLER ZUM WESEN

Das Überpersönliche in
der Übertragung

I

Wir stehen heute an der Schwelle einer neuen Stufe des abendländischen Geistes.

Das Licht eines neuen Wirklichkeitsbewußtseins bricht
durch die Nebel des alten. Eine neue Erfahrung des lebendigen Seins, von der wir alle mehr oder weniger betroffen sind,
erschließt der Deutung aller Grundphänomene unseres Lebens
neue Wege. Ich will versuchen zu zeigen, welche Konsequenzen
sich daraus für die therapeutische Situation und für die Deutung und Handhabung der Übertragung ergeben.

Daß das Wirklichkeitsbewußtsein, in dem wir noch alle aufgewachsen sind, fragwürdig geworden ist, ist nur zum Teil zu
verstehen aus den Lebenstragödien unserer Zeit, die Millionen
in Verlassenheit, Bodenlosigkeit und Verzweiflung trieben.
Der eigentliche Grund liegt tiefer, nämlich im Erleben der
Grenze, des Leerlaufs und der Lebenswidrigkeit einer Weltanschauung, die, wie Descartes es zum ersten Male aussprach,
als wirklich nur anerkennt, was sich dem sicher gewußten
Begriff fügt. Das neue Lebensgefühl wächst im Scheitern an
dieser Grenze aus der Erfahrung eines tieferen Seins, das sich
der Ordnung des begrifflichen Geistes nicht fügt, bisher aber
von ihr verdrängt wurde.

Die im Mittelalter anhebende, auch uns noch beherrschende
Phase des abendländischen Geistes ist gekennzeichnet durch
die Inthronisierung des erkennenden Bewußtseinssubjektes,
das von seinem Ichstand aus die Welt als eine Welt von eigen-
gesetzlichen Gegenständen begreift, wo es guten Willens ist,
auch einer erkannten Ordnung von Werten dient, aber nun irr-
tümlicherweise auch glaubt, aus dieser in Erkenntnis, Werk
und Gemeinschaft etablierten Ordnung heraus auch das *innere
Leben* meistern, erkennen und vollenden zu können.

Die fortschreitende Stabilisierung dieser menschlich-allzu-menschlichen Ordnung verstrickt uns immer mehr in den Wahn einer theoretischen und praktischen Autonomie und schnürt uns damit immer mehr von dem wesenhaften Ursprung des Seins ab, das aller im gegenständlichen Bewußt-sein des Menschen verankerten Ordnung vorgegeben ist und im Mittelalter noch im geheiligten Gefüge des Glaubens im Innesein des Menschen lebte.

Die Verrückung des Schwerpunktes des Lebensbewußtseins aus der Verankerung in seiner göttlichen Mitte in das Zentrum eines erkenntnis- und gestaltungsmächtigen Ich-Geistes bedeu-tet, aufs Ganze gesehen, eine *Säkularisierung* unseres Lebens, in der der *divine* Urgrund dem Wirklichkeitsgefühl des Men-schen entgleitet.

Nun aber ist es so weit, daß der Mensch im Scheitern an den »feststehenden« Ordnungen des Lebens immer eindringli-cher den machtvollen Protest seiner eigentlichen, *Verwandlung* fordernden *Mitte* erfährt. Mit einer Eindeutigkeit und Wucht, die zwingt, den Gehalt dieses Erlebens endlich ernst zu neh-men, bricht sich unser eigentliches *Wesen* – die bislang allge-waltigen Ordnungen unseres gegenständlichen Bewußtseins durchstoßend – Bahn, und die eigentliche Quelle, Ordnung und Einheit unseres Lebens tritt in unser *Innesein*. Es wird aufs neue offenbar, in welchem Sinn der Mensch ein Bürger zweier Welten ist: Er ist einerseits der, der in der Wahnwirk-lichkeit der »begreifbaren« Ordnungen lebt, deren Zentrum das sich mit sich selbst identisch fühlende Ich und das in ihm verankerte *Pseudoselbst* ist. Und er ist andererseits der, der in seinem *Wesen* doch bleibend Teil hat an der Macht, Ordnung und Einheit eines *Seins,* das aller Bewußtheit vorgegeben ist und ihn ohne Unterlaß auf den Weg innerer Verwandlung ruft. Die immer individuelle *Teilhabe* an *diesem Sein* macht das *Wesen* des Menschen aus, das in jedem von uns zur Mani-festation im »*wahren Selbst*« drängt. Die Unterscheidung zwi-schen dem Pseudoselbst und dem wahren Selbst und die zwi-schen beiden bestehende Spannung bildet den Nerv der gegen-wärtigen Tiefenpsychologie und Psychotherapie und so auch den Kern des Problems der Übertragung.

Das erste Vordringen in die unser gegenständliches Bewußt-sein transzendierende Dimension des in uns lebendigen wesenhaften Seins erfolgte durch den Vorstoß der Tiefenpsychologie in das Reich des Unbewußten.

Mit Recht hat M. Boss* auf die Gefahr aufmerksam gemacht, die der schlichten Beschreibung eines jeweilig vorwaltenden Lebens- und Weltentwurfs in seinem immer individuellen Sinn dann droht, wenn man die anderswo im analytischen Vergleich entstandenen Begriffe ähnlicher und wiederkehrender Bilder hypostasiert und ursächlich dem unmittelbar Gegebenen unterschiebt. Es bleibt aber unbestritten, daß unser aktuelles Erleben *kategorial* vorgeformt ist und daß ein Gefüge ursprünglicher Triebformeln und Bilder seine Gestalt und seine Entwicklung mitbestimmt.

Es hat sich weiterhin gezeigt, daß in unserem Unbewußten ein tieferes Subjekt ans Licht drängt, als es das Pseudoselbst ist, das nur an der ihm bewußten Welt orientiert ist, und daß die Entwicklung des wahren Selbstes nur möglich ist als eine Integration mit dem auch aus den archetypischen Bildern sprechenden »Unbewußten der Tiefe«. Doch eines erscheint mir heute von großer Wichtigkeit: die eindeutige *Unterscheidung* zwischen all dem, was uns als Gliedern des menschlichen Kollektivs, sei es trieb- oder bild-typisch, als Erbe der Menschheit *angeboren* ist und dem uns *eingeborenen,* ungewordenen, d. h. überraumzeitlichen und immer individuellen *Wesen.* Das Gefüge geprägter Formen und Formeln, die als Trieb und Bild unser aktuelles Erleben mitbestimmen, *ist* nicht unser Wesen, sondern in ihm *manifestiert* es sich. Das Wesen ist ihnen gegenüber etwas *Eigenes.*

Gewiß hat die Tiefenpsychologie und die sich auf ihr gründende Therapie, wo ihr als Ziel der inneren Entwicklung das wahre Selbst vorschwebt, dies Wesen mit im Auge. Es kommt aber darauf an, daß seiner Besonderheit theoretisch und praktisch Rechnung getragen wird. Das bedeutet eine Überschreitung der Grenze unserer Wissenschaft, aber einer Grenze, die, wie G. R. Heyer** sagt, für die »Psychologie gesetzt ist, nicht aber für den Psychologen«. Diese Grenzüberschreitung bedeu-

---

* Vgl. Medard Boss: *Der Traum und seine Auslegung,* Hans Huber Verlag, Bern – Stuttgart 1953.
** Vgl. Gustav Richard Heyer: »Tiefenpsychologie als Grenzwissenschaft«, in *Vorträge der 2. Lindauer Psychotherapiewoche,* Georg Thieme Verlag, Stuttgart 1952.

tet auch keineswegs, daß wir mit ihr den Raum vergleichbarer und systematisch zu erhellender *Erfahrung* überschreiten. Es sind vielmehr beschreibbare und unabweisliche *Erfahrungen,* die uns, wenn wir nur die alten Scheuklappen ablegen, zwingen, gewisse Erlebnisgehalte als Zeugen einer Wirklichkeit ernst zu nehmen, die auf dem nun überschrittenen Höhepunkt der sogenannten Neuzeit nur als Produkt einer spekulativen Metaphysik oder als Inhalt eines rückständigen Glaubens betrachtet wurden. Und während die entlarvende Psychologie einer vergangenen Zeit schon glaubte, zu dem, was wirklich ist, vorzustoßen, wenn sie hinter den »sublimen« Fassaden der Persönlichkeit die Tatsächlichkeit unserer Triebe entdeckte, geht es heute um eine entlarvende Anthropologie, die hinter der scheinbaren Wirklichkeit der im Pseudoselbst verankerten säkularen Ordnungen unseres Welt- und Wertbewußtseins als die eigentliche Wirklichkeit das in ihnen verhüllte, aber zur Manifestation drängende *Divine* entdeckt.

Die in unseren Bewußtseinsordnungen gefaßte Wirklichkeit ist nicht mehr, aber auch nicht weniger als ein Feld der Offenbarung oder Verhüllung eines überraumzeitlichen Seins und Wesens. Nur in dem Maße, als man erkennt, daß alles Glück und alles Leid, alles Heil und alles Unheil des Menschen Ausdruck ist der gelingenden oder mißlingenden Bekundung seines wahren Wesens, wird man ihm verstehend und helfend gerecht werden können.

Auch die Kernneurosen haben im Grunde einen religiösen Sinn, d. h. wir haben in ihnen vor allem einen Ausdruck dafür zu sehen, daß unser überraumzeitliches Wesen verstellt ist, auf dessen Manifestation im raumzeitlich bedingten Leben der Mensch eigentlich angelegt ist. Und die in der Übertragung sichtbar werdenden und sich gegenüber dem Therapeuten erneuernden Affekte, die sich psychologisch aus biographischen Situationen insbesondere der frühen Kindheit erklären, zeigen metapsychologisch verstanden immer auch den Protest des Wesens, dessen Verwirklichung im Selbst verhindert wurde, wie andererseits eine Aktualisierung der unverwandt fortbestehenden Sehnsucht nach einer Erfüllung der unsere raumzeitliche Wirklichkeit transzendierenden Anliegen unseres metapsychischen Wesens. Das aber bedeutet:

In den Übertragungen steckt nicht nur ein biographisch

erklärbarer persönlicher Sinn, sondern auch eine nur metapsychologisch verständliche, *überpersönliche* Bedeutung. Wenn also die Übertragung im Sinne Freuds in ihrem persönlichen psychologischen Sinn als notwendiges Medium des therapeutischen Prozesses zeitwillig überbewertet worden ist, ihre überpersönliche Bedeutung kann gar nicht überschätzt werden. Denn sie enthält die Chance, daß in ihrer wesensgerechten Auflösung der Mensch die Fühlung mit dem Seinsgrund aufs neue gewinnt und von dieser, der größten dem Menschen möglichen *Erfahrung** erleuchtet, personwerdend auf den Weg seines Heils, d. h. der Erfüllung seiner divinen Wesensbestimmung gelangt.

Wenn dem aber so ist, so stellt sich uns als erstes die Aufgabe, die Seins- und Wesenserfahrungen des Menschen in ihrer Voraussetzung, ihrer Qualität und ihrer Bedeutung im Unterschied zu den Erfahrungen aufzuzeigen, die sich der gegenständlichen Bewußtseinsordnung fügen. Ich will versuchen, dieses im folgenden zu tun und zu zeigen, welche Konsequenzen sich daraus für die Theorie und Praxis der Übertragung ergeben. Dazu muß ich aber eines vorausschicken: Wenn ich im folgenden von Wesenserfahrungen spreche und von einer in ihnen ins Innesein tretenden Dreieinheit des Seins, halte ich mich streng im Bereich nachprüfbarer *Erfahrung,* betrete also nicht das Reich des *Glaubens.* Der christliche Glaube an den dreieinigen Gott und an seine Allmacht, Weisheit und Liebe kann nie durch Seinserfahrungen ersetzt werden. Wohl aber kann innerhalb einer von Christus angesprochenen Menschheit in ihnen das Tor zum Glauben neu aufgehen.

---

* Vgl. K. Dürckheim: *Im Zeichen der Großen Erfahrung,* O. W. Barth Verlag, München 1951.

II

Der Osten, der für seine Besinnung auf das, was Wirklichkeit ist, weder auf einen Gottesglauben in unserem Sinn zurückgreifen konnte, noch jemals dem gegenständlichen Bewußtsein zugetraut hat, gültige Aussagen über die wahre Wirklichkeit zu machen, hat sich von jeher zur Besinnung auf den Sinn des Lebens und die Bestimmung des Menschen an jene Erfahrungen gehalten, die wir Wesens- bzw. Seinserfahrungen nennen. Die Tragweite dieser sogenannten »östlichen Besinnung« habe ich am eigenen Leibe erfahren, als ich während eines langjährigen Aufenthalts in Japan den Zen-Buddhismus, dessen Lehre und Praxis zu studieren Gelegenheit hatte. Auf Grund dieser persönlichen Berührung mit dem Osten kann für mich kein Zweifel mehr darüber bestehen, daß das, was der Osten hierin zutage förderte und was in der sogenannten östlichen Weisheit gipfelt, nichts der Sache nach »Östliches«*, sondern etwas *allgemein Menschliches* ist, um dessen Hebung sich der Osten nur notgedrungen mehr bemüht hat als wir. Erlauben Sie mir daher, daß ich von einem kleinen Erlebnis ausgehe, das ich dort hatte.

Über meinem Schreibtisch in Tokio hing eine der böhmischen Landschaften von Caspar David Friedrich. Ein im Zen stehender Japaner steht ergriffen davor und stellt mir dann die überraschende Frage: »War der durch?« »Was verstehen Sie unter ›durch‹?« fragte ich zurück. Ohne Überlegung folgte als Antwort eine dreifache Frage: »Hatte er noch Angst vor dem Tode? Sah er den Sinn im Unsinn? Stand er im Zeichen der universellen Liebe?«

Nicht anders also konnte dieser japanische Weise die ihn ergreifende Transparenz des Meisterwerks deuten, denn als Zeichen dafür, daß der Maler es im Stande der Erleuchtung gemalt hat, d. h. mit der Wirklichkeit des überraumzeitlichen und übergegensätzlichen Wesens eins geworden war, und von daher jene vom Stand des Pseudoselbstes, d. h. des Unerleuchteten paradoxe Einstellung zum Leben besaß, in der der Mensch den Tod nicht mehr fürchtet, frei ist von der Ver-

---

* Vgl. K. Dürckheim: *Japan und die Kultur der Stille,* O. W. Barth Verlag, München 1951.

zweiflung an der Ungerechtigkeit der Welt und von einer Liebe beseelt ist, die nicht mehr abhängig ist von Bedingungen.

Es ist der Sinn aller östlichen »Übungen«,* zur Erfahrung eben dieser Einswerdung** hinzuführen, und, als Voraussetzung hierzu, den Menschen vom Banne desjenigen Ichs zu befreien und zu läutern, dessen rationale Einstellung eine Wirklichkeit setzt, ernst nimmt und festhält, die gerade diese Einswerdung verhindert. Und sowenig wir irgendeine bestimmte Übung einfach vom Osten übernehmen können – für den, der einmal den Segen eines solchen Übens erfahren hat, kann, wie ich aus jahrelanger Praxis nur sagen kann, kein Zweifel darüber bestehen, daß, wie das Gebet für den Christen, das *exercitium ad integrum,* darin schließlich auch der Alltag selbst zur Übung wird, zur wahren Menschwerdung gehört und also auch einst ein wesentliches Teilstück der großen Therapie bilden wird.

Die drei Fragen des Japaners weisen hin auf die drei königlichen Insignien des *Weisen,* d. h. des zur Integration mit dem Wesen gelangten Menschen. Er *hat* die Große Gelassenheit, die Große Heiterkeit, die Große Liebe. Doch warum *kann* der Weise weise sein? Nur weil ihn die *Erfahrung* einer Wirklichkeit durchwachsen und verwandelt hat, deren überraumzeitliche und übergegensätzliche Natur ihn befähigt, im Tode das Leben, im Unsinn den Sinn und in aller Grausamkeit dieser Welt eine überweltliche Liebe zu spüren und zu bekunden.

Solche Erfahrungen sind aber keineswegs dem Osten vorbehalten. Lassen Sie mich als Beispiel nur drei Erfahrungen nennen, die heute mehr denn je als verborgener, aber in der echten Menschenführung und großen Therapie zu hebender Schatz in Millionen von Menschen leben.

In unendlich vielen Menschen lebt heute die Erinnerung an den Schrecken einer Bombennacht. Aber nicht nur an den Schrecken, sondern auch an eine Erfahrung besonderer Art, die sehr viel mehr Menschen zuteil wurde, als man gemeinhin weiß. Es handelt sich um das Erlebnis, daß einmal, als die Angst ihren Gipfel erreichte, in dem Augenblick, in dem man

* Vgl. K. Dürckheim: *Japan und die Kultur der Stille,* a. a. O.
** Vgl. K. Dürckheim, in *Psyche,* Bd. 4, Heft 3, 1950.

den Tod als unausweichlich hinnahm, die Angst in unverständlicher Weise wich und einer unerschütterlichen und völlig angstlosen Seelenruhe Platz machte, und der Mensch in beglücktem Erstaunen in sich für einen Augenblick einen Lebenskern erfühlte, dem der mögliche Tod in dieser Welt nichts anhaben kann. Wie viele haben in diesem Moment, in dem für einen Augenblick das innere Auge aufging, gewußt, woher und wohin sie eigentlich leben müßten. Dann aber vergaßen sie es wieder. Denn kaum war die Gefahr vorbei, ging die soeben erfahrene Wahrheit wieder verloren. Warum? Weil sie in die Ordnungen des alten Bewußtseins eingestuft wurde, das die kurze aber echte Erfahrung des Wesens zu einer seltsamen und verwunderlichen Stimmung ummünzte. Denn wer im Raume der westlichen Welt wurde jemals belehrt, daß das, was ihn hier für einen Augenblick berührte und ihm die beglückende Freiheit zur Großen Gelassenheit schenkte, die eigentliche Wirklichkeit ist? Und was ich hier am Erlebnis einer Bombennacht veranschaulichte, das haben Hunderttausende von Soldaten einmal oder öfter auf den Schlachtfeldern erlebt, erleben nicht weniger die, die einmal auf dem Krankenbett den Widerstand gegen den Tod fallen ließen. Und vermag nicht auch jeder, der noch ein Organ dafür hat, in der auf dem Antlitz eines Sterbenden oder – wie die Welt sagt – »Gestorbenen« einziehenden Verklärung die verwandelnde Wirklichkeit des Wesens zu schauen, das sich durchsetzt, sobald das »Ich« losläßt, und die Fesseln sich lösen, mit denen es uns im Bann seiner Wirklichkeit festhält?

Eine zweite Erfahrung, in der die Realität des Wesens aufleuchtet, wurde und wird von all denen gemacht, die, von den Machthabern dieser Welt an die Grenze des Wahnsinns und zu letzter Verzweiflung getrieben, nur für einen Augenblick die Kraft aufbrachten und -bringen, die Welt, die uns mit ihrem Wahnsinn zu vernichten droht, anzunehmen, *so wie sie ist.* Dann kann mit einem Male in der Dunkelheit aller Verzweiflung das Licht eines Sinnes aufgehen, nach dem wir eigentlich zeitlebens suchen, und der jenseits vom Sinn und Unsinn dieser Welt ist – und man wird ganz heiter.

Und das Dritte erfuhr und erfährt immer der Mensch, dem die Grausamkeit des Lebens einmal alles, was für ihn Geborgenheit bedeutete, geraubt hat, wenn er nur fähig ist, die sich in seiner tiefsten Verlassenheit zeigende Fragwürdigkeit aller weltlichen Gemeinschaft demütig und ohne Auflehnung hinzunehmen. Dann kann er sich plötzlich von ganz woandersher umfangen und in seiner Einsamkeit in unaussprechlich tiefer Geborgenheit aufgefangen erfahren.

Dem in Gott geborgenen oder sich in solchen Lagen einfach Gott anheimgebenden Menschen wird es zuteil. Aber gerade die Menschen, die an ihrem Gottesbild irre geworden und, an der Fragwürdigkeit dieses Lebens fast zerbrechend, zu uns kommen, sind oft näher als wir wissen daran, ihr kleines Ich und seinen Anspruch auf Sicherheit, Sinn und Liebe fallenzulassen und im *Durchbruch zum Wesen** das größere Leben, den übergeordneten Sinn und eine umfassendere Liebe zu erfahren.

Immer aber hat diese Erfahrung die Preisgabe der im Pseudoselbst verankerten und festgehaltenen Ordnung der Wirklichkeit der Tatsachen und Werte zur Voraussetzung.

Hier ein weiteres exemplarisches Beispiel. Es berichtet jemand den folgenden Traum: »Ich komme in eine Kirche, in der Christus begraben sein soll. Es sind viele Menschen da, und der Fremdenführer zeigt u. a. eine kleine Christusfigur aus Bronze. Mit einem Male ist einer der ausgebreiteten Arme auf mich gerichtet, und ich ergreife die mir entgegengestreckte Hand. Im gleichen Augenblick habe ich das unbeschreiblichste Erleben meines Lebens. Es ist, als durchflute mich die Fülle des Seins. Alles scheint gelöst, und ich fühle mich im tiefsten Frieden geborgen. Da widerfährt es mir, mich zu wundern. Ich nehme mich etwas zurück, und es taucht die Frage in mir auf: ›Was ist denn das?‹ Und im gleichen Augenblick *zerfällt die kleine Statue zu Staub!* Ist einfach nicht mehr da! Ich fühle mich irgendwie schuldig, Angst befällt mich, und ich wache mit einem Gefühl der Verlassenheit auf.«

So also ist das! Die wesenhafte Wirklichkeit, in der die Fülle des Seins uns fraglos trägt und formt und birgt, hat, um überhaupt wahrgenommen werden zu können, eine Verfassung zur Voraussetzung, in der das gegenständlich fragende Ich ausgeschaltet ist. Und sie verschwindet unserem inneren

* Vgl. K. Dürckheim: *Durchbruch zum Wesen,* Max Niehans Verlag, Zürich 1955 (2. Aufl.).

Blick, sobald sich das in seiner Weise objektiv fragende Ich einschaltet.

Auch der Psychologe ist, solange er nicht selbst solche Wesenserfahrungen in ihrem eigentlichen Wirklichkeitsgehalt ernst zu nehmen vermag, geneigt, sie psychologisch als Sublimierungen, Projektionen oder Regressionen zu interpretieren und damit ihrem eigentlichen Sinngehalt nach zu entwirklichen. Und wer von uns könnte sich von dieser Gefahr ganz freisprechen?

Aus ihrem Leben berichtend, erzählte mir eine Frau, daß sie einst als fünfjähriges Kind mit ihrer Mutter in einer Kirche war ... Da sei »das Licht in so eigenartiger Weise durch die bunten Kirchenfenster gekommen«. Es war mir aufgefallen, daß ihre Stimme da eine besondere Schwebung hatte. Ich fragte sie dann später: »War da irgend etwas Besonderes?«

Erst sagte sie »Nein«. Dann, sich lange besinnend, sagte sie »Doch ... das *war* in einer *besonderen* Weise ›schön‹, da war ich, wie soll ich es ausdrücken, wie hineingenommen in etwas ganz anderes. Ja, jetzt weiß ich es wieder: Es war mir damals mit einem Mal so ruhig, so ganz licht und warm zumute. Meinen Sie, ich soll das ernst nehmen?« »Ja«, sagte ich, »ich meine schon, und denken Sie doch einmal darüber nach, ob es in Ihrem Leben nicht noch mehr solcher Augenblicke gegeben hat.«

In der folgenden Sitzung erzählte die Frau: »Zweimal war das noch in meinem Leben. Einmal war das im Wald. Ich war damals 16 Jahre alt. Ich war einen Augenblick stehengeblieben. Es hatte geregnet – ein Sonnenstrahl fiel auf ein Stück Moos – und ... da war es wieder da ... ganz das gleiche! Es war, wie ich so ganz verloren auf das Moos hinschaute, als würde ich *durch und durch* durch*flutet* ... Ein Schauer ging durch mich hindurch, und dann wurde es ganz still in mir und wieder so ganz licht und warm. Ich war wie geborgen in mir – und doch nicht in mir. Dann knackte es plötzlich im Unterholz, ich merkte auf, und plötzlich war alles weg.«

»Und das andere Mal war das in der Elektrischen. Mir gegenüber saß eine alte Frau. Und die sah mich an, d. h. sie sah eigentlich durch mich hindurch, und sah doch mich an; ihre Augen trafen mich ganz in der Tiefe, und ... da fuhr es in mich hinein, wie ein warmer Strahl, der alles in mir löste

69

und neu verband ... so gut war das. Und darnach hatte ich eine so große Kraft in mir, so als könne mir nie mehr etwas geschehen, und als sei alles, alles in Ordnung.«

Auf meine Frage, wie denn die drei Erfahrungen zusammenhingen, antwortete die Frau: »Ja, es *war* doch jedesmal ganz dasselbe.« Und mit einem Mal leuchtete sie auf und sagte verhalten und tief bewegt: »Jetzt weiß ich, was Sie meinen!« Von dem Tage an begann im Leben der Frau etwas Neues.

III

Was lehren uns diese Beispiele? Zunächst, daß es ein Irrtum ist, zu glauben, daß die Erfahrung der wesenhaften Wirklichkeit ausschließlich oder auch nur vornehmlich an bedeutungsschweren Inhalten unseres Erlebens und Bildern unseres Unbewußten hängt. Vielmehr kann jeder, auch der unscheinbarste Inhalt unseres bewußten Erlebens einen numinösen Charakter gewinnen und uns in die Fülle übernatürlichen Lichtes tauchen, wenn wir selbst nur in der rechten *Verfassung* sind. Dieses rechte Geöffnetsein und sein Segen wird im voraus verhindert oder nachträglich abgewertet durch die Einstellung und die Ordnungen des objektivierenden Ichs. Alles hängt an einer kleinen Wendung und der Treue zu ihr, an der kleinen Wendung: daß das Ich nicht da ist. Ehe es da ist, existiert der Mensch aus dem Sein, hat aber keine Seinserfahrung. Diese hat vielmehr das Leiden an der seinsverhüllenden Bewußtseinsform zur Voraussetzung. Und erst ihre Preisgabe bzw. ihre »Einklammerung« macht die Seinserfahrung möglich.

Die Preisgabe kann die Folge von besonderen Erschütterungen sein, die das Gerüst der selbstgerechten Bewußtseins- und Wertordnungen zu Fall bringen. Aber auch jede, die Ich-Gegenstandspannung aufhebende innere Situation kann das herbeiführen: So die Einswerdung in der Liebe, das Außersich-Sein im Kampf, die plötzliche Lösung eines Problems, die Vollendung einer Technik, die Erschöpfung in einer Übung, die in die ichlose Schau mündende Meditation. Alles Gelegenheiten, die in östlichen Übungen wahrgenommen werden, dem westlichen Bewußtsein aber bisher in ihrer eminenten Bedeutung kaum aufgegangen sind. Und immer geht es um das gleiche! Um was?

Als ich einst den Altmeister des Zen, Daisetsu Suzuki, fragte: »Was ist eigentlich östliche Weisheit?«, antwortete er prompt: »Östliche Weisheit schaut nach innen, westliches Wissen guckt nach außen. Wenn man aber nach innen schaut, so wie man nach außen blickt, verwandelt man das Innen zu einem Außen.«

Wann aber schaut man nicht nach innen, wie man nach außen guckt? Nur dann, wenn man das, was man schaut, nicht »hat«, sondern *ist*, d. h. wenn man einfach nur *dessen inne* wird, was man im *Grunde* ist. Darin liegt die auch für uns gültige Weisheit des Zen.

Und als ich ein andermal Suzuki mit Bezug auf das vom Menschen immer gesuchte und ihn doch ja stetig um- und durchflutende Sein fragte, ob es etwa so sei wie der Fisch, der nach dem Wasser sucht, antwortete er mit leisem Lächeln: »Es ist noch mehr. Es ist so, wie wenn das Wasser nach dem Wasser sucht.«

Schaut man aber einmal in diesem Sinne das, was man im Grunde ist, dann *ist* man ein anderer. Man ist nicht mehr der, der das, was er ist, von der Welt her ist, die er hat, sondern umgekehrt der, der auch die Welt von dem her hat, was er ist. Das aber bedeutet, daß die Welt von dem her und auf das hin transparent geworden ist, was man vom Wesen her und also auch im Einklang mit dem Wesen der Welt ist.

Was aber läßt sich über das Wesen selbst aussagen, wenn es ins Innesein des Menschen tritt und auch nur anklingt? Die Antwort lautet – wenn wir uns nur ganz und gar auf die immer gleichen Erfahrungen stützen: Wir erfahren in uns in Gestalt einer von uns ganz woandersher tragenden Kraft, richtenden Ordnung und erfüllenden Einheit ein größeres, überraumzeitliches Leben, das uns, indem es uns in einer neuen Mitte verankert, versammelt und birgt, dem kleinen Leben gegenüber in einen anderen Subjektstand erhebt, von dem aus wir – zu unserer eigentlichen Individualität entbunden – in einem neuen Sinne mächtig und gestaltungskräftig, leidens- und liebefähig werden. Aber das Wesen, das in solchen Erfahrungen aufgeht und offenbar wird – ist für gewöhnlich in den Formen unseres Bewußtseins verhüllt. Denn so wie die Sonne sich im Medium des Regens zum Regenbogen bricht, so bricht sich die Dreieinheit des lebendigen Seins im alles fixierenden Medium unseres gegenständlichen Bewußtseins. Wer von der Sonne nicht weiß, nimmt den Regenbogen als die Wirklichkeit selbst. Wer aber nur einmal die Sonne gesehen und fortan im Innesein hat, vermag auch die Farben des Regenbogens wahrzunehmen als eine Weise, in der sich im Medium des Regens das wahre Licht bricht, und deutet ihn von nun an anders.

So gesehen, wird auch unser gesamtes Leben und Leiden im Medium unseres gegenständlichen Bewußtseins zu einer Chiffreschrift, die uns zur Entschlüsselung auf das sich in ihr verhüllende, aber in den Wesenserfahrungen aufgehende und zur Manifestation im verwandelten Menschen drängende eigentliche Sein und Leben aufgegeben ist.

Was bedeutet das zum Verständnis der Neurosen und der Übertragung?

IV

Zu Beginn seiner Bewußtwerdung steht der Mensch in einem Urvertrauen, einem Urglauben und einer Urgeborgenheit in sich und der Welt und bekundet darin eine noch ungebrochene Verankerung im Sein. Mit naiver Selbstverständlichkeit äußert das wohlgeratene Kind auch die Urimpulse aus dem Wesen und erwartet ihre Bestätigung und Erfüllung. Und es ist der Wohlgeratene, nicht der Kranke, an dem wir das Bild des Menschen abzulesen haben.

Die in der frühen Kindheit erfolgenden Verstimmungen der Grundstimmung und die Enttäuschungen und Verhinderungen der im Wesen begründeten ursprünglichen Erwartungen und Impulse haben, wo sie fixiert werden, jene die Personwerdung verhindernde Getrenntheit vom tragenden, ordnenden und ganzmachenden Grund zur Folge, die uns dann in der Tiefe der neurotischen Störungen begegnet. So sehr diese also auch biographisch verursacht sein mögen, ihrer Hartnäckigkeit und der Leidenstiefe, die aus ihnen spricht, werden wir nur in dem Maße verstehend und heilend gerecht, als wir den biographischen Aspekt überschreiten und, hinter dem psychologisch Erklärbaren, ihren metaphysischen Grund erkennen. Und so auch nur wird die Übertragung in ihrem wesenhaften Sinn verständlich. Bei der Übertragung handelt es sich dann, so verstanden, wie Alfons Maeder* es ausdrückt, »nie nur um eine regressive Projektion, sondern um einen von progressiven und überpersönlichen, also nur vom Wesen her verständlichen Allgemeincharakter«.

Sind die raumzeitlichen, sei es konstitutionellen oder umstehenden Faktoren, unter denen das Kind sich entwickelt, dem Wesen entsprechend, und bewahren sie ihm in der Sprache seiner Entwicklungsstufe, d. h. seiner jeweiligen Selbst- und Weltordnung die Einsfühlung mit dem Wesen, dann vollzieht sich die Verwandlung der Grundstimmung und Urimpulse in Bewußtseinskräfte ohne Bruch. Sie erscheinen dann z. B. in einer natürlichen Selbstsicherheit und Durchsetzungskraft, einem natürlichen Selbstwertgefühl, bewahren sich in einem bleibenden Glauben an die Grund-Ordnung des Lebens und verwandeln sich auch in das Vermögen zu unverstelltem Kontakt und hingebender Liebe. Die Voraussetzung aber für all dieses ist, daß die das Kind umgebenden Dinge und Personen die Uranliegen seines Wesens nicht enttäuschen, sondern ihnen entsprechen.

Die die frühe Kindheit umstehenden Figuren sind, wenn sie recht sind, also in der Tat »Schlüsselfiguren«, die eigentlich immer wieder das Tor zum Einklang mit dem aus dem Wesen heraus tragenden, ordnenden und erlösenden Sein aufschließen sollten und darüber hinaus dazu beitragen, diejenige Formwerdung des Menschen zu ermöglichen und auszubilden, die ihn befähigt, auch als Bewußtseinswesen in seinem raumzeitlichen Dasein das Sein erlebend und handelnd zu manifestieren. Wo aber die Schlüsselfiguren der Kindheit in dieser Hinsicht versagen, geschieht mehr als nur eine psychische Störung. Es geschieht eine Verhinderung der eigentlichen existentiellen Entwicklung, eine Blockierung der Integration von

---

* Vgl. A. Maeder, in *Monatsschrift für Psychiatrie und Neurologie,* Bd. 125, 1953, S. 605.

Bewußtseinsform und Wesen, also der wahren Individuation, und dies ist dann das eigentliche Leiden. Was dieses nun für die Übertragung bedeutet, sei kurz an den neurotischen Formen der Angst, der Schuld und Verzweiflung und der Kontaktlosigkeit aufgezeigt.

Bricht die verständnislose Strenge des Vaters die natürliche Selbst- und Weltsicherheit des Kindes, so wird damit zugleich seine ursprüngliche Fühlung mit dem Seinsgrund unterbrochen, dem die Kraft aus dem Unendlichen entsteigt, und der Mensch geht seines Urvertrauens ins Leben, d. h. des Haltes in seinem unendlichen Wesen verlustig. Und wo die Verpäppelung einer ängstlichen Mutter die beginnende Festigung desjenigen Gefüges aufweicht, das dazu da ist, die ursprüngliche Daseinsmächtigkeit zu bewahren, wird diejenige Verfassung des werdenden Selbstes verhindert, die allein den Menschen befähigt, dieses Dasein aus dem Sein, d. h. das kleine Leben aus dem Großen Leben zu erfahren und zu meistern.

Die so entstehende Ohnmacht gegenüber der Welt und Angst aus der Tiefe spricht später dann aus den neurotischen Symptomen der verschiedensten Art wie aus den verschiedenen Formen der Übertragung. Diese sind also zwar in ihrem *Dasein* biographisch *erklärbar,* keineswegs aber in ihrem *Sinn* nur biographisch zu *verstehen,* denn sie haben ihren eigentlichen Grund darin, daß der säkularen Erfahrung und Bekundung einer divinen Kraft zum Leben die Voraussetzungen entzogen wurden.

Vater und Mutter sind, metapsychologisch verstanden, also viel mehr als die guten oder schlechten Eltern dieser Welt. Sie sind die Förderer oder Verhinderer des Einklangs mit der Ordnung des divinen Seins. Und hat es auch seinen bleibenden Sinn, wenn man das *Gottesbild,* das im Menschen entsteht, als Projektion der Vaterbedeutung versteht, so wird man der Sache doch nur dann gerecht, wenn man zugleich begreift, daß es die eigentliche und vom Wesen des Kindes her auch geforderte Funktion der Eltern *ist,* säkulare Mittler des Divinen zu sein! Insofern die Eltern dieser Rolle nicht genügen, verhindern sie die dem bewußten Menschen zugedachte Erhaltung, Weiterentwicklung und Bekundung jener Rückverbindung an den tragenden, ordnenden und erlösenden Grund des göttlichen Seins. Aus dem Wesen aber, das bleibend an ihm teilhat, wächst um so mächtiger jene unauslöschliche Sehnsucht nach dem Halt, dem Sinn und der Geborgenheit im Unendlichen, d. h. nach der Wiedereinswerdung mit dem Sein.

In der negativen Übertragung bekundet sich, recht verstanden, dann mehr als die verdrängte Revolte gegen den leiblichen Vater. Es bekundet sich durch sie hindurch der Protest gegen eine Schlüsselfigur dieser Welt, die, ursprünglich dazu berufen, das Sein als schützende und erneuernde Kraft zu repräsentieren, dem heranwachsenden Menschen gerade diesen Kraftstrom versperrte.

In der positiven Übertragung aber sucht der Patient im Therapeuten hier nur vordergründig den am Vater vermißten endlichen Halt. Im Grunde sucht er in ihm den Halt im Unendlichen wiederzufinden, d. h. wie Rotthaus* sagt: »Eine metaphysische Verankerung seines Lebens.« So verstanden, hat aber die Übertragung über den persönlichen und regressiven Sinn hinaus einen überpersönlichen und eine Sehnsucht nach der Transzendenz bekundenden progressiven Sinn.

Die Zurückführung der »Instanz«, die der Therapeut für den Patienten darstellt, immer nur auf Figuren des Familienromans wäre also – wie Heyer das ausdrückt – eine »reduktive Verfälschung prospektiver Tendenzen.** Und in der Auflösung der Übertragung, die Ausdruck der prospektiven Tendenz aus dem Wesen ist, geht es darum, daß der Patient die Fühlung mit seinem Seinsgrund wiedergewinnt. Daraus ergeben sich tiefgreifende Forderungen an den Therapeuten.

»Nur das, was einer wirklich ist, hat heilende Kraft«, sagt Jung.*** Und Fichtes These, daß die Philosophie, die man wählt, davon abhängt, was für ein Mensch man ist, ist auf die therapeutische Situation dahin zu formulieren, daß die Wirklichkeit, zu der man einen anderen entbinden kann, davon abhängt, in welcher Wirklichkeit man selbst steht. Wesentlich wichtiger also als die unbewußte und auch bereits erkannte Einwirkung, die von der theoretischen und axiologischen Einstellung des Analytikers ausgeht, ist der Einfluß der Strahlung,

---

* Vgl. E. Rotthaus, in *Zeitschrift für Psychotherapie und medizinische Psychologie*, 4. Jg., Heft 3, 1954.
** Vgl. Heyer, a.a.O.
*** Vgl. C. G. Jung: *Die Beziehungen zwischen dem Ich und dem Unbewußten*, Otto Reichl Verlag, Darmstadt 1928.

die er aus seiner existentiellen Mitte heraus von *Wesen* zu *Wesen* ausübt. »Sie kommt«, wie J. Herzog-Dürck es ausdrückt, aus dem »Ernstnehmen von Mensch zu Mensch, das durch die neurotischen Dressate hindurch auf den Personkern des Partners zustrahlt«.* D. h. aber, »die dem Patienten gegenüber gestellte Aufgabe setzt« – ich zitiere Ernst Michel – »im Arzt die Befähigung voraus, nicht nur aus psychologischem Verständnis und Können, sondern vor allem aus unbeirrbarer Liebeskraft zum latenten Wesenskern des Patienten vorzudringen, ihn anzusprechen und in die heilende Zwiesprache hineinzuführen.«**

Die personale Mitte des Menschen erwacht nicht von selbst, sondern Stufe um Stufe nur im *Antworten* auf ein *Angesprochenwerden*. So wie das Kind zum sprechenden Wesen und damit zum Menschen nur wird, weil die Mutter schon den Säugling, als sei er ein sprechendes Wesen, anspricht, so auch tritt das Wesen des Menschen, d. h. die wahrhaft integrierende und zur Personwerdung hin entbindende Kraft der Mitte nur hervor, wenn sie mit Stetigkeit und in liebender Zuwendung angesprochen wird, d. h. in einer personalen Begegnung.***

Wo dies gelingt, verwandelt sich die Analyse unter Umständen in einen plötzlich fruchtbringenden katalytischen Vorgang. Der alte Bann weicht. Die bislang blockierten, weil um die falsche Achse kreisenden seelischen Kräfte konstellieren sich neu um die antwortende Mitte, und die eigentliche Heilung beginnt.

Das bedeutet *nicht*, daß dadurch etwa die analytische Auflösung neurotischer Mechanismen *ersetzt* werden könnte. Je härter ihre Fixierung, desto mehr *bleibt* ihre Einschmelzung auf analytischem Wege die erste Aufgabe.

Nun zur überpersönlichen Übertragung im Zeichen der Schuld und Verzweiflung. Wir alle kennen den Aufschrei mancher Patienten: »Ich könnte mich und die ganze Welt umbringen, daß ich nicht der bin, nie der sein durfte, der ich eigent-

* Vgl. Johanna Herzog-Dürck: *Zwischen Angst und Vertrauen,* Glock und Lutz Verlag, Nürnberg 1953.
** Vgl. Ernst Michel: *Rettung und Erneuerung des personalen Lebens,* Josef Knecht Verlag, Frankfurt/M. 1953.
*** Vgl. Hans Trüb: *Heilung aus der Begegnung,* Ernst Klett Verlag, Stuttgart 1951.

lich bin«, diesen Ausdruck eines zerstörerisch in der Tiefe nagenden Schuldgefühls und der Empörung gegen den ungerechten Gott.

Aus seiner ursprünglichen Gegründetheit in der Geprägtheit seines Wesens und in der Ordnung des Seins ist das Kind ganz selbstverständlich von der Erwartung beseelt, daß die Welt dem Drang wesensgemäßer Entfaltung entspricht und auch selber in Ordnung ist.

Wo nun das elterliche Haus, durch was es auch sei, dem heranwachsenden Menschen eine Entwicklung aufzwingt, die ihn *verbiegt* (wodurch es sich in anderer Weise am Kinde versündigt als dort, wo es das Kind in seiner Selbst- und Weltsicherheit »bricht«), oder das Kind – etwa durch eine Lüge der Mutter – in seinem Urglauben an die gerechte Ordnung des Lebens enttäuscht wird, ist die in der Übertragung neu auflebende neurotisch fixierte und in der Depression verdeckte Aggression gegen die verbiegenden Instanzen zwar psychologisch aus der Familientragödie zu erklären. Tiefer verstanden aber bekundet sich in ihr das Leid am Versagen gegenüber dem metaphysischen Auftrag zur wesenseigenen Gestalt und zugleich die Unerfülltheit jener Verheißung, die auf die Ebenbildlichkeit von Selbst und Welt zur Inbildlichkeit des Wesens und Seins drängt.

Und wenn es dann in der Übertragung der bleibenden Sehnsucht nach Sinn und Vollendung zu jener Idealisierung des Therapeuten kommt, in der er als das *Sinnbild* des *Seinsollenden* erscheint, haben wir es wiederum mit mehr zu tun als nur mit der persönlichen Projektion eines in der Kindheit gesuchten, aber nicht gefundenen Vater- und Mutterbildes. »Die eigenartige Beziehung, um die es sich hier handelt« – ich zitiere Maeder – »hängt vielmehr mit der Projektion des unbewußten Bildes des *Heilbringers* auf den Arzt zusammen. Also ebenfalls eine Projektion, aber anderer Art, als die Affektübertragung, die die Psychoanalyse aufgedeckt hat und die ausschließlich mit den Vorerlebnissen des Kranken verknüpft ist. Der Heilbringer ist vielmehr das Symbol der Erhaltung und Reintegrierung der Ganzheit.«*

* Vgl. A. Maeder, in *Monatsschrift für Psychiatrie und Neurologie,* a. a. O.

Dieser Hinweis auf die Wahrnehmung des Therapeuten als Heilbringer kann gar nicht ernst genug genommen werden, denn es geht letztlich beim Heilwerden im Sinne echter Individuation um wirklich mehr als um eine Lösung psychischer Knoten zum Zwecke eines leistungskräftigen Wiederanschlusses an die Welt. Es geht um das innere Heilwerden des Menschen aus der Heillosigkeit seiner Verstümmelung und seiner ihn vergiftenden Verzweiflung an der Ungerechtigkeit des Lebens.

Das kann aber nur geschehen durch die im *Durchbruch zum Wesen** erfolgende Entdeckung der wesenhaften Individualität und des *in* allem Unsinn doch lebendigen, die Ordnung des Seins widerspiegelnden überraumzeitlichen Sinns.

Diesen Durchbruch zu *bereiten* ist der Sinn der analytischen Auflösung der hier vorliegenden neurotischen Fixierungen. Aber der Durchbruch selbst wird in dem Maße erleichtert, als der Therapeut es darüber hinaus vermag, seinen Partner in seinem Wesensgewissen anzusprechen.

»Hinter den Imperativen des Über-Ich« – ich zitiere Felix Schottlaender – »von ihm verdeckt, ja eigentlich bekämpft, schlummert das echte Gewissen des Menschen, das ihn dazu bringen will, er selbst zu werden, und der Psychotherapeut ist der Bundesgenosse jenes schlummernden Gewissens.« Auch dieses Ansprechen des Wesensgewissens, des »Sprachrohrs der Transzendenz«, wie Viktor Frankl sagt, erfolgt mehr als durch Worte durch den inneren Blick, der unverwandt auf das Wesen des Partners gerichtet bleibt. Aber auch dafür ist die Voraussetzung, daß der Therapeut selbst wieder im Urglauben steht, d. h. ihm selbst in eigener Wesenserfahrung einmal im Widersinn der wahre *Sinn* aufgegangen ist – und daß er dazu steht!

Und nun endlich zur dritten Form der überpersönlichen Übertragung, in der sich durch alles persönliche Liebesverlangen hindurch die Wesenssehnsucht nach überpersönlicher Liebe und Geborgenheit in der Einheit des Seins bekundet.

Alle Formen des Liebesentzuges, die das Kind auf sich selbst zurückwerfen und in einsamer Isolation verhärten lassen, stiften in ihrer Fixierung nicht nur eine psychologisch

* Vgl. K. Dürckheim: *Durchbruch zum Wesen,* a.a.O.

erklärbare Störung, sondern mit ihr eine nur metapsychologisch zu verstehende Trennung vom allbergenden Seinsgrund.

Natürlich kann dann – muß nicht – an der liebevollen Zuwendung des Therapeuten zunächst die unerfüllte Sehnsucht nach säkularer Liebe erwachen. Aber hinter dieser Übertragung steht eine ganz andere, spirituelle Sehnsucht nach Erfüllung, Einswerdung und Erlösung des Lebens in der überraumzeitlichen Einheit des Seins, deren verhüllter Ausdruck im Grunde alle Formen der Liebe sind, die in tatsächlicher Gemeinschaft gründen oder münden. Und worauf es gegenüber jeder Liebesübertragung ankommt, ist keineswegs nur die Auflösung der persönlichen Übertragung, sondern: daß dem Partner die *Möglichkeit* der Erfüllung seines *eigentlichen* überpersönlichen Wesensanliegens gerade in seiner Beziehung zum Therapeuten aufgeht. Dies aber wird nur in dem Maße möglich sein, als der Therapeut aus eigener Erfahrung des allbergenden Seins jene überpersönliche geistliche Liebe zum andern hin zu fühlen und ohne Schwankungen zu bekunden vermag, die jenseits aller säkularen Formen des Liebens ist. Vermag er das, dann wird es sehr oft gar nicht zu einer persönlichen Übertragung kommen.

Freilich, solange der Partner noch ganz in seinem Pseudoselbst verstrickt ist, ist er dieser überpersönlichen Liebe noch nicht erschlossen. In dem Maße aber, als ihn vom Therapeuten her mit Stetigkeit ausschließlich, aber kräftig der Strahl *dieser* Liebe berührt, kann dann der Tag kommen, wo er darauf antwortet und Wesen zu Wesen spricht. Das kann dann seinen Ausdruck z. B. in dem Satz finden: »Noch nie waren Sie mir so fern wie heute und doch wiederum noch niemals so nah.«

Die sich in einem solchen Satz ankündende Lösung der Übertragung bedeutet dann nicht nur eine *Ablösung* des Partners von dem ihm hier und jetzt gegenüberstehenden Therapeuten, sondern die *Einlösung* einer im Wesen liegenden Verheißung in einer Beziehung von Wesen zu Wesen. Sie ist nicht zu verneinen, sondern zu bejahen – zu bejahen als Ausdruck jener *wesenhaften* Verbundenheit, deren fortschreitende Manifestation in der Welt an dem Himmelreich baut, das als Verheißung im Herzen der Menschheit lebt und als Auftrag allen, vor allem aber denen aufgegeben ist, die zur Selbstverwirklichung des Menschen aus dem Wesen zu helfen berufen sind.

Die dreifache Erdennot unserer Partner: Bodenlosigkeit und Angst, Schuld und Verzweiflung, Vereinsamung und Leere, sucht also im Therapeuten eigentlich den *Heil*-bringer in dreifachem Sinn: den Vermittler des *Haltes* im Unendlichen, den Erschließer des *Sinnes* im Unendlichen und den Mittler der *Geborgenheit* im Unendlichen. Wird er nun verständlicherweise idealisiert als der Allmächtige, als der Vollendete, als der große Liebende, so kann man – wie Medtner* das ausdrückte – sagen, hier hat eine Übertragung »nicht auf die Person, sondern auf die Idee« stattgefunden. Aber es ist falsch, die Befreiung des Patienten zu sich selbst nur an die Aufhebung der Illusion geknüpft zu sehen, also an die Entdeckung, daß der Therapeut »auch nur ein Mensch ist«. Diese Befreiung betrifft nur die nur-psychologisch verstandene Persönlichkeit. Das Entscheidende liegt genau in der entgegengesetzten Richtung. Was von »unten« her gesehen »nur« eine Idee ist, ist von »oben« her, d. h. vom Wesen her gesehen, die eigentliche Realität, die der Mensch in seinem Wesen ist und aus seinem Wesen heraus *sucht* und zu der er, wenn er sie auch nur ahnt, zu stehen hat. Und so wenig wir uns in unserer Tatsächlichkeit mit dem auf uns übertragenen Ideal identifizieren dürfen, so sehr müssen wir versuchen, aus der Realität zu antworten, die der Mitmensch eigentlich in uns anruft! Und nur in der Antwort auf das aus der Mitte *unseres* Herzens kommende Wort kann in dem uns aufgegebenen Mitmenschen auch jene individuelle, personale Freiheit im Endlichen aufgehen, die, solange die Welt steht, nur aus der antwortenden Verbundenheit mit dem Unendlichen aufblüht. Diese Verbundenheit aber findet der Mensch nur im *Durchbruch zum Wesen.* Der Durchbruch selbst ist und bleibt – wie alles Reifen – ein *Geheimnis* und eine Gnade, aber ihn zu bereiten ist unsere eigentliche Aufgabe, die Aufgabe der Großen Therapie!

---

* Vgl. Emil Medtner: »Bildnis der Persönlichkeit im Rahmen des gegenseitigen Sich-Kennenlernens«, in *Die kulturelle Bedeutung der komplexen Psychologie,* hrsg. vom Psychologischen Club Zürich, Festschrift zum 60. Geburtstag von C. G. Jung, Julius Springer Verlag, Berlin 1935.

DIE ERFAHRUNG
DES WESENS ALS VORAUSSETZUNG
MENSCHLICHER WANDLUNG

I

Wenn wir von Wandlung sprechen, so meinen wir damit einen
Vorgang, der nicht nur diese oder jene Seite des Menschen
erfaßt, sondern den *ganzen Menschen*, ja das Ganze der Wirklichkeit betrifft, in der, von der her und auf die hin er als
Mensch lebt.

Solange ein Mensch bis ins Zentrum seines Existenzgefühls
in seinem *Ich* verankert ist, hat alles, was für ihn Wirklichkeit
hat, seinen Sinn und seine Bedeutung mit Bezug auf dieses
Ich: die Dinge, die Werte, der Mitmensch, die Gemeinschaft
und auch Gott. Daß das Zentrum, in dem alles verankert ist
und auf das sich alles bezieht, die Achse, um die sich alles
dreht, nicht mehr der Mensch in seinem Ichselbst ist, sondern
ein anderes, das ist das entscheidende Kennzeichen echter
Wandlung. Für den Christen bedeutet das, daß das Leben,
dem Wandlung zugrunde liegt, nicht mehr im Ich zentriert ist,
sondern in *Gott*. Der Kerngehalt des Wandlungserlebnisses im
christlichen Sinne ist ein Ereignis der Seele, kraft dessen Gott
zur Achse des Lebens geworden ist.

Als ein noch nicht Gewandelter fühlt der Mensch *sich* als
königliches Subjekt, das sich in seinem Erkennen und Handeln
autonom dünkt. Alles andere ist für ihn nur *Gegenstand* seines Denkens, Fühlens und Wollens. Alles wird ihm zu einem
Objekt – auch Gott. Insofern aber der Mensch ein Gewandelter ist und sich als solcher bewährt, empfindet er nicht mehr
sich als Herrn des Lebens, dem alles untertan ist, sondern er
weiß sich einer anderen, höheren Macht, die ihn erhält, richtet
und ruft, unterworfen und »untertan«. So weiß er sich letztlich
als »*subjectum Dei*«.

In diesem Beitrag soll nicht in erster Linie vom Christen die
Rede sein. Wir wollen vom Menschen überhaupt sprechen,

und zwar insbesondere vom Menschen, der den Glauben im christlichen Sinne nicht hat. Das schließt auch den Christen ein, *insofern* er sich zwar Christ *nennt,* aber nicht wahrhaft im Glauben *steht,* sei es, daß er ein Zweifelnder oder ein aus dem Glauben Herausgefallener ist. Wie steht es überhaupt mit Menschen, für die Gott im christlichen Sinne gar nicht existiert? Gibt es auch für sie echte Wandlung, oder sind sie von ihr ausgeschlossen? Wie steht es mit der Möglichkeit echter Wandlung bei Menschen, die in einer gottlosen Familie aufwachsen und nichts von Gott hören, oder mit Menschen, die – wie Millionen in unserer Zeit – ihren Glauben unter den vernichtenden Schlägen des Schicksals verloren (wodurch sich ihr Glaube freilich als ein Pseudoglaube erwies)? Wie steht es mit Menschen, die – wie die Völker des Ostens – den Gottesglauben nur als einen Götterglauben kennen, der auch vor dem Forum ihrer eigenen Weisheit nicht standhält, weil auch sie die Götter solchen Glaubens als Wunsch- und Angstbilder, also als Wahnbilder des in seiner Welt befangenen Ichs, durchschaut? Und welcher in der Therapie oder Seelsorge stehender Seelenführer kennt nicht den, der von Gott oder Christus nichts mehr hören will, weil die Gerechtigkeit Gottes, so wie er sie verstand, sich als nicht vorhanden erwies? Sind alle diese Menschen verloren? Sind sie auf ewig verurteilt, im Teufelsrad, dessen Nabe das Ich ist, zu kreisen? Sind sie allesamt ausgeschlossen von der Möglichkeit echter Wandlung?

Liegt echte Wandlung nur dort vor, wo der Gewandelte dann den persönlichen Gott als Mitte des Lebens vernimmt? Gewiß nicht.

Es gibt das Wandlungserlebnis als *Gnade* und als Ausgangspunkt eines *Heilsweges* in einem allgemein menschlichen Sinn! So verständlich es auch ist, daß die Worte »Wandlung«, »Gnade« und »Heil« im christlichen Raum nur im distinkten Sinn ihrer christlichen Bedeutung verstanden werden, so müssen wir doch davon Kenntnis nehmen, daß es solcherlei auch in einem weiteren Sinn gibt. Es gibt das alles auch in einer nicht im engeren Sinn christlichen, sondern in einer allgemein-menschlichen Bedeutung: und zwar nicht nur für die nicht christlichen Völker, sondern auch im Lebensraum des Christen!

Es gibt echte Wandlung überall dort, wo es für den Menschen zur *Erfahrung eines übernatürlichen Seins* kommt, die den Sinn des Lebens um hundertachtzig Grad wendet und die Achse des Lebens aus der Mitte des *natürlichen* menschlichen Daseins in ein *übernatürliches* Sinnzentrum rückt. Wir nennen dieses Erlebnis die *Große Erfahrung.** Und diese Große Erfahrung gibt es nicht nur, sondern auf sie hin ist der Mensch angelegt.

Der Mensch ist auf die Erfahrung des Seins angelegt, nicht nur wenn er ein Christ ist, sondern weil und insofern er ein *Mensch* ist; denn als Mensch hat er in seinem Wesensgrund teil am übernatürlichen Sein und kann sich dieser Teilhabe innewerden. Der Mensch ist von seinem *Wesen* her auf die »Große Erfahrung« hingeordnet. So sie über den Menschen hereinbricht, kann ein Neu-Werden anheben, kraft dessen er den Boden, den Sinngrund und den Erfüllungsquell des Lebens nicht mehr in seinem *natürlichen* Dasein, sondern in einem *übernatürlichen,* divinen Sein findet. Und diese Erfahrung gibt es nicht nur außerhalb des christlichen Raums, sondern auch innerhalb desselben. Ob sie dann, wie in der christlichen Mystik, christlich interpretiert wird oder nicht, ist eine andere Frage.

Die *Seinserfahrung* im vollen Sinne des Wortes ist eine Erfahrung, die die ganze Ordnung unseres natürlichen Weltbewußtseins zu einem neuen Lebensgrund hin durchbricht, der auf dem Hintergrund des natürlichen Welt-Daseins als ein übernatürliches divines Sein erfahren wird. Wo der Mensch es vermag, diese Erfahrung so tief ernst zu nehmen und in sich Raum greifen zu lassen, daß sich sein natürliches Leben in der Welt, in dem da erfahrenen Übernatürlichen verankert, weiß er sich fortan getragen und gespeist, geformt und gerufen, gerichtet und geborgen von einem tieferen Sein, das ihn umfängt und im Grunde seines Wesens selbst mit ausmacht. Doch nur in dem Maße, als die Erfahrung nicht im »Erlebnis« steckenbleibt, sondern den Menschen vollends durchwächst, vollzieht sich die echte *Wandlung.* Der Mensch fühlt sich und seine Welt dann fortschreitend von einer Wirklichkeit her bestimmt, die ihn im Unterschied zu den Nöten und Werten

* Vgl. K. Dürckheim: *Im Zeichen der Großen Erfahrung,* O. W. Barth Verlag, München 1951.

seines natürlichen, raumzeitlichen Daseins fortan als ein übernatürliches, überraumzeitliches, divines Sein und Leben in
Dienst nimmt. Beglückt und zugleich von einer neuen Verantwortung erfüllt, weiß er sich dann mit einem Male dazu
bestimmt und gerufen, die Welt und sich selbst von diesem
Sein her in einem tieferen Sinn erkennend, liebend und gestaltend zu erschließen.

II

In welchem Sinne und auf Grund welcher Erfahrung sprechen
wir hier nun von einem übernatürlichen, überraumzeitlichen,
divinen Sein? Offenbar nicht in einer Bedeutung, die das
»Sein« ohne weiteres mit »Gott« gleichsetzt, aber doch in
einem Sinne, darin es als etwas gegenwärtig ist, das unser
natürliches – sei es physisches oder auch psychisches – Sein
transzendiert. Das in der Großen Erfahrung aufgehende übernatürliche Sein ist nicht etwas nur »Intrapsychisches«, so
wenig wie das *Tao* der Chinesen etwas nur »Intrapsychisches«
ist. Gemeint ist vielmehr das unser natürliches Leben durchwaltende und übergreifende Große Leben selbst. Die Seinserfahrung, um die es uns geht, ist nicht etwas, das den Menschen
in seiner diesseitigen Wirklichkeit auslöscht, wie etwa der
große Samadhi des Inders. Sie ist aber auch nicht die Erfahrung irgendeiner besonderen Wirklichkeit, die sich dem Menschen als eine andere »Welt« präsentiert, wie sie etwa unter
dem Einfluß bestimmter Drogen, beispielsweise des Meskalins,
aufblühen kann.* Gemeint ist auch nicht die Erfahrung einer
übersinnlichen Welt, in der irgendwelche Wesenheiten, Engel
oder Dämonen, Geistwesen höherer oder niederer Welten,
auftauchen. Das alles gibt es – ist aber keine Seinserfahrung
im eigentlichen Sinn; denn hier überall steht der Mensch wieder einer »Welt«, einem besonderen Reich gegenüber. So ist
das Sein auch nicht das Ganze der in den »Archetypen«** auf-

---

* Vgl. Aldous Huxley: *Die Pforten der Wahrnehmung. Meine Erfahrungen mit Mescalin,* Piper Verlag, München 1954.
** Verstanden im Sinne der Tiefenpsychologie von C. G. Jung.

tauchenden psychischen Wirklichkeit. All dies läßt sich feststellen und beschreiben. Das in der echten Seinserfahrung aufgehende Sein aber läßt sich niemals beschreiben. Es präsentiert sich dem seiner innewerdenden Menschen nicht als eine »gegenüberstehende«, gegenständlich faßbare Wirklichkeit; denn er ist es in seinem Wesensgrund ja selbst! In der echten Wesens- und Seinserfahrung ist der Erfahrende und das Erfahrene eins, richtiger gesagt: »Nicht-Zwei«.

Die Berührung mit dem Sein der Großen Erfahrung hat ihren Sinn und Wert auch nicht im Gewinnen irgendwelcher höherer Fähigkeiten. Ohne Zweifel gibt es ein Überschreiten unseres natürlichen Weltbewußtseins in einer Weise, die höhere Fähigkeiten, wie etwa Hellsehen, Fernfühlen, Fernwirken und Voraussehen, entbindet. Doch bei der hier gemeinten Seinserfahrung geht es nicht um eine Vermehrung dessen, was der Mensch *kann,* sondern um eine Verwandlung dessen, der er *ist* zu dem hin, der er kraft seines Wesens, also seiner Teilhabe am Sein, sein kann und sein soll.

Es handelt sich auch nicht um die Erschließung eines höheren Seins im Sinne einer feinstofflichen Substanz oder einer alldurchdringenden Lebenskraft im Sinne von Prana, deren Entdeckung zweifellos auch den Raum der natürlichen Erfahrung beträchtlich erweitert, wenn nicht sogar überschreitet. Das *Sein,* um das es hier geht, ist etwas ganz anderes als all dieses. Was ist es also? Ja, das ist es eben, daß wir diese Frage ihm gegenüber überhaupt nicht stellen können, denn es ist überhaupt kein gegenständlich faßbares »Etwas«. Woher wissen wir dann aber von ihm? Nur durch besondere Erlebnisse, die alle »Gegenständlichkeit« und unsere natürliche Bewußtseinsordnung in einer Weise transzendieren, die uns zu einem Leben in einer höheren Ordnung verwandeln. Und auch nur dann, wenn wir in allen möglichen Arten von Erfahrungen, die unsere natürliche Bewußtseinsordnung überschreiten, durch alle neu aufgehenden Kräfte, Bilder, Wesenheiten und Ordnungen hindurch das Mysterium des Grundes wahr-nehmen und, ohne es »erkennen« zu wollen, im Innesein bewahren, gehen wir in legitimer Weise mit ihnen um und umgehen die immer drohende Gefahr, den auch in ihnen enthaltenen existentiellen Sinn in einem rationalen Erkennen und Ordnen zu vertun.

Wir sprechen hier also vom »Sein« einzig und allein im Sinne des an sich selbst unfaßbaren, unbegreiflichen, übernatürlichen, überweltlichen Lebens- und Daseinsgrundes. Wir sprechen von »Seinserfahrung« als von der Erfahrung einer unser natürliches Leben in der Welt sowohl übergreifenden als im Grunde ausmachenden Wirklichkeit. Daß wir aber überhaupt von diesem Sein in einem mehr als nur spekulativen Sinn sprechen können, hängt mit jenen in der Großen Erfahrung gipfelnden Erlebnissen zusammen, die unser Leben in der Welt auf eine neue Basis, in eine neue Ordnung und in eine neue Heimat stellen. Das erst in der Großen Erfahrung unmittelbar ins Innesein tretende wahre Sein ist in den Vorstellungen und Ordnungen unseres natürlichen Selbst- und Weltbewußtseins verhüllt. Und sie selbst ist verstellt durch all die Formen des Denkens, Formeln des Tuns und Bilder des Schauens, in denen wir gemeinhin dahinleben und alles Erlebte vorformen und einordnen, uns *unseren* »Vers« auf das Leben machen und, von der Sorge um die Zukunft beherrscht, unser Leben von *uns* aus planen und meistern. Mit dem Durchbrechen der vom Ich her gemeisterten »natürlichen« Ordnung des Lebens in der Seinserfahrung öffnet sich das Tor zu Neugeburt und Wandlung. Diese haben also nicht einen inhaltlich bestimmten Glauben, eine besondere Konfession zur Voraussetzung, sondern beruhen auf der allgemeinen Möglichkeit des Menschen, sich selbst zu überschreiten, d. h. zu »transzendieren«. Doch ist es begreiflich, daß, wo die Möglichkeit zur Wirklichkeit wird, das in der Großen Erfahrung Erfahrene in innige Beziehung zu den Gehalten der Religion tritt, in deren Überlieferung der Erfahrende steht. Ihrem Wesen nach ist die Große Erfahrung, gerade weil sie über alle menschlich möglichen Vorstellungen und Bilder hinausführt, von jeder bestimmten Religion unabhängig. Umgekehrt bildet aber der geheimnisvoll im Menschen sprudelnde Quell eines größeren Lebens, der in der Großen Erfahrung aufspringt, die im menschlichen *Wesen* enthaltene Voraussetzung für die ihn ergreifende und verwandelnde Kraft jeder Religion.

III

Die echte Seinserfahrung legt den Nerv des menschlichen Lebens bloß: daß er, im Bilde gesprochen, ein »Bürger zweier Welten« ist. Als der im Ichselbst zentrierte natürliche Mensch fühlt er sich beheimatet in seinem raumzeitlich bestimmten, zwischen Geburt und Tod sich vollziehenden Dasein. In seinem Wesen aber ist er Bürger jenes überraumzeitlichen Seins. Das Wort *Wesen* bedeutet, so verstanden, nicht »Eigenart«, wie man vom »Wesen« des Menschen im Unterschied zum »Wesen« des Tieres spricht. Dann ist »Wesen« nur ein ordnender Allgemeinbegriff. »Wesen« in dem von uns gebrauchten Sinn meint dagegen die jeweils individuelle Weise der Teilhabe des Menschen am überraumzeitlichen, divinen Sein.

Es lebt der Mensch in der Spannung zwischen der für sein Ichbewußtsein bestehenden Zugehörigkeit zu diesem raumzeitlichen Dasein und seiner Zugehörigkeit zu jenem Sein, daran er in seinem Wesen teilhat. Die Integration zwischen den beiden Polen, also zwischen dem in den Vorstellungen seiner raumzeitlichen Welt lebenden und befangenen Ichselbst und dem im Sein verankerten Wesen, ist das Grundmotiv des menschlichen Lebens. Es ist der Sinn des menschlichen *Reifens,* diese Spannung in einer *Verfassung* »einzulösen« (nicht aufzulösen!), in der er dann auch in seinem im Ich verankerten, natürlichen »kleinen Leben« das in seinem Wesen lebendige, übernatürliche »Große Leben« zu manifestieren vermag. Er manifestiert es dort, wo er inmitten seiner raumzeitlichen Wirklichkeit als ein *Erlebender* im Glanz des Übernatürlichen steht, als ein *Erkennender* die natürliche, sichtbare Welt in ihrer Transparenz als das »in den Geheimniszustand erhobene Innere« (Novalis) wahr-nimmt, als ein *Handelnder* und *Gestaltender* ohne Unterlaß das natürliche Dasein im Sinne des Übernatürlichen vollzieht und von diesem in allem Tun als ein *Liebender* von der Einheit des Grundes zeugt.

Das Werden des Menschen ist dadurch gekennzeichnet, daß es erst einmal in die Spannung der beiden Pole läuft; denn in seinem spezifisch menschlichen »Bewußtsein« tritt der Mensch aus dem Seinsgrund heraus und gerät so zu seinem Wesen in Widerspruch.

Es ist das *Schicksal* des Menschen, daß das Sein, das

Apriori seines eigentlichen Existieren-Könnens, sich mit der Entwicklung seines Ichselbstes erst einmal verbirgt, der Mensch sich also in der Säkularität seines Daseins dem in ihm lebendigen divinen Sein zunächst entfremdet.

Es ist die *Bestimmung* des Menschen, sein Wesen im »wahren« Selbst und das Sein in der Transparenz des Daseins zu manifestieren.

Der Mensch hat die *Möglichkeit,* dieser Bestimmung zu genügen. Er kann aus der Entfremdung umkehren, wenn es ihm gelingt, die Form seines Lebens, die das Wesen verhüllt (das Gehäuse des Pseudoselbstes), zu durchbrechen und im »Durchbruch zum Wesen«*, d. h. in der »Großen Erfahrung«, die Grundlage zur Verwandlung seines natürlichen Ichselbstes zum wahren, im Wesen verankerten Selbst hin zu gewinnen. Erst kraft solcher mit dem Durchbruchserleben anhebenden Wandlung kann der Mensch seiner eigentlichen Bestimmung genügen.

Es ist die *Begnadung* des Menschen, daß sich das in seinen natürlichen Bewußtseinsordnungen verhüllte Sein doch ohne Unterlaß in der Lebendigkeit des Wesens wirksam bekundet. Es bekundet sich in allem spezifisch menschlichen Leiden, in der heiligen Unruhe, in aller Sehnsucht nach Glück und nach Frieden. Ja, gerade in dem Maße, als der Mensch in die Entfremdung geht, bekundet sich der divine Grund immer stärker als die Kraft, die ihn mit sanfter Gewalt ohne Unterlaß heimliebt in sein Eigen. Mit der Fähigkeit, sich dessen innezuwerden, hängt die Möglichkeit einer bewußten Umkehr aus einem Leben der Abkehr vom Grunde in den Weg der Heimkehr und des Neuaufbruchs zusammen. Und an der Schwelle dieser Umkehr und Wandlung steht als ihre Voraussetzung die *Erfahrung* des *Wesens.* Mit dem Eintreten dieser Erfahrung also hängt alle echte Wandlung zusammen.

Die Möglichkeit der Wesens- und Seinserfahrung hat ihre Voraussetzungen. Die grundsätzliche Voraussetzung ist dadurch erfüllt, daß der Mensch im Grunde teil*hat* am Sein, denn diese Teilhabe macht sein Wesen aus. Die individuelle Teilhabe am Sein, d. h. sein Wesen, könnte dem Menschen

---

* Vgl. K. Dürckheim: *Durchbruch zum Wesen,* Max Niehans Verlag, Zürich 1955 (2. Aufl.).

aber nie in sein *Innesein* treten, wenn er sich ihm nicht (das unterscheidet ihn von Pflanze und Tier) erst entfremdete. So ist die *Entfremdung* die zweite Voraussetzung möglicher Seinserfahrung. Sie ist mit der Tatsache unserer natürlichen Bewußtseinsordnung gegeben in dem Maße, als wir uns in irgendeiner ihrer Formen oder Entwicklungsebenen festlegen. Die dritte Voraussetzung ist, daß der Mensch in seiner natürlichen, am bloßen Dasein hängenden Lebensform an eine *Grenze* kommt. Ohne daß er an die Grenze seiner Kraft, seines Verstandes, seines Liebesvermögens kommt und dadurch in Leid und Not gerät, gibt es keine Bereitschaft oder Notwendigkeit zu einer die Umkehr einleitenden Erfahrung. Die vierte Voraussetzung aber ist, daß der Mensch sich im Scheitern an der Grenze nicht resignierend fallen läßt oder heroisch »hält«, sondern den Zusammenbruch seines natürlichen Lebensgehäuses annimmt und sich *anheimgibt*.

Wenn wir Wesens- und Seinserfahrungen verdeutlichen wollen, müssen wir, weil das Wesen nur im Widerspruch zu der ihm entfremdeten Bewußtseinsordnung ins Innesein tritt, uns erst diese vor Augen halten.

Das natürliche Lebens-, Selbst- und Weltbewußtsein hat zur Achse das *Ich*. Darunter ist hier jene Form des Subjektes zu verstehen, in der der Mensch sich in allem Wandel von Raum und Zeit mit sich selbst identisch weiß. Das Ich erwacht in dem Augenblick, in dem das Kleinkind zum erstenmal die »Was-ist-das-Frage« stellt und sie beantwortet, indem es zum erstenmal im Strom wechselnder Eindrücke ein Wiederkehrendes *feststellt, festhält* und gegenständlich *fixiert*. Im gleichen Augenblick spricht das Kind zum erstenmal von sich selbst als dem Hänschen oder Peter, bald dann auch von sich selbst im distinkten Sinne eines sich gleichbleibenden Ichs; und im Gegen-Stand zu diesem Ich-Stand konstituiert sich die in sich stehende, begrifflich fixierte, für das Ich-*Subjekt* des Erlebens *objektive* »Welt«, die etwas ganz anderes ist als die mit dem bis dahin allein vorhandenen Erlebniszentrum verschmolzene »Umwelt«.

Wie das natürliche Wirklichkeitsgefühl des Menschen mit Bezug auf sich selbst vom Bewußtsein der feststehenden Identität mit sich selbst abhängt, so das Wirklichkeitsgefühl, das sich auf die Welt bezieht, davon, daß etwas als das *feststeht,* wofür das Ich es *nimmt*. »Welt«, insofern sie für den natürlichen Menschen Wirklichkeit hat, ist das Ganze all dessen, was für das Ich feststeht. Das ist freilich Ergebnis einer Entwicklung. Für das Kind löst sich diese begriffliche, d. h. gegenständlich *begriffene* Wirklichkeit erst allmählich aus der selbstverständlich *gelebten* Wirklichkeit los. In dieser unbegriffenen und doch gelebten Wirklichkeit erlebt und wirkt der Mensch noch nicht aus einem mit sich selbst identischen Ich heraus und bezogen auf eine in sich selbst stehende Welt, sondern aus seiner Ganzheit und seiner Verbundenheit mit den Ganzheiten, deren Glied er ist. Die Ichwerdung bedeutet somit zugleich immer auch das Sichherauslösen aus der Bindung an das »Kollektiv«.

In dem Maße nun, als das herausgelöste Ich und die Ich-Auffassung von Welt und Wirklichkeit vorherrschend wird, verliert all das, was sich der Ratio, d. h. dem fixierenden und begreifenden Denken, entzieht, an Wirklichkeitsvalenz – z. B. alles, was »nur im Gefühl« da ist. Wirklichkeit hat, vom Ich her gesehen, nur, was gegenständlich fixierbar und einordenbar ist. Instrument der Wirklichkeitserkenntnis ist das rational fixierende Denken, Subjekt ist das sich mit sich selbst identisch fühlende, gegenständlich begreifende Ich. Das ist die Basis, auf der unsere ganze natürliche Weltauffassung aufruht, ist die Voraussetzung, unter der erst Sprache und Kultur möglich wird und auch jede bewußte Gemeinschaftsordnung, insofern sie durch das gemeinsam Feststehende zusammengehalten ist.

Wo Wirklichkeit gleichbedeutend wird mit dem unumstößlich Feststehenden, ist alles Wahrnehmen und Ernstnehmen des Erlebten a priori vorbestimmt durch eine ganz bestimmte Wirklichkeits*vorstellung*. Sie bedingt eine Kritik der Erkenntnis, die nur gelten läßt, was sich der bestehenden Ordnung der Begriffe einfügt. Das ist die *theoretische* Folge der Zentrierung im Ich. Die *praktische* zeigt sich darin, daß der Mensch seine eigentliche Wirklichkeit nur unter dem Gesichtspunkt sieht, daß er – und so auch seine gesamte Lebens- und Bewußtseinsordnung – besteht, d. h. nicht gefährdet, umgeworfen, verändert oder aufgelöst wird. So wird der *Bleibewille,* die »Gerichtetheit auf Dauer«, zum Grundprinzip des erkennenden, wertenden, handelnden und gestaltenden Lebens, sofern der Mensch in seinem Ich zentriert ist. Dieses

Bleibenwollen unter allen Umständen, dieser Widerstand gegen Veränderungen, Verwandlung und Sterben ist also »natürlich«. An diesem Widerstand bricht auch das Leiden am Vergänglichen auf. Der Tod ist dann der natürliche Erzfeind des Menschen, wie umgekehrt der Drang nach Sicherheit, Geltung und Macht seine natürlichen Triebfedern sind. Sie aber stehen im Gegensatz zum Leben aus dem Wesen; denn vom Wesen her ist der Mensch auf *Verwandlung* gestellt. Da aber der Mensch nur kraft seines Ichs ein Mensch wird, ist sowohl das mit seinem Widerstand gegen den Tod wie das mit seinem Gegensatz zum Wesen verbundene Leiden notwendig und nimmt in dem Maße zu, als der Mensch sich mehr und mehr im Ichpol verankert.

Sowohl theoretisch wie praktisch steht die Wirklichkeit in der natürlichen Sicht auf den Vorstellungen von *Raum* und *Zeit*. Begriffen in den Gegensätzen von »hier und dort«, »vorher und nachher«, haben sie als Kategorien der natürlichen Wirklichkeitsauffassung aber auch ihrerseits einen Sinn nur mit Bezug auf den nur in der Imagination des Menschen bestehenden Ich-Punkt bzw. mit Bezug auf vom Ich fixierte »Punkte«. In dem Maß, als das Ich mit seinen Projektionen und den von ihm fixierten Wirklichkeitsgestalten zurücktritt, verschwinden auch Raum und Zeit in dem vom Ich her verstandenen Sinn. Aber sich und die Welt im Sinne solcher Fixationspunkte gegreifen zu müssen gehört zur Eigenart des Menschen. Es ist ein Ordnungsprinzip seiner natürlichen Weltsicht und bildet damit die Voraussetzung wie das Medium seines natürlichen Lebens und so auch eine Quelle seines unabdingbaren natürlichen Leidens.

Der natürliche, am Feststehenden orientierte Mensch begreift auch die Wirklichkeit des objektiven Geistes als ein Gefüge vollkommener Gestalten, deren Gültigkeit, d. h. Vollkommenheit, darin besteht, daß an ihnen nichts mehr zu ändern ist. Und es ist nur natürlich, daß in einer so begriffenen Wirklichkeit des Geistigen alles, was da nicht hineinpaßt, »nichts gilt«, so alles Irrationale, das wie Wetterleuchten das rational Begreifbare umzuckt und die Unheimlichkeit begründet; denn heimlich ist nur das, worin man sich auskennt. Es träumt der im Ich polarisierte Mensch immer von einer Vollkommenheit statischer Prägung. Als Ende und Gipfel dieser

Entwicklung auf Erden aber schwebt, die Wahrheit des *Lebens* ins Dunkle verdrängend, dem natürlichen Menschen das lichte Gebäude einer Welt vor, die man meistert und die nicht mehr gefährlich ist, weil man sie restlos beherrscht. Das Paradies aber wird vorgestellt als Ort ewiger Ruhe, in der es keine Spannung, keine Disharmonie, keine Gefährdung und keine Verwandlung gibt.

Wo der Ausbau der Ichwelt zum vorherrschenden Prinzip des Lebens und alle Erfüllung des Menschen nur in ihr gesucht wird, muß sie, weil sie sich gegen die Quellen des Lebens verschließt, zur Erstarrung führen und ist verurteilt, einmal zu zerbrechen. Und dieser Augenblick kommt um so gewisser, als der Mensch – und das ist ein weiteres Charakteristikum dieser Wirklichkeitsauffassung – mit der fortschreitenden Verankerung im Ichpol in den Wahn seiner Autonomie gerät. Gewiß, in der Welt, in der er sich auskennt, ist er, theoretisch wie praktisch, weitgehend Herr in seinem Haus. Sie ist als Bedeutungsgefüge aus seiner Weise, zu erkennen und zu ordnen, entstanden, und er kann sie mit eben den Mitteln weitgehend bewältigen und meistern, mit denen er sie gebaut hat. So glaubt er schließlich, alles aus eigener Kraft meistern, verstehen und werten zu können, und am Ende versteht er sogar Gott in seinem Sinn.

Wenn der Lebensgrund nur noch durch den sich mehr und mehr verengenden Kanal eines Ich-Gegenstandbewußtseins ins Bewußtsein sickern kann, verliert er im Menschen seine ursprüngliche, schöpferische, ordnende und erlösende Kraft. Und dann kommt der Augenblick, wo der Mensch einen ihm unverständlichen Albdruck verspürt, wo ihm die Lebensluft ausgeht und es ihn würgt. Erst dann wird er bereit, die mahnenden Stimmen und Zeichen des anderen, des eigentlichen, aber vernachlässigten Pols seines Lebens ernst zu nehmen. Das aber ist von einem bestimmten Stand der Entwicklung ab die Situation des Menschen überhaupt und in besonderem Maße die Situation des westlichen Menschen unserer Tage.

Immer wieder erleben wir es, daß Menschen, die, angelangt auf dem Gipfel ihrer Macht, im Vollgefühl ihrer physischen Kraft, sich frei dünkend von Verfehlungen und eingebettet in ein sogenanntes glückliches Familienleben, sich befallen fühlen von unbegreifbaren Gefühlen der Angst, Schuld und Leere.

Sie gehen daran zugrunde, es sei denn, daß sie endlich die mahnenden Stimmen des Wesens vernehmen und bereit werden, seinem unabweislichen Anspruch zu genügen, das »natürliche Leben im Ich« in der »Existenz aus dem Sein« zu verankern.

Das ist das Eigenartige, daß in dem Maße, als der Mensch die Welt von sich selbst abhängig wähnt, er von der mit seinem Ichselbst geschaffenen und geordneten, organisierten, technisierten und schließlich mechanisierten Welt gefangen und funktionalisiert wird. Genau also in dem Maße, als sich der Inhalt des Lebens für den Menschen auf das reduziert, was er von seinem Ich her erkennt und beherrscht, versklavt es ihn. Die Freiheit, die er auf seine eigene Kraft zu gründen sucht, erweist sich als Irrtum, der ihn zum Gefangenen dessen macht, was er vermeintlich beherrscht. Die Freiheit in und von der Welt gewinnt der Mensch nur aus der Einfühlung mit einem überweltlichen Sinn und der Bindung an eine überweltliche Ordnung.

Es gibt auch ein Ausmaß von Sichauskennen, das den Geist verödet, ein Ausmaß an Sicherheit, das, weil es das Wagnis des Lebens aufhebt, unerträglich wird, und ein Ausmaß an organisierter Befriedigung weltlicher Bedürfnisse, das erstickend wirkt. Alles Anlässe, die etwas Neuem den Boden bereiten.

In dem Maße, als das Netz der Begriffe, mit dem der Mensch die Wirklichkeit einzufangen versucht, immer dichter und fester wird, beginnt er sich aus seinem über das Begreifbare hinausdrängenden Wesen heraus wie gefangen zu fühlen. Und einmal begehrt dann sein Wesenskern in ihm auf. So revoltiert im Menschen von heute oft das vom wahren Leben zeugende Wesen gegen das allzu Geordnete und Festgelegte und schlägt, weil dieses dem immer schöpferischen und auf Verwandlung drängenden Leben widerspricht, sei es dadaistisch, sei es expressionistisch, futuristisch oder auch existentialistisch, um sich: ein einziger großer Protest gegen die wesens- und lebenswidrigen Fixierungen des Ichselbstes.

Damit es aber wirklich zu einer Umkehr kommt, muß der Mensch an die Grenze seiner Möglichkeit im Ichkreis gelangen. Ohne innere Not und echte Notwendigkeit denkt kein Mensch daran, umzukehren. Solange der Mensch sich in seiner alten Haut wohlfühlt, solange das Leben, so wie er es lebt, genügt und solange er glaubt, aus eigener Kraft das Leben meistern zu können, hat er keinen Anlaß, ein anderer zu werden. Wo diejenigen Wertordnungen noch unerschüttert sind, die die Spitze ihrer hierarchischen Ordnung noch mit größter Selbstverständlichkeit in jenem Ich haben, das seine Erfüllung vor allem in einem gesicherten Behagen sucht, und wo die Genüsse des Geistes wie die Beglückung der Seele nur feinere Formen der Ichbefriedigung sind, wo endlich auch hinter dem Glauben an Gott nur die Erwartung des Ichs steht, die Allmacht müsse seinen Wünschen und seinen Vorstellungen von Sinn, Recht und Ordnung entsprechen – ist die Umkehr noch fern. So auch heute überall dort, wo die Welt des objektiven Geistes nur der entspannenden »Erholung« vom gespannten Alltag oder der Enthebung aus dem Schicksalskreis dient und seelisches Leiden nur ernst genommen wird, wo die körperlichen Leidenssymptome die Leistungsfähigkeit in der Welt herabsetzen. So auch dort, wo eine Therapie herrscht, die den Menschen »am Heilwerdenkönnen verhindert, indem sie ihn in eine heillose Gesundheit stürzt«*, kurz, wo unsere Wohlstandszivilisation nur dazu dient, den Menschen im Glauben an die Illusion seiner Wirklichkeitsauffassung zu festigen und zu befähigen, schmerzfrei in seinen Fehlhaltungen zu bleiben und an der Wahrheit vorbeizuleben.

Das dicke Fell, das der sich autonom dünkende Mensch in seiner Selbstgenügsamkeit trägt und das sich bei einigen mit Hartnäckigkeit immer weiter verdickt, ist aber bei sehr viel mehr Menschen, als wir gemeinhin anzunehmen geneigt sind, dünn oder rissig geworden. Sehr viel schneller oft, als man es glaubt erwarten zu dürfen, bricht das ganz andere aus der Tiefe eines sehnsüchtigen und notleidenden Herzens hervor, wenn es nur angerührt wird. So etwa bei denen, die im Krieg, auf der Flucht, in Gefangenenlagern Schwerstes durchlitten, wenn sie nur auf die geheimnisvolle Kraft angesprochen wurden, die sie befähigte, dem Unmenschlichen, das ihnen widerfuhr, ein wahrhaft Übermenschliches entgegenzusetzen und die Hölle zu überleben.

---

* Vgl. Hans Müller-Eckhard: *Die Krankheit, nicht krank sein zu können*, Ernst Klett Verlag, Stuttgart 1955.

Manch einer bewahrt in der Tiefe seines Herzens die Erinnerung an Sternstunden in dunkelster Zeit, in denen ihn ein
überweltliches Licht erleuchtete und eine überweltliche Kraft
ihn auffing. Die Erfahrung des Wesens, die aller echten Wandlung vorangeht, ist heute in einem sehr viel höheren Maße
vorhanden, als man gemeinhin weiß. Es bedarf oft nur eines
kleinen Anstoßes, einer Bestätigung ihrer Wahrheit durch den
Mitmenschen, und ihr Unverlierbares bricht mit erschütternder
Gewalt hervor. Aber freilich, solange der ältere Bruder nicht
da ist oder nicht wagt, seiner Bestimmung als Mitmensch zu
genügen, dem anderen Partner, Helfer und Genosse auf dem
Weg in die Wahrheit zu sein, so lange bleibt meist alles ganz
im Verborgenen, bleibt verschüttet und wirkt sich nicht aus.
Denn das Aufbrechen des Wesens im Menschen, darin er teilhat an einem höheren Sein, *vollzieht* sich zwar immer nur in
der Verborgenheit des einzelnen Herzens, sein Aufblühen aber
bedarf des Widerhalls und Einklangs der Seelen. Im Grunde
ist dieser zwar immer vorhanden, für den Menschen aber wird
er wirklich und fruchtbar nur dort, wo er als Anruf und Antwort vom Du zum Du hervortritt. Während nun noch vor kur-
zem das Ergriffensein von Wesenserfahrungen ein seltenes
Ereignis war, nicht mehr als ein einzelner, ins Rollen gekom-
mener, weil lose sitzender Stein, den eine Bewegung aus der
Tiefe erschütterte, so hat es den Anschein, als käme mit immer
wachsender Schnelligkeit die ganze versteinerte Kruste in
Bewegung, die die Hypertrophie des Ichstandes über das
wahre und dem Menschen eigentlich zugedachte Leben hat
entstehen lassen. Überall zeigen sich Risse, und die Zeit
scheint nicht mehr fern, in der ganze Halden von Geröll ins
Rutschen kommen und das Urgestein des Seins, das Leben in
seiner eigentlichen Substanz und Form, im Menschen sichtbar
zu werden beginnt. Und darum ist es heute an der Zeit, daß
diejenigen, denen die Erfahrung der anderen Wirklichkeit
zuteil wurde, ohne Rücksicht auf den Vorwurf der Unwissen-
schaftlichkeit und auch ohne Angst vor Mißverständnissen bei
denen, für die alle übernatürliche Erfahrung, die echte Wandlung herbeiführt, ausschließliche Domäne der Hüter des überlieferten Glaubens ist, sich zu diesen Erfahrungen bekennen,
treu zu ihnen stehen und für sie Zeugnis ablegen.
Die Wahrheit, um die es da geht, ist freilich nicht von der

Art, deren Erkenntnisgrundlagen man rational beweisen und feststellen kann, sondern eine, die man nur aussagen (heraussagen) und bezeugen kann. Während aber alle rationale Erkenntnis für die Richtigkeit ihrer Ergebnisse den *consensus omnium* in Anspruch nehmen kann und die Wahrheit der Religion an den *Glauben* appelliert, appelliert diese Aussage ausschließlich an die *Erfahrung*. Dies bedeutet nun freilich, daß das Verständnis für das Gesagte immer von der *Erfahrung* des anderen abhängt. So nimmt, wo es um die Wahrheit über den Menschen und sein Wesen geht, mit der Tiefe der Erkenntnis die Zahl derer ab, die noch verstehen, wovon da die Rede ist. Doch es lebt die Erfahrung, um die es da geht, als Verheißung vom Wesen her in der Sehnsucht des Menschen. Ja, sie ist im Grunde das, worauf all unser Verlangen nach Glück und Frieden, nach Freiheit und Sinn zielt. Und weil diese Erfahrung, wenn auch verschüttet, unerkannt oder abgewertet, sehr viel häufiger gemacht wurde und wird, als man gemeinhin annimmt, und ihr Gehalt nur darauf wartet, ins Innesein zu treten, ist die Wahrscheinlichkeit des Verstehens viel größer, als es auf den ersten Blick zu sein scheint.

IV

Es gibt im Leben des Menschen Augenblicke, die in besonderem Maße aus dem gewöhnlichen Wellengange des Lebens herausragen, Augenblicke der Höhe, des Besonderen, die licht sind, und abgründige Augenblicke, die dunkel sind. Es gibt Augenblicke des jubelnden Überschwangs, die uns zu zersprengen drohen, und Augenblicke des ergriffenen Staunens, in denen uns das Fragen vergeht. Es gibt Augenblicke einer uns zu Tränen treibenden Rührung, die unsere wohlgepflegte Haltung dahinschmelzen lassen, und Augenblicke der Erfüllung und der Stille, in denen wir uns am Ziel unserer Wünsche angelangt wähnen. Wohl kann es über solchen Augenblicken dann und wann wie ein Widerschein aus einer anderen Welt liegen, der Schimmer einer Fülle, einer Ordnung oder einer

Einheit, die uns ansonsten versagt scheint. Und doch sind das alles noch keine wirklichen Wesenserfahrungen. Sie sind es so lange nicht, als es sich hier nur um Superlative natürlicher Erlebnismöglichkeiten handelt, die unsere wohlgefügte Lebensordnung aber doch nicht in Frage stellen. Solche Erlebnisse mögen in ihrer Gewalt und ihrer Tiefe zwar auch schon das gewöhnliche Maß überschreiten, und doch bricht in ihnen das »Große Leben« noch nicht so hervor und in uns ein, daß es uns über den Augenblick hinaus das Konzept unseres alten Lebens zerstörte. Wo das Wesen selbst einmal wirklich ins Innesein quillt, sind wir berührt, betroffen und gepackt von etwas ganz anderem. Sei es, daß es uns mit sanfter Gewalt oder aber mit einem gewaltigen Umschwung für all unser Erkennen und Handeln die Basis entzieht, auf der wir bislang dahinlebten, es hebt uns in eine andere Verfassung, in der eine Wirklichkeit ganz neuer Art und Valenz in uns und um uns auftaucht. Erschüttert und beglückt stehen wir auf einem ganz neuen Boden.

Echte Wesenserfahrungen treten auf sowohl im Gefolge von Leidenserfahrungen, in denen die Seele durch die dunklen Tore der großen Ungewißheit und Angst, der Empörung und Verzweiflung, der Einsamkeit und Leere zu schreiten hat. Es gibt sie aber auch in uns plötzlich ergreifenden Wellen des Glücks, der Stille, des Lichtes und der Wärme, wo das Alltägliche selbst sich zum Wunder verwandelt. Ein Glitzern im Tau, ein Strahl aus dem Auge eines Menschen, ein Stolpern über einen Stein – und mit einemmal befinden wir uns wie aufgehoben in einer Ruhe, einem Licht und einer Wärme, die nicht von dieser Welt sind. Das Wunder der Wunder breitet sich in uns aus und durchflutet uns als alles durchdringende Wonne.

Zu Wesenserfahrungen kommt es vor allem in Stunden der Erschöpfung, dort, wo wir an der Grenze der eigenen Macht angelangt sind, an der Grenze unserer Fähigkeit, zu erkennen, zu bewältigen, zu lieben – und, mürbe geworden, bereit, uns einem anderen zu öffnen.

Wesenserfahrungen werden dem Menschen geschenkt in den wie von der Morgenröte eines neuen Tages erglänzenden Zeiten des Umbruchs, wo in ihm, im Zuge des Reifens, mit einemmal eine neue Sinnebene aufgeht.

Wesenserfahrungen gibt es im hellwachen Zustand wie auch

in Dämmerstunden des Bewußtseins oder im Traum, wo das Ich schläft, die Seele aber wach ist und der Mensch durch unbegriffene Bilder ins Offene schaut und das Übernatürliche, nicht mehr verstellt durch das Gitterwerk der Begriffe, hervorleuchten kann.

So mannigfaltig also sind die Anlässe und Möglichkeiten von Wesenserfahrungen. Sie scheinen unabhängig vom *Inhalt,* nur abhängig von einer besonderen *Verfassung.* Ich will versuchen, an einigen Beispielen die Eigenart der Wesenserfahrungen und der sie ermöglichenden Verfassung anzudeuten. Es sind Beispiele zu jenen Wesenserfahrungen, die dem Menschen geschenkt werden, wo er in einer letzten Not seines Lebens sich in der rechten Weise fallen läßt und in der Anheimgabe die Grenzen seiner natürlichen Lebensordnung überschreitet.

Dreierlei Not umwittert immerzu das natürliche Dasein: Die Bedrohung unseres Lebens durch die *Gefährlichkeit* des natürlichen Daseins, die uns Angst macht. Diese Not steht im Widerspruch zum Drang aller Wesen, einfach zu *leben.* Im natürlichen Bewußtsein stiftet dieses den Willen, zu bestehen und zu überdauern.

Die *Sinnwidrigkeit* und *Ungerechtigkeit* des Lebens, die uns zur Verzweiflung treibt. Diese Not steht im Widerspruch zum Drang aller Wesen nach vollendetem *Sosein,* der sich im natürlichen Bewußtsein als das Streben nach Vollkommenheit äußert.

Die *Grausamkeit* des Lebens, die uns in Einsamkeit, Leere und tiefste Traurigkeit wirft. Diese Not steht im Widerspruch zum Drang aller Wesen nach sie rundendem, einbettendem und bergendem *Ganzsein.* Dieser Drang erscheint im natürlichen Bewußtsein als Streben nach liebeerfülltem Kontakt und nach Gemeinschaft.

Wo diese oder jene Grundnot des Daseins unausweichlich über uns kommt, Vernichtung uns bedroht, Sinnlosigkeit und Schuld uns in tiefe Verzweiflung stößt oder uns in letzter Einsamkeit der Lebensatem stockt, besteht dort, wo es ausweglos ist, die Chance für das plötzliche Aufbrechen des in uns lebendigen *ganz anderen.* Aber nur unter einer Voraussetzung: daß wir – und das ist das Entscheidende – das unsere natürlichen Lebenswünsche zerschlagende *Nein* akzeptieren. Dann kann das Wunder geschehen: Das Aufklingen einer Kraft, eines Sinnes, einer Geborgenheit von ganz woandersher, aus jener Tiefe, die jenseits aller Vernunft, jenseits aller rationalen Erwartungen, jenseits aller natürlichen Hoffnung aufbricht. Es *kann* das Wunder geschehen, *wenn* der Mensch loszulassen vermag, was sein Halt war, und sich fallenzulassen und anheimzugeben vermag in eben das, was für sein Ich das *Nichts* ist: in den weiselosen Abgrund . . .

Wie viele haben einmal in ihrem Leben die Nähe des Todes erfahren, aber auch daß in dem Augenblick, in dem die Angst auf ihren Höhepunkt kam, weil die *Vernichtung* unausweichlich schien – wenn sie nur jetzt die eigene Ohnmacht und somit den Tod hinnahmen –, die Angst wich und einer angstlosen Ruhe des Herzens Platz machte, einer Ruhe, aus der ein geheimnisvolles Wissen sprach, in einem tieferen Kern dem Zugriff des Todes entzogen zu sein. Sei es in angstvoller Nacht, auf dem Höhepunkt einer Krankheit oder auch in einer Situation, in der die Vernichtung nicht unser physisches, sondern unser gesellschaftliches Leben betrifft – wenn wir es nur »annehmen«, *kann* immer das gleiche geschehen: Wir fühlen uns plötzlich von einem anderen Boden getragen, aus einer anderen Quelle gespeist, in unbegreifbarer Weise unantastbar und unzerstörbar. Ein Gefühl der Kraft, die uns zu allem zu befähigen scheint, aber nicht aus uns selbst kommt, erfüllt uns, ein Gefühl neuer Lebensfülle, die im paradoxen Widerspruch steht zur Preisgabe des soeben noch angstvoll gehüteten Lebens, und ein völlig unverständliches Gefühl gelassenen *Vertrauens.*

Welcher Art aber ist die Sicherheit, die hier den Menschen mit einemmal trägt und auf dem Höhepunkt natürlicher Bedrohung eintritt? Die Antwort auf diese Frage ist von weittragender Bedeutung. Die Sicherheit, die hier erlebt wird, ist etwas grundsätzlich anderes als die Sicherheit, die mit unserer Macht und unserem Können zusammenhängt. Es ist eine Sicherheit, die – und das ist bezeichnend für alles, was aus dem Sein kommt – *jenseits der Gegensätze* ist, hier also jenseits des Gegensatzes von Sicherheit und Unsicherheit »in der Welt«. Es ist eine Kraft, die weder ursächlich erklärbar noch »auf etwas« bezogen ist, sondern wir stehen ganz einfach »in der Kraft«. Die *Gewißheit,* die uns erfüllt, ist jenseits des Gegensatzes von Gewißheit und Ungewißheit, die mit unserem menschlichen Wissen zusammenhängen. Wir stehen »in der Gewißheit«. Und das Leben, das wir *jetzt* fühlen, ist jenseits des Gegensatzes von »Leben und Tod«, in dessen Zeichen wir unser natürliches Dasein spannungsvoll leben.

Die Präsenz des hier in uns aufbrechenden anderen Lebens ist so überzeugend, mächtig und evident, daß sie uns jedenfalls für diesen Augenblick mit der Fraglosigkeit eines uns tragenden und in uns lebendigen Seins beglückt, die, gemessen an der Erklärbarkeit aller natürlichen Daseinskraft und Lebensgewißheit durch Besitz, Gesundheit, Geltung, Können, Wissen und Macht, ein *Wunder* ist.

Bedeutet dies nun, daß die in solchen Wesenserfahrungen begründete Einsfühlung mit dem Sein, wenn sie zu einem treu tragenden Grund wird, den Menschen endgültig vom Leiden befreit, in das der natürliche Mensch durch die all sein Dasein umwitternde Gefährlichkeit, Sinnwidrigkeit und Grausamkeit gestürzt wird? Gewiß nicht. Solange der Mensch Mensch bleibt, leidet er unter den Nöten seines natürlichen Daseins in dieser Welt. Ja, der im Sein Verankerte *vermag* noch weit tiefer am Dasein zu leiden als der, der noch nicht sein Wesen erfuhr. Ich erinnere mich an die Begegnung mit einem wahrhaft abgeklärten alten Mann, dem Abt eines kleinen Zen-Klosters in den japanischen Bergen. Sein Sohn war im Kriege gefallen. Ich wagte die Frage, wie das denn für ihn gewesen sei, als ihn die Nachricht vom Tode seines Sohnes erreichte. Gelassen gab er zur Antwort: »Acht Tage nicht gegessen und geschlafen vor Schmerz!« Und dann ging ein leises Lächeln über seine Züge, als wollte er mir sagen: »Nun meint der Mann aus dem Westen wohl, es sei doch nicht so weit her mit der todüberlegenen Gelassenheit des Ostens! Doch so ist sie nicht gemeint. Einsfühlung mit dem Sein, die volle Gegenwärtigkeit des uns im Wesen ausmachenden überweltlichen Größeren Lebens, macht uns nicht unfähig, im kleinen Leben zu leiden, sondern im Gegenteil, es befähigt uns erst im vollen Ausmaß dazu.« Und so ist das wirklich: Erst die Einsfühlung mit dem überweltlichen Sein befähigt den Menschen, den Kelch des Leidens an dieser Welt vollends zu leeren. Je ferner der Mensch noch vom Sein, je befangener in seinem Ich, um so weniger kann er das Leiden zulassen. So ist er dauernd dabei, den Tod, den Widersinn und die Einsamkeit, die unabdingbar zum Dasein in dieser Welt gehören, zu verneinen und mit untauglichen Mitteln zu bannen, zu verdrängen und zu überspielen. Erst im Zuge der Integration mit dem Wesen, also im Fortschritt wahrhaften Reifens, wächst die Kraft, aus der unbewegten Mitte des Seins die Schläge des Schicksals wie alle Nöte des Daseins als das hinzunehmen, was sie der Wahrheit nach sind: Quellen des Leidens! Nur das ist der Unterschied: Für den dem Sein noch Verschlossenen verdunkelt die Leidensfülle den Sinn. Für den vom Sein einmal wirklich Berührten kommt aus dem Leiden eine Kraft und ein Antrieb, sich dem Sein immer tiefer zu öffnen. Den einmal zum Wesen Gelangten läutert das Leiden vom Ich, erleuchtet ihn und öffnet ihn dem Sein immer mehr, während es den im Ich Befangenen verbittert, verdunkelt und immer mehr in seiner Abgekehrtheit vom Wesen verhärtet.

Wesenserfahrungen von anderer Qualität können uns widerfahren, wo uns ein Widerspruch zum Seinsollenden, zu Ordnung und werthafter Gestalt, zu Gerechtigkeit und Wahrheit in totale Ausweglosigkeit wirft. Ich greife aus diesem Bezirk nur zweierlei heraus: die Verzweiflung an der *Ungerechtigkeit* der Welt und die Verzweiflung angesichts unaufhebbarer *Schuld*.

Wen wirklich einmal die Ungerechtigkeit der Welt völlig zusammengeschlagen, ihm den Boden sinnvollen Daseins entzogen und ihn an die Grenze des Wahnsinns getrieben hat, kommt in einen Zustand, der ihn, das ist die natürliche Reaktion, in Verzweiflung und Empörung hineintreibt. Ist er dann aber fähig, sich selbst wie den aus seinem Ich kommenden Anspruch auf Gerechtigkeit, vor allem aber seine Ich*vorstellung* des Seinsollenden fallenzulassen, *kann* er es erleben – und hat nicht vielleicht jeder von uns einmal einen Hauch davon verspürt? –, daß er mit einemmal sich wie aufgefangen fühlt von einer tieferen Ordnung, in der er mit seiner Not völlig eingeordnet ist in den Zusammenhang eines tieferen Sinns. Er hört gleichsam ganz in der Tiefe und wie von ganz woandersher ein: »Alles ist in Ordnung – genau so wie es ist.« Das aber ist das Erlebnis eines Sinnes und einer Ordnung, die völlig jenseits des Gegensatzes von Ordnung und Unordnung, Sinn und Widersinn ist, wie wir es mit unserem natürlichen Begriffsvermögen verstehen.

Wir können es hier dann *erfahren,* wie an der Grenze des Begreifbaren, wenn wir nur fähig sind, den Vers, den wir uns aufs Leben machen, und alle Vorstellungen, die wir von ihm haben, fallenzulassen, ein Unbegreifbares in uns aufgeht und uns in eine ganz neue *Klarheit* stellt. Das aber ist nicht eine »Klarheit über etwas«, so wie es sie im natürlichen Verstand gibt, sondern *Klarheit als Zustand.* Wir stehen dann »*in der Klarheit*«. Es ist so, als wäre gerade das, was für unseren Verstand das Dunkle ist, nun selber das Licht einer höheren Vernunft, und als wäre gerade die Erfahrung, in der alles Fragen *verstummt,* die Erfahrung eines *Fraglosen,* das fraglos ist, *weil* es kein Fragen mehr zuläßt und eben darin eine Antwort auf alles ist. Das Fragen verstummt, und im stummen Jubel des Schweigens, das uns durchwaltet, ist aller Zweifel geschwunden und ein neuer *Glaube* geboren, an den kein Zweifel herankommt, weil in seinen Grund kein Zweifel hineinreicht.

In der Vernichtung und Preisgabe des Wertes, den wir uns im natürlichen Bewußtsein zumaßen, in der Preisgabe der Gestalt, die wir glaubten halten zu müssen, im Fallenlassen des Glaubens an die Achtung der Welt vor den Werten, wie wir sie begreifen, fühlen wir uns plötzlich als Träger eines ganz anderen Inbildes und als Teilhaber an einer anderen Ordnung, deren Evidenz ebenso eindeutig ist wie ihre Würde unantastbar. Und mit einem Schlage können wir dann auch in den uns enttäuschenden Ordnungen der »Welt« nur noch die Verhüllung eines Sinnes erblicken, der aus ihrer Ungerechtigkeit und Sinnwidrigkeit nicht weniger spricht als aus dem, was wir mit unserer natürlichen Vernunft als gerecht und sinnvoll empfinden.

Eine andere Weise, den Verstoß gegen das Seinsollende als eine ausweglose Situation zu erleben, liegt in dem Gefühl unaufhebbarer *Schuld.* Dieses Gefühl der Schuld hat seine flachste Form dort, wo der Mensch sich schuldig für etwas fühlt, das er auch hätte unterlassen können. Seine Tiefe aber gewinnt das Gefühl der Schuld erst dort, wo der Mensch einmal in vollem Ausmaße und mit tiefem Erschrecken erkennt, daß er schuldig auch dort wird, wo er nichts dafür kann. Die meisten freilich können Schuld nur dort anerkennen, wo der Mensch »etwas dafür kann«, während dort, wo er nichts dafür kann, sei es, weil er es nicht besser wußte oder aus psychologischen Gründen nicht anders konnte, von Schuld doch keine Rede sein könne. Aber das Schuldgefühl, das uns bewegt, wo wir auch anders hätten handeln können, reicht nicht an jenes Bewußtsein von Schuld, das uns dort überkommt, wo wir erkennen, daß wir unbewußt und ungewollt, aber unaufhebbar etwas angerichtet haben, das dem in einem tieferen Sinne Seinsollenden widerspricht. Aber was wissen wir Menschen davon, wo das der Fall ist? Vielleicht werden wir dauernd schuldig, ohne es auch nur zu ahnen! Erst wo endgültig die Fragwürdigkeit auch dessen aufgeht, was wir wohlmeinend und nach bestem Wissen und Gewissen tun oder jemals getan haben, und so die Frage der Schuld in ein auswegloses Labyrinth führt und wir nur wissen können, daß wir vielleicht immerzu schuldig werden, vielleicht auch gerade dort, wo wir wohlmeinend helfend einen anderen um ein ihm zustehendes Leid bringen oder dieses abkürzen, erst dort sind wir *reif, das Tor nach innen zu öffnen.* Erst jetzt sind wir reif, einem Fraglosen in uns Raum zu geben, das uns mit unserer von uns selbst unaufklärbaren und unaufhebbaren Schuld aufnimmt.

Das alles gilt aber nur für den, der es wirklich vermag, die Abgründigkeit des Schuldproblems an sich selber in einem Ausmaß zu erfahren, das geeignet ist, ihm jeden natürlichen Grund und Boden zu rauben. Dann nur kann ihm diese vielleicht geheimnisvollste aller Erfahrungen des Seinsgrundes zuteil werden als einer Macht, die uns diese Schuld liebevoll abnimmt, ohne uns freilich von der Verantwortlichkeit für das weiterhin zu Entscheidende zu entbinden. Dann erwächst eine Grundgestimmtheit der Seele, die dem Menschen auch in allem Versagen Trost gibt, ohne daß er sich aber je aus seinem Auftrag entlassen fühlt, sich in der Welt als Zeuge des Überweltlichen zu bewähren. Ja mehr noch: erst im Ahnen einer uns unfaßbaren Ordnung des Seins wird uns unser Versagen in der Welt in seiner ganzen Tiefe erst fühlbar. Und nun erst werden wir uns auch der Tiefe unserer Verantwortung gegenüber dem in uns lebendigen und durch uns auf Bezeugung in der Welt drängenden Sein voll bewußt. Und so wird hier etwas sichtbar, das für alle echten Wesenserfahrungen gilt: das in ihr erfolgende Erwachen eines neuen, absoluten *Gewissens.*

Tritt also in den Wesenserfahrungen die alle menschliche Vernunft übersteigende Ordnung ins Innesein, so beschenkt sie den Menschen mit einer lichten Heiterkeit des Gemüts, die alles Dunkle durchglänzt, doch zugleich wird sein ganzes Leben in einen tieferen Ernst gestellt, aus dem eine neue Verantwortung spricht. Das ist das Paradoxe im ahnenden Erlebnis der tieferen Ordnung, der wir niemals zu genügen vermögen, daß wir gerade in diesem Erlebnis immer aufs neue verpflichtet werden, uns aus eigener Kraft um das Vollkommene zu bemühen, und daß die mögliche Fruchtbarkeit des Bemühens, sein Segen, zugleich immer wieder abhängt von dem leidvollen Zugeständnis, das Vollkommene nie erreichen zu können. Gerade aus dem Zugeständnis unseres Versagens kommt nicht nur jener Trost aus der Tiefe, der uns befähigt, getrost immer wieder neu zu beginnen, sondern ebenso auch der unabdingbare Auftrag, uns voll verantwortlich um das Unerreichbare zu bemühen.

Die dritte Grundnot dieses Daseins ist die im Alleingelassenwerden aufbrechende *Einsamkeit* mit all ihren Zeichen leidvoller Isolierung, in der nichts mehr antwortet. Es ist die Not des Abgeschnittenen, die der aller Gemeinschaft und Zwiesprache Beraubte erfährt, sei es durch den Tod des Nächsten, den Ausschluß aus einer Gemeinschaft, den Verrat der Freunde oder einfach durch die Verständnislosigkeit der Welt. Auch diese Not kann, wo sie bis zur Neige erfahren wird und wenn der in ihr sich erschöpfende Mensch sie einmal annimmt, das Tor zu einer echten Seinserfahrung werden.

Erst und gerade in der tiefsten Verlassenheit kann der Mensch, wenn er sie annimmt, sich mit einemmal von ganz woandersher aufgefangen und umfangen fühlen in einer Weise, die ihn eine Geborgenheit und ein Verbundensein, ein Einssein und eine Liebe erfahren läßt, die jenseits ist von allen Gegensätzen, welche solche Begriffe in unserem Bewußtsein sonst wachrufen. So wie die in der Wesenserfahrung aufgehende Klarheit nicht Klarheit über etwas war, sondern ein Stehen in der Klarheit schlechthin, so ist auch die hier erfahrene Verbundenheit und Geborgenheit eine Verbundenheit und Geborgenheit schlechthin, die jenseits liegt von Verbundenheit oder Verlassenheit in der Welt. Und so auch ist die hier erfahrene Liebe ein Umfangen- und Durchflutetsein und ein Überquellen schlechthin, in dem der Gegensatz von Umfangen und Umfangenwerden, von Lieben und Geliebtwerden aufgehoben ist. Wir stehen dann ganz einfach und unbegreifbar »*in der Liebe*«. Es ist ein Stehen in der Erfahrung eines Einsseins in und mit dem Grunde, ganz unabhängig davon, wie die Welt zu uns steht. Das ist ein Zustand, der nicht gegründet ist in irgendeiner Gemeinschaft der Welt, sondern ein weltunabhängiges Sichfühlen in der alles übergreifenden Einheit des Seins. Es ist die Erfahrung eines überweltlichen Einsseins im Wesen, das sich in der Liebe zu einem konkreten Du beinhalten kann, aber nicht von diesem her bedingt ist.

Diese drei Momente, das unbegreifbare *Stehen in der Kraft, in der Klarheit* und *in der Liebe,* jenseits aller Bedingtheit und Verständlichkeit, sind für das Ich ein *Wunder.* Es ist ein Wunder, daß im Zusammenbruch der eigenen Macht, im Versinken im Bodenlosen eine andere Kraft und ein anderer Boden, im Preisgeben des Begreifbaren das Unbegreifbare selbst als sinngebender Grund und im Versinken aller Voraussetzungen zum Einssein mit der Welt eine übernatürliche Einheit mit allem sich auftut. Aber es ist eben nicht so, wie das Ich meint, daß die Wirklichkeit dort aufhört, wo das Wunder anfängt, sondern umgekehrt: Die Wirklichkeit, um die es geht, beginnt genau dort sich zu vernebeln, wo das Wunder aufhört, weil das Ich zu begreifen beginnt.

Es fehlt der Raum, weitere exemplarische Beispiele zu geben von Situationen, die in besonderem Maße die Chance zu Seinserfahrungen enthalten. So von Augenblicken, in denen die Erschöpfung an einer Grenze des *Leistens* aufschließt, was jenseits der Grenze ist, Augenblicke des *Wagens,* in denen dem Kühnen an der Grenze der Vernichtung das Unvernichtbare ins Innesein tritt, Augenblicke der *Lösung,* wo dem Erkennenden wie dem Liebenden genau dann, wenn die Spannung zwischen Subjekt und Objekt, zwischen Ich und Du, sich löst, das Einswerden im Säkularen eine Einheit höherer Ordnung aufklingen läßt, und insbesondere Beispiele von Träumen, die eine Wirklichkeit von numinoser Qualität aufleuchten lassen, die so lange verstellt ist, als das begreifende Ich wach ist und sich wieder verhüllt, sobald das Ich zum Begreifen ansetzt.

Hier überall kann mit einem Male eine *Ruhe,* eine *Helligkeit* und eine *Wärme* uns erfüllen, die nicht von dieser Welt sind. Man steht in einer Wirklichkeit, in der die alte versinkt, doch nur um alsbald in einem neuen Glanz zu erstehen, durchsichtig zu einem tieferen, alle Unstimmigkeiten übergreifenden Sinn und zu einer in aller Vielheit und Gegensätzlichkeit hindurchschimmernden Einheit. Es ist, als sei man getragen, durchlichtet und geborgen in der ungeschiedenen Fülle eines unfaßbaren Größeren Lebens und erführe mitten in diesem Leben die Macht, die Ordnung und die Einheit eines ganz anderen Seins. Fragen wir nun zusammenfassend nach den *Bedingungen,* unter denen Seinserfahrungen gemacht werden können, so ist folgendes zu sagen: So gewiß bedeutungsschwere Inhalte, symbolträchtige Gestalten und Bilder in besonderer Weise Träger und Anlaß jener Erfahrung sein können, in der das Sein ins Innesein tritt, so zeigt es sich doch, daß diese letztlich nicht vom *Inhalt* abhängt, den wir erleben, sondern von der *Verfassung,* in der wir ihn wahrnehmen. Jeder Inhalt kann Anlaß zu einer Seinserfahrung werden, wenn der Mensch nur in der rechten Verfassung ist. Was ist das stets Kennzeichnende für diese Verfassung? Daß der Mensch seine Zentrierung im Ich und seine Orientierung an der im Ich verankerten Lebensordnung losläßt, und zwar in einer Weise, die ihn zugleich zum Wesen hin öffnet! Nur wo die Grundachse des natürlichen Lebens, die Spannung zwischen Subjekt und Objekt, ausgelöscht ist oder verblaßt, ist Seinserfahrung möglich. Dem in feststehenden Wirklichkeitsvorstellungen befangenen Ich und seinem fixierenden Blick ist das wahre Leben verschlossen. Nur wo der Mensch loszulassen und zu sehen vermag, als sähe er nicht, vermag er es wahrzunehmen. So auch verändert sich das Wirklichkeitsgefühl, das für das fixierende Ich am *Feststehenden* hängt. Es kommt fortan nur aus dem Innesein eines lebendigen Grundes, der das jeweils Seiende und zu etwas Feststehendem Gewordene immer wieder einschmilzt und in einer fortwährenden Bewegung und Verwandlung hält. Zwar bleibt der Mensch, insofern er als Ich in seiner Welt steht, auch weiterhin am jeweils Feststehenden orientiert, aber er *existiert* mit Bezug auf sich selbst wie auf seine Welt aus dem Innesein eines alles Gewordene von Augenblick zu Augenblick aufhebenden Größeren Lebens, das alles Begriffene unfaßbar übergreift. Dieses unbegriffene Größere Leben immer aufs neue zu bezeugen wird zum Sinn alles Erkennens, Gestaltens und Liebens. Es

106

wird es in dem Maße, als das raumzeitlich und rational orientierte natürliche Ichselbst immer mehr mit dem Wesen verschmilzt und dadurch zum wahren Selbst wird.

V

Der Seinsgrund, der sich im Überschreiten der Ichgrenze auftut, die hier erfahrene *Transzendenz,* ist keine in sich ruhende Wirklichkeit, kein Raum und kein Reich, kein Gefüge und keine begreifbare Ordnung, überhaupt nichts, wovon man sich eine *Vorstellung* machen kann, sondern unbegreifbares, schöpferisches, ordnendes und erlösendes Leben. Es erscheint im Menschen nicht in verstehbaren Bildern und begreifbaren Gestalten, sondern auf Grund einer neuen Gesamtverfassung in einer jedweden Erlebnisinhalt durchwaltenden Qualität von numinosem Charakter und bekundet sich in einer neuen Lebenseinstellung, die nicht bedingt ist von einem gegenständlich begreifbaren Sinn, sondern umgekehrt jeden Gegenstand und Zustand des natürlichen Ichs mit einem tieferen Sinn erfüllt.

Alle Bilder und Gestalten, auch die, die aus dem uneinsehbaren Grunde des Größeren Lebens erstmalig ins Innesein treten, leuchten daher in ihrem wahren Sinn erst auf in dem Maße, als sie selbst wiederum in ihrer Transparenz auf den unbegreifbaren Lebensgrund hin wahrgenommen werden. Und fragen wir, wie sich dieser Lebensgrund selbst im Bewußtsein des ihn erfahrenden Menschen spiegelt, so ist die über die Zeiten und Zonen gegebene Antwort immer die gleiche. Der Widerschein des Seins im Dasein des Menschen weist immer wieder hin auf eine ungeschiedene und quellende *Fülle,* die alles trägt und erneuert, auf einen *Sinngrund,* der alle Vernunft überschreitet, und auf eine allumfassende *Einheit* im Wesen, darin alle Raumzeitlichkeit und Gegensätzlichkeit aufgehoben ist.

Die Große Erfahrung stellt den Menschen in die ungeschiedene Fülle des Seins, die jenseits ist aller Bilder und Begriffe.

Gerade *in* ihrer Unbegreifbarkeit wird sie erfahren als der alles Begreifbare und Sichtbare tragende *Boden,* als der alles hervorbringende *Quellgrund,* als eine dem Menschen sich schenkende *Mächtigkeit* aus dem Grunde, die etwas völlig anderes ist als der Inbegriff aller Macht, die dem Menschen kraft eigenen Vermögens Sicherheit in der Welt gibt, also nichts mit dem zu tun hat, was der Mensch als solcher hat, weiß oder kann. Nur aus diesem unbegreifbaren Grunde kommt auch jenes *Urvertrauen* und jener *Urmut* zum Leben, der durch keinen Schicksalsschlag und kein Versagen in Frage gestellt werden kann. So wie das Urvertrauen des Kindes vor aller Erfahrung liegt, so handelt es sich auch hier um ein nicht von der Welt her bedingtes Vertrauen. Und wo einmal das ursprüngliche Urvertrauen in das Leben in der Kindheit zerstört wurde, kann es nie mehr durch eine von der Welt her bedingte Sicherheit, sondern nur durch eine Wiedererfahrung des Grundes neu aufgehen.

In der Großen Erfahrung tritt, zweitens, in das Innesein eine unergründbare lebendige Ordnung, deren Sinn jenseits ist von dem Sinn oder Unsinn der Welt. Geht der Sinn der Tiefe ahnungsvoll auf, dann ist der Mensch alsbald erfüllt vom Mysterium einer unfaßbaren Fülle unendlichen Wertes, die als eine allem zugrunde liegende Ordnung inbildlicher Seinsgestalten aller raumzeitlichen Ordnung vorgegeben, aber zur Verwirklichung in ihr aufgegeben ist. Vor allem aber erfährt hier der Mensch die wesenhafte Individualität seines eigenen Kerns. Er erfährt ihn als Auftrag zu einem Weg, der nicht von der Welt her bestimmt ist, sondern die ureigene Teilhabe am Seinsgrund spiegelt und bezeugt. In diesem Auftrag ist nichts festgelegt und doch ein Weg angelegt, dessen Sinn, wohin er auch immer in der Welt führen mag, die Manifestation des Seins im Dasein ist. Der in der Großen Erfahrung zur Fühlung mit der Ordnung des Seins Gelangte schreitet auf ihm voran, ohne zu wissen und doch ohne zu zweifeln; so wie der alte indische Spruch es besagt: »Nicht wissend den Weg, geh' ich den Weg – mit geöffneten Händen – mit geöffneten Händen.« Doch der auf diesem Wege weiterschreitende Mensch bezieht, was immer er sieht, denkt und gestaltet, insgeheim auf die sein Innesein von sich und der Welt durchwirkende Ordnung des Lebens, aus der er in dem Maße herausfiel, als er

sich als »Ich« zum Maßstab der Dinge und Werte empor-
schwang.

In der Großen Erfahrung tritt drittens eine allumfassende
Einheit ins Innesein, die sich als Liebe bekundet. Das hier uns
Umfangende, dieses Sich-zu-Hause-Fühlen in der Heimat des
Grundes, in der alles mit allem im Wesen verbunden ist, hat
nichts zu tun mit all jenen Formen des Einswerdens und der
Gemeinschaft der Welt, in denen und auf die hin der natürliche Mensch lebt. Und doch sind die Weisen, in denen Geborgenheit und Verlassenheit, Einssein und Getrenntsein vom
natürlichen Menschen erfahren werden, der noch nicht zur
Einsfühlung mit dem Sein gelangt ist, allesamt nur Weisen, in
denen sich die Einheit des Grundes im Medium des Ichs kund-
tut. Wo sie selber aber einmal ins Innesein tritt, übergreift sie
in der sie bekundenden Liebe alle Gegensätze von Liebe und
Haß, von Einssein und Getrenntsein in der Welt.

Erst die Wesenserfahrung, die Erfahrung der Teilhabe am
Sein, bringt den Urtrieben alles Lebendigen im Menschen die
eigentliche Erfüllung. Alles Lebendige zielt darauf, zu bestehen im *Dasein,* zielt darüber hinaus auf die Vollendung seiner
Besonderheit, also auf ein bestimmtes *Sosein,* und drängt auf
ein *Ganzsein* in sich und in allem. Im Medium des Ichs verwandeln sich diese Urtriebe in den Willen zu einem gesicherten Bestand in der Welt, zu einer feststehenden, weil in sich
voll-endeten Gestalt, und zu einer gesicherten Gemeinschaft.
Jenseits aber des Ichs liegt die Erfüllung, die die Sicherheit im
Fraglosen, die Vollkommenheit in der Wandlung und das
Ganzsein in der Liebe erfährt, die unbedingt ist.

So heben Seinserfahrungen das, was der im Ich verankerte
Mensch als Lebensbasis, als Sinn und Einheit sucht, auf in
etwas ganz anderem. Und auf dieses ganz andere kommt es in
der Großen Erfahrung an! Sagt man also gemeinhin, für das
mystische Wandlungserlebnis seien charakteristisch die Raum-
zeitlosigkeit, die Entbilderung und Leere und die alle Gegensätze aufhebende Einheit, so ist dies wohl zutreffend. Der
Mensch fühlt sich in der Tat herausgehoben aus Raum und
Zeit, wird ledig der ihn beherrschenden Bilder und Gedanken
und auch aller ihn leidvoll spannenden Gegensätzlichkeit.
Aber träfe diese Beschreibung schon das Ganze der Wesenserfahrung, so wäre nicht einzusehen, wieso der Mensch von ihr

so ergriffen werden könnte, daß er nichts anderes mehr wünscht, als ganz und gar aus ihrem Quellgrund verwandelt zu werden. Mit solchen Angaben werden nur formale Züge erfaßt, nicht aber der eigentliche Gehalt. Er aber ist das Entscheidende. Nicht die Raum- und Zeitlosigkeit als solche, sondern das in ihr aufgehende überraumzeitliche *Leben,* nicht die Entbilderung und Leere, sondern die in ihr aufklingende ungeschiedene *Fülle* des Seins, nicht das Wegfallen aller Ichordnung, sondern das Auftauchen einer alles durchwaltenden und übergreifenden *Ordnung,* nicht das Zurücktreten aller Gegensätzlichkeit als solcher, sondern das *Bergende,* Beheimatende, Aufhebende des übergegensätzlichen Grundes ist das Entscheidende! Die verwandelnde Gewalt der mystischen Erfahrung kommt nicht aus dem, was sie *nicht* ist, sondern aus dem, was zeugend aus ihr spricht, also aus dem hier erfahrenen größeren Leben, das als tragende und erneuernde Fülle, als sinngebender Grund und flutende Liebe den Menschen ergreift und erneuert. Nur von hierher auch fällt auf die Frage ein Licht, ob und in welchem Sinne das hier Erfahrene Realität hat.

Die Frage, ob dem übersinnlichen Sein auch »etwas Objektives« entspricht, geht an der Sache vorbei; denn dieser Frage liegt das Schema des Ichs: »subjektiv-objektiv«, zugrunde. Dieses Ich aber, das nur das Zentrum ist *seiner* Wirklichkeitsordnung, ist erkenntnistheoretisch nicht zuständig für die Frage nach der Wirklichkeit, die sein Fassungsvermögen überschreitet und seinen »Tod« zur Voraussetzung hat. Nur mit Bezug auf die Ordnung dieses Ichs hat beispielsweise die Frage Berechtigung, was dem in den numinosen Gehalten eines Traums Erfahrenen als »Wirklichkeit« entspricht, und so auch die Kritik der Wirklichkeitserkenntnis des Primitiven oder die Abwertung des Wirklichkeitsgehaltes der von einem Schizophrenen gefühlsschwer erfahrenen »Welt«. Das »Loch« in der Bewußtseinsordnung des Ichs, um dessentwillen wir einen Menschen als nicht ganz normal oder gar als verrückt bezeichnen, kann gerade dergestalt sein, daß jene Wirklichkeit hindurchleuchtet, die die eigentliche ist und eben deswegen vom Ich nicht mehr erfaßt werden kann.

Es gibt für den Menschen kein anderes Kriterium für die für seinen inneren Weg relevante Realität des Erfahrenen als die Überzeugungskraft und Gewalt der *Evidenz,* welche der durch die Schranken des Ichs Hindurchgebrochene hat, und des *Zeugnisses,* das der Erfahrene durch die *Verwandlung* ablegt, die die echte Seinserfahrung in ihm einleitet und hervorbringt. Niemals hat auch ein dafür aufgeschlossener Mensch die allem Tod, allem Widersinn und aller Grausamkeit dieser Welt gegenüber überlegene *Kraft, Ordnung* und *Liebe,* die von einem aus seinen Seinserfahrungen verwandelten Menschen ausgeht, in Frage zu stellen vermocht; denn was aus dem Sein strömt, fegt alle Zweifel hinweg. Dem Tauben freilich sind alle Töne stumm wie dem Blinden alle Lichter verborgen.

Die Wandlung, die die Seinserfahrung einleitet, bedeutet den *Anfang* eines neuen Lebens.* Das Selbst mitsamt seiner alten Welt wird nicht vernichtet, sondern erneuert. Der natürliche Mensch wird nicht verschlungen, sondern in den Stand eines Selbstes erhoben, der seinem Wesen entspricht. Er »lebt« auch weiterhin »in der Welt«, aber er existiert aus dem Wesen. Die *Welt* ist für ihn nicht dahin, aber das *Haften* an ihr aufgehoben. Sie ist ihm neu geschenkt, ja neu *aufgegeben,* aber nicht zu einer in sich selbst schon gültigen Ordnung, sondern als Manifestationsfeld des in der Großen Erfahrung erfahrenen Seins und nie zu einem feststehenden Ende, sondern zu einem sich immer erneuernden *Anfang,* wie denn auch das Erlebnis des Durchbruchs zum Wesen selbst immer erst der Anfang ist der Verwandlung, die der Sinn des inneren Weges ist.

Es ist zweierlei: Das Erlebnis des *Durchbruchs,* diese erste, alles erschütternde Fühlung mit dem Sein, und die *Wandlung* des Menschen, die mit diesem Erlebnis anhebt. Die Erfahrung des Seins *ist* nicht schon die Wandlung, sondern ist ihre Voraussetzung, erst Anfang der Umkehr. Es *kann* mit diesem Erlebnis schlagartig die Umkehr da sein, wenn und in dem Maße, als dem Erlebnis selbst ein Leben der Vorbereitung voranging. Eine solche Vorbereitung kann bestehen in einem frommen, d. h. zuchtvollen und zugleich offenen *Leben,* in einem Lebens*leid,* das den Menschen reif gemacht hat zu der

---

* Vgl. das Kapitel »Das neue Leben« in K. Dürckheim: *Im Zeichen der Großen Erfahrung,* a. a. O.

ihm aus dem Wesen verheißenen Frucht des wahren Lebens, und endlich in der frommen *Übung,* in der der Mensch die große Blockade schon einzuschmelzen beginnt, indem er sich ohne Unterlaß dem Unbekannten, das in seiner Sehnsucht lebt, hinstreckt und sich in jener *heiligen Nüchternheit* übt, die sich im »Annehmen« bewährt – im Annehmen, das ein Ja zum Geschickten ist jenseits von Gutheißen und Verwerfen.

Auch wo die Wandlung eingesetzt hat, bleibt die ewige Gefährdung des soeben Gewonnenen durch den Widerspruch des jeweils Gewonnenen und Gewordenen, das sich *erhalten* will, zu dem Leben in uns, das sich nur in nie endender *Verwandlung* offenbart. Die uns und unsere Welt in ihr Eigen rufende und gerade in den Schicksalsschlägen des Lebens uns heimsuchende und immer heimliebende Einheit des Lebens manifestiert sich, wo sie dem Menschen einmal in der Großen Erfahrung aufgegangen ist, in der Endgültigkeit seiner *Bereitschaft,* immer wieder zu sterben und neu zu werden, und in der Unbedingtheit seiner Entscheidung und seines Willens zur Umkehr aus der Entfremdung.

Umkehr bedeutet den Umschwung aus einer Lebenseinstellung, die sich, an Vorstellungen haftend, immer am Bleibenden orientiert, einer statischen Vollendung nachjagt, jegliches Streben verneint und ein mißverstandenes »ewiges« Leben sucht, in eine andere. Die neue Lebenseinstellung ist vor allem dadurch gekennzeichnet, daß der Mensch die abgründige Fragwürdigkeit all dessen angenommen hat, was für das Ich feststeht. Aus der neuen Einstellung heraus ist der Mensch fähig, in fragloser Anheimgegebenheit an jenen unergründlichen Seinsgrund zu leben, der immer aufs neue das jeweils Gewordene einschmilzt und neuen Formen entgegenführt.

Genau in dem Maße, als sich die Einsfühlung mit dem Wesen im Selbst durchsetzt, verwandelt sich auch das Verhältnis zur Welt. Zuinnerst bestimmt von der in ihm aufbrechenden Einheit und Ordnung des Seins, weiß der Mensch um die Verhüllung des Seins in der Vorstellungswelt des Bewußtseins. Er weiß auf Grund der Großen Erfahrung, daß seine natürliche Auffassung des Lebens, in der er sich und die Welt in festen Vorstellungen und Begriffen wahrnimmt, die Resultante seines Ichs ist, das alles gegenständlich fixiert. Er hat es begriffen, daß sich im Prisma des Ichs das in seinem Wesen lebendige und ans Licht drängende Sein in eine dem Ich gemäße Sinnordnung pervertiert. Die Verwandlung aber, die mit der Großen Erfahrung anhebt, bedeutet die fortschreitende Integration der auch nach der Seinserfahrung bleibend in unserem Ich verankerten natürlichen Lebensform mit dem übernatürlichen Wesen.

Verwandlung bedeutet nicht Abkehr von der Welt, Vernichtung ihrer gegenständlichen Struktur, Auslöschen des Ichs usw., sondern bedeutet nur, daß das Ich seiner Herrschaftswürde entkleidet und, auf die Exekutive beschränkt, die Legislative einem tieferen Subjekt abgegeben hat. Der *Schwerpunkt* des Lebens hat sich verlagert. Die Grundgestimmtheit ist eine andere geworden. Das bedeutet also auch nicht das Ende allen natürlichen Empfindens und Fühlens, Wollens, Wirkens und Handelns. Im Gegenteil, erst mit der Freiheit vom Ich und der in ihm verankerten starren Bedeutungsstrukturen gewinnt die Welt der Sinne ihren eigentlichen Glanz, das Wollen seinen Ernst, das Wirken seinen wahren Sinn, das Fühlen, sei es Freud oder Leid, seine Tiefe. Aber jede Angst, Verzweiflung und Leere in der Welt weckt nun zugleich den sich immer erneuernden Impuls, zurückzuschwingen in jene *Verfassung,* die den Boden, die Ordnung und die Fülle des Seins immer aufs neue aufschließt. Und zugleich erwacht jenes neue *Gewissen,* das den Menschen befähigt, die Normen des natürlichen Daseins ihrer Starrheit zu entkleiden und transparent und durchlässig zu machen für eine höhere Ordnung des Lebens. Die Umkehr bedeutet auch nicht menschliche »Vollkommenheit« und harmonisches Gleichmaß des Lebens. Der Mensch bleibt wie zum Leiden, so auch zum Versagen verurteilt. Dies aber schlägt ihm nicht mehr alle Sicherungen durch, sondern öffnet ihm im Annehmen immer aufs neue das Tor zu jenem Grund, der versöhnt und die Kraft zu immer neuem Aufbruch entbindet.

VI

Spricht man von Seins- und Wesenserfahrungen, so stellt sich unausweichlich die Frage nach ihrem Verhältnis zur christlichen Religion. Hierzu ist vor allem eines zu sagen: Wesens- und Seinserfahrungen bilden weder einen Ersatz für christliche Religiosität, noch stehen sie zu ihr im Widerspruch. Aber sie können, wo der christliche Glaube erstarrt oder zu einem bloßen Lippenbekenntnis herabsinkt, das Tor in den lebendigen Glauben wieder aufschließen.

Die Lehre vom Sein ist keine Theologie und die in der Seinserfahrung anhebende Wandlung nicht ohne weiteres gleichzusetzen mit dem Christförmigwerden. Aber der »Weg der inneren Verwandlung«, auf dem der christliche Glaube, sofern er wirklich den *ganzen* Menschen ergreift, sich auswirkt, schließt Seinserfahrungen ein. Wenn ein Mensch von sich sagen kann, er *sei* ein Christ, er also nicht nur »an etwas glaubt«, sondern wahrhaft im Glauben *steht,* hat er alles das mit, was Seinserfahrung im Menschen erschließt. Ist ein Mensch wirklich Christ, dann ist er auch schon ein »Verwandelter«, also ein Mensch, der nicht mehr in dem die »Abkehr« bedeutenden Vorstellungsgefüge fixiert ist, sondern sich bleibend auf dem Wege der Umkehr befindet. Insofern einer wirklich sagen kann, er *sei* ein Christ und spreche als Christ, bedarf er auch keiner Belehrung über die Möglichkeit und Bedeutung der Seinserfahrung. Wer von sich sagen kann, daß für ihn das »In Ihm leben, weben und sind wir« Realität geworden ist, ist von Christus her auch dem Sein erschlossen. Wie aber steht es mit dem Menschen, der nicht recht glauben kann und also mit dem Christen, dessen Glaube noch nicht der rechte Glaube ist, weil er auch das von Christus Geoffenbarte wie auch die Gerechtigkeit Gottes im Sinne des Ichs versteht? Wer kennt nicht den Christen, der, wie er meint, unzweifelhaft »an Gott glaubt« und doch immer darunter leidet, daß er Gott nicht versteht und in Gefahr ist, darüber in Zweifel zu fallen? Ist das nicht ein eindeutiges Zeichen dafür, daß sein Glaube noch ein Pseudoglaube ist?

Solange einer noch »fragt«, vor allem noch die »Warum-das-mir-Frage« stellt, ist er der Wandlung noch fern. Er ist noch im Ichkreis befangen. Und mit Bezug auf diesen Menschen muß endlich die Einsicht Platz greifen, daß es einen Weg gibt, der ihm das Tor in den echten Glauben öffnet, und zwar gerade auch dem, der von Gott und Christus, wie er ihn verstand, nichts mehr hören will, jede ihm autoritär gebotene Lehre ablehnt und erklärt, nur noch glauben zu können, was er selber *erfährt*. Hier wird es von entscheidender Bedeutung, zu erkennen, daß es nicht nur auf der einen Seite die natürliche Welt, d. h. die Wirklichkeit in unserer natürlichen, von unseren fünf Sinnen und unserer Ratio bestimmten Weltauffassung, und auf der andern Seite die sich nur dem christlichen Glauben erschließende, im Evangelium geoffenbarte Wirklichkeit Gottes gibt, sondern außerdem die *Erfahrung* eines Seins, die schon unsere natürliche Weltsicht überschreitet, und zwar in einem Sinn, der in legitimer Weise auch den Weg auf Gott hin neu öffnet, also echte Wandlung auch im christlichen Sinn einleiten kann.

Wenn nun vom Sein die Rede ist in einem Sinn, der weder das von uns begriffene Dasein in der Welt noch *die* Wirklichkeit Gottes meint, die sich erst dem christlichen Glauben ahnungsvoll öffnet, so ist damit nicht irgendein Zwischenreich gemeint, das gleichsam zwischen der natürlichen Welt und der Wirklichkeit Gottes für sich etwas wäre, sondern so wie die »Welt im natürlichen Verstand« einer »Sicht« der Totalität des Lebens entspricht (und zwar die im Ichbewußtsein verankerte) und andererseits das »Reich Gottes des wirklichen Christen« eine Sicht voraussetzt, in der allein der christliche Glaube lebt, so bezeugt auch das in der »Großen Erfahrung« aufgehende Sein eine besondere Sicht des Lebensganzen. Es ist diejenige, zu der erst jene Einsfühlung mit dem Wesen aufschließt, die die gegenständliche und gegensätzlich begriffene Wirklichkeit des Ichs transzendiert. Fragen wir also, wo das »Sein« und das »Wesen« seinen Platz innerhalb des christlichen Weges hat, so lautet die Antwort: Es bedeutet – auch für den Christen – den nur in einer entscheidenden Blickwendung aufgehenden *Raum der Großen Verwandlung,* dem sich zu öffnen dem Menschen gegeben und aufgegeben ist. Er *ist* ihm geöffnet, wo er im Glauben *steht.* Ist er aber aus dem Glauben herausgefallen oder nie in ihn gekommen, so kann die Seinserfahrung ihm das Tor zum Raum der Verwandlung aufschlagen, weil in ihr der Widersacher des Glaubenkönnens, das auf »Begreifen« und Selbstbewahrung angewiesene Ich, überwunden wird. Ohne diese Verwandlung gibt es auch keine Nachfolge Christi. Die echte Seinserfahrung steht also nicht in irgendeinem Widerspruch zur Botschaft Christi, sondern der divine Sinn echter, d. h. Verwandlung einleitender Seinserfahrung schließt uns ihr gegenüber auf und wird uns vom Evangelium als gültig bestätigt!

So gewiß der wahre Glaube erst dort anhebt, wo der menschliche Verstand am Ende ist und der Mensch den Wahn, das Leben von sich aus begreifen und meistern zu können, aufgibt und sich seiner Selbstherrlichkeit begibt, so gewiß ist ja diejenige Verfassung des Menschen, die im Ichselbst verankert ist, *der* Widerstand gegen den wahren Glauben, solange sie unerschüttert den ganzen Menschen umfaßt. Wo immer der Mensch nicht die Fragwürdigkeit seiner natürlichen Weltauffassung vollauf erfahren und angenommen hat oder aber in seiner Weltauffassung nicht mehr mit Selbstverständlichkeit in dem sie umfangenden und überhöhenden Urglauben verankert ist, ist er dem Glauben an Gott im wahren Sinne nicht erschlossen.

Der Glaube des im Ich befangenen Menschen ist der Glaube an einen Gott und an eine Gerechtigkeit, die seinen natürlichen Vorstellungen entspricht und seine natürlichen und als gerecht empfundenen Erwartungen erfüllt, Dieser Glaube ist notwendig dazu verurteilt, zu schwanken und schließlich zusammenzubrechen, wo das Leben den Ichbegriff von Gerechtigkeit Lügen straft. Die Preisgabe des ganzen Gefüges natürlicher Vorstellungen und »verständlicher« Begriffe von Himmel und Erde, von Gott und Mensch, von Recht und Unrecht ist also die Voraussetzung für das Aufgehen des wahren Glaubens. Wo im Zusammenbruch der im Ich zentrierten Auffassung von Welt und Gott sich nichts Neues auftut, das diesen Zusammenbruch ertragen und zu einem Tor der Verwandlung werden läßt, bleibt dem Menschen nichts übrig als Untergang oder Ausweichen in einen glaubensfernen Heroismus oder in eine ebenso glaubensferne fatalistische Resignation. An dieser Stelle nun wird die entscheidende Bedeutung *echter* Seins- und Wesenserfahrungen sichtbar. In ihnen erfährt der Mensch eine Wirklichkeit, die ihn gerade dort auffängt, neu »sehen« läßt und birgt, wo Boden, Sinnordnung und Geborgenheit, wie sie der im Ich verankerte Mensch glaubte finden oder bewahren zu müssen, zunichte werden. Es gewinnt der Mensch schon allein aus der Seinserfahrung, wenn er sie ernst nimmt, einen neuen Glauben, den Glauben an einen tragenden Grund, an eine alles durchwirkende Ordnung und alles übergreifende Einheit des Seins, von dem her und auf das hin alles »auf dem Wege« ist. Von hier aus erweist sich auch alles spezifisch menschliche Leiden als ein Ausdruck eines *Irrweges,* auf dem der Mensch sich verlief und in die Sackgasse geriet, weil er *seinen* Vorstellungen von dem, was ist und was sein soll, nachjagte. In dem Maße, als diese ihn verführenden Irrlichter in der Leuchtkraft des neuen Glaubenslichtes verblassen, versteht er schon, daß er sich und die Welt aus dem die Wahrheit verhüllenden Netz seiner verdichteten und fixierten Vorstellungen lösen, es auf das erfahrene Sein transparent werden lassen und das Leben als Manifestation des Seins im Dasein vollziehen muß. Der so geborene Glaube ist kein Glaube an irgendeine autoritär vermittelte Lehre, sondern ein aus eigener Erfahrung gewonnener Glaube, der unumstößlich ist, weil er Ausdruck und Zeugnis ist der *Erfahrung* eines alles erneuernden, ordnenden, bergenden Seins, die durch nichts erschüttert werden kann.

Der so gewonnene Glaube ist noch nicht identisch mit dem Glauben im christlichen Sinne. Aber er führt für den westlichen und den im christlichen Raum aufgewachsenen Menschen mit innerer Notwendigkeit zu ihm hin! Der in der Seinserfahrung erstehende Glaube ist, beurteilt vom christlichen Glauben, noch etwas Vorläufiges, weil vom christlichen Standort aus sich auch die Seinserfahrung noch im Raume des »Profanen«, d. h. dem Tempel Gottes Vorgelagerten, vollzieht. Gewiß: Seinserfahrungen im beschriebenen Sinn sind allesamt Erfahrungen im vortheologischen Raum der (im christlichen Sinne) »bloß natürlichen« Frömmigkeit. Die »Transzendenz des Seins«, mit dessen Erfahrung der Mensch seine natürliche Bewußtseinsordnung transzendiert, ist noch nicht die Transzendenz Gottes im theologischen Begriff. Auch das in der Großen Erfahrung erfahrene »Übernatürliche« ist nicht das »Übernatürliche« im christlichen Sinn. Aber es ist gerade auch im Hinblick auf ungläubige Christen von entscheidender Bedeutung für alle Seelsorge, einzusehen und zuzugeben, daß es eine Transzendierung unserer natürlichen, d. h. raumzeitlich bedingten und gegenständlich fixierten Bewußtseinsordnung gibt, eine Transzendierung, in der sich eine Wirklichkeit auftut, die, gemessen an der gewöhnlichen, einen übernatürlichen Charakter *hat*. Ob die Erfahrung des hier aufgehenden überraumzeitlichen, übergegenständlichen und übergegensätzlichen Seinsgrundes vielleicht eine Gotteserfahrung ist oder nicht, wer vermöchte das zu entscheiden? Jedenfalls ist es die Erfahrung einer Transzendenz, die den Menschen aus dem Bann seiner rationalen Weltauffassung befreit und dem Unbegreiflichen öffnet. In der Erfahrung dieser Transzendenz schon geht ein »Credo quamquam absurdum est« auf; denn vom Ich her gesehen, *ist* die Erfahrung eines Lebens, das jenseits ist des Gegensatzes von Tod und Leben (im natürlichen Sinne), einen Sinn hat jenseits des Gegensatzes von Sinn und Unsinn, eine Geborgenheit gibt jenseits von Welt-Einsamkeit und Verlassenheit, *absurd*. Aber gerade weil in der Seinserfahrung das Große Licht aus dem Dunkel des Absurden aufleuchtet, bedeutet sie den Auftakt zu einer Verwandlung und Grundlegung einer Verfassung, in der der Mensch frei vom Bannkreis seines Ichs und befreit von der Auflehnung gegen das, was seiner Vorstellung des Seinsollenden widerspricht, sich als ein Subjekt erlebt, das in seinem Wesen einem übergegensätzlichen tieferen Sein zugehört und ihm sowohl unterworfen wie verpflichtet ist. Damit ist auch für den am Gott seines Ichs verzweifelten Christen das Tor zu einem Glauben aufgestoßen, der eben deswegen »Glaube« zu heißen verdient, weil er nicht mehr auf etwas gründet, das der Mensch noch versteht. Wo dieser Glaube einzieht, ist der Mensch ein für allemal gefeit auch gegen die »christlichen« Irrlehrer, die versuchen, dem Glauben eine menschlich verständliche Grundlage und seinem Gehalt eine beruhigende »Rundung« zu geben. Der Lebensgrund jedes echten religiösen Glaubens ist der leuchtende Abgrund, dem Verstand bleibendes Ärgernis, dem Menschen aber das von Verheißung erfüllte und unantastbare Mysterium schlechthin.

Wo immer wir nun heute Aussagen machen über den Zusammenhang zwischen Seinserfahrungen und der aus ihnen allein schon möglichen Haltung eines neuen Glaubens zur religiösen Grundhaltung des Christen, ist es unerläßlich, sich mit einer Sorge auseinanderzusetzen, die im christlichen Raum auftaucht, wo immer von solchen Seinserfahrungen die Rede ist: Handelt es sich bei der Behauptung und Anerkennung von Seinserfahrungen nicht um eine gefährliche Übertragung *östlichen* Erfahrungs- und Weisheitsgutes, das den christlichen Glauben gefährdet? Stehen solche Seinserfahrungen nicht dem christlichen Glauben im Wege, indem sie das menschliche Subjekt gleichsam innerweltlich aufblähen, statt es in die Demut vor Gott zu werfen?

Ohne Zweifel besitzt der Osten von alters her eine breitere und kontinuierlichere Kenntnis und Überlieferung auf dem Gebiet der Seinserfahrung als der Westen. Das ist so, aber nicht weil es sich dabei um etwas im Grunde Östliches handelt, sondern weil der Osten im Unterschied zum Westen weder jemals in dem Ausmaße, wie es im Westen geschah, der hybriden Gefahr verfiel, vom Ich aus etwas über die Wahrheit und den Sinn des Lebens ausmachen zu wollen, noch zur Befriedigung seiner metaphysischen Sehnsucht einen Gottesglauben im Sinne des Christentums besaß. So ergab es sich gleichsam mit innerer Notwendigkeit, daß der dem Menschen (nicht nur dem östlichen Menschen) mögliche Weg in die Erfahrung des Seins, dort, wo der östliche Mensch das Leiden, statt ihm auszuweichen, zum Ausgangspunkt der Besinnung auf den eigentlichen Sinn des Lebens machte, zu *dem* Weg religiöser Erkenntnis wurde.

Wenn von christlicher Seite den Seinserfahrungen im Hinblick auf den Osten mit so viel Skepsis begegnet wird, so ist das dort durchaus verständlich und auch dort nur die Regel, wo die eigene *Erfahrung* fehlt und man, auf Lektüre angewiesen, wie gebannt und mit Unbehagen nur auf das hinstarrt, worin die Seinserfahrung nach der Beschreibung östlicher Menschen besteht und mündet! Auch der Osten hat seine – obendrein je nach der überlieferten Lehre sehr verschiedenartige – Interpretation der ursprünglichen Erfahrung. Aber noch abgesehen von der jeweiligen religiösen Lehre, von der her die Seinserfahrung ihre Deutung empfängt, gilt es zu erkennen, daß mit innerer Notwendigkeit die gleiche Seinserfahrung im westlichen Menschen eine sich vom östlichen unterscheidende *Wertung* empfängt und auch in einer Wandlung fruchtbar wird, die etwas anderes bringt als die Wandlung im östlichen Raum. Ein Hauptunterschied gründet darin, daß der östliche Mensch seiner geistigen Tradition gemäß ein anderes Verhältnis zur Individualität und zur Ichwerdung hat. Und darüber hinaus kann es der westliche Mensch, der im christlichen Raume aufwuchs, gleichsam nicht hindern, daß ihm, wenn er den Ichkreis durchbricht und die Fülle des Seins in ihm aufbricht, durch die Transzendenz des Seins hindurch die Transzendenz Gottes begegnet!

Der östliche Mensch ist im Unterschiede zum abendländischen noch in ungleich stärkerer Weise verbunden mit den Ganzheiten seiner irdischen Existenz. Er wurzelt noch ganz anders als wir in seinen ursprünglichen Gemeinschaften und ist noch ganz anders eins mit der Großen Natur und in einer Treue den Gesetzen des kosmischen Lebens verbunden, die eine gewissenbildende Kraft hat. Gewiß ist auch für den östlichen Menschen, weil er ein Mensch ist, das Ich Träger jener Bewußtseinsordnung, die ihn befähigt, sein Leben in rationaler Weise zu meistern. Doch hat sich im Osten der Mensch niemals in dem Maße auf sein eigenständiges Ich gestellt wie im Westen, geschweige denn, daß sich jemals die rational begreifbare Wirklichkeit im Bewußtsein des östlichen Menschen als die wahre Wirklichkeit durchsetzen konnte. Auf das engste hängt hiermit zusammen die Nichtanerkennung der Individualität als einer Realität und hiermit dann auch das Nichtwissen um »Person«. Die im Ich verankerte Daseinswirklichkeit ist für den östlichen Menschen nicht das Kreuz, das er auf sich zu nehmen und verantwortlich hindurchzutragen hat, sondern *nur* der Wahn, d. h. die Folge eines Irrtums, den der Mensch begeht, wo er sich auf sein Ich verläßt und von den Vorstellungen gefangennehmen läßt, die das Ich sich von der Wirklichkeit macht.

So steht dem christlichen »Nimm dein Kreuz auf dich« gegenüber das östliche »Ziehe deinen Ichdurst zurück«. Und während für den Osten die Verschmelzung mit dem transzendenten Sein schon das Letzte ist (die Erlösung), wird sie für den westlichen Menschen zu einem neuen Anfang; denn in ihr vollzieht sich die Geburt der *Person*.

In jeder echten Seinserfahrung ist zweierlei enthalten: die *Aufhebung des Ichs* im all-einen Grund des Seins und die *Erfahrung des Wesens,* d. h. die Erfahrung der individuellen

Teilhabe am Sein. Während aber im Osten die dem Menschen hier zuteil werdende Befreiung seiner wesenhaften Individualität nur als ein *Symptom* gewertet wird für die gültige und allein wichtige Erfahrung des All-Einen, bedeutet sie für den westlichen Menschen die entscheidende Begegnung mit seiner Tiefenperson.* Während also für den Osten die Aufhebung des Ichs und sein Eingehen in das all-eine Sein das Letzte ist, wird die in der Seinserfahrung sich vollziehende Verschmelzung mit dem Seinsgrund für den westlichen Menschen zum Augenblick der Entdeckung der ihm eingeborenen individuellen Wesenheit und damit zur Voraussetzung der Geburt eines neuen Subjektes. Und während für den Osten das Aufgehen in der Transzendenz, die das Sein gegenüber dem Dasein im Ich bedeutet, schon die letzte Form möglicher Erfahrung ist, kann sie für den christlichen Westen gerade als Erfahrung eines immanenten Göttlichen zugleich das Aufgehen des inneren Auges für die Transzendenz Gottes bedeuten.

So gewiß, wo »das Ich entwird, auch Gott entwird« (Meister Eckehart), d. h. derjenige Gott, den das Ich sich vorstellt, so gewiß ist die hier dann anhebende Erfahrung Gottes, eben weil sie frei ist von den im Ich verankerten Projektionen des Menschen, eine grundsätzlich neue und andere. Im Menschen, der mit der Preisgabe des Ichs und in der Verschmelzung mit dem Sein zur Erfahrung seiner wesenhaften Individualität und damit seines personalen Kerns kommt, erwacht damit zugleich das Vermögen, die Stimme zu vernehmen, die ihn beim Namen ruft, und ihr zu antworten. Erst im Antworten auf diesen Ruf entdeckt sich der Mensch als das »subjectum Dei«, darin er in einer neuen »Ver-Antwortung gegenüber Gott zugleich in einer neuen Verantwortung gegenüber der Welt steht wie auch in seiner neuen Bindung an Gott in einer neuen Freiheit gegenüber der Welt.

In der Großen Erfahrung, d. h. in der Erfahrung des übergegensätzlichen Seins, löst sich jedwedes Subjekt-Objekt-Verhältnis auf. Die in der Seinserfahrung erfolgende Überwindung der im Ich begründeten Subjekt-Objekt-Spaltung betrifft also auch das Verhältnis des Menschen zu Gott. Das gilt auch

---

* Vgl. Johannes Lotz: *Meditation. Der Weg nach innen,* Josef Knecht Verlag, Frankfurt/M. 1954.

für den Christen, dem die Große Erfahrung zuteil wird. Das gegenständlich vor-gestellte Gottesbild tritt zurück, und die Getrenntheit, in der sich der im Ich befangene Mensch Gott gegenüber fühlt, ist aufgehoben. Aber die Transzendenz, in der der zur Person Erwachte Gott wahrnimmt und hört, bedeutet zugleich, daß Gott für den zur Person Erwachten nicht mit dem menschlichen Subjekt in eins zusammenfällt. Wo aber der Abstand aufgehoben ist, den der im Ich befangene Mensch Gott gegenüber leidvoll empfindet, und jene Verbundenheit erfahren wird, die ohne ein »Eins« zu bedeuten, doch ein »Nicht-Zwei« ist, stellt sich die beglückende Erfahrung des Christen ein, in der er sich als das *Kind* und Gott als den *Vater* weiß.

Aus dem Gesagten wird deutlich, daß bei aller Überlegenheit, die der Osten kraft seiner jahrtausendalten Tradition im Ernstnehmen der Seinserfahrungen besitzt, der westliche Mensch, wenn er zu ihnen reif wird, gerade auf Grund seines Ernstnehmens der gegenständlichen Welt sowohl wie der Individualität einer inneren Entwicklung entgegengeht, die die legendäre Überlegenheit des Ostens hinter sich läßt. Die Seinserfahrung des Ostens bleibt, gemessen an der Bedeutung, die sie, wo sie eintritt, für den westlichen Menschen gewinnt, im Vorletzten stehen; denn die Verschmelzung im allgemeinen Sein, die für den Osten das Letzte ist, ist für den westlichen Menschen das Tor, aus dem er, wenn er es durchschreitet, als Person hervortritt, die offen ist für die Transzendenz Gottes und in einem neuen Sinne befähigt und verpflichtet, dem Reich Gottes auf Erden zu dienen.

Die geschichtliche Wirklichkeit, unser Dasein in Raum und Zeit, ist für den Osten nur das Netz des Wahnes, darin sich die Realität des einzig wirklichen All-Einen verhüllt und das in der Erfahrung der Transzendenz aufzulösen ist. Für den Westen dagegen ist die geschichtliche Wirklichkeit Wahn nur, insofern sie sich absolut setzt. Für den christlichen Menschen ist die Spannung, die sie mit ihrem »Widerspruch« zum Überzeitlichen, »Ewigen« bedeutet, nicht nur dazu da, verneint und aufgelöst zu werden, sondern dazu, »eingelöst« zu werden im Wahrnehmen und im Vollzug der geschichtlichen Daseinsebene als Raum der Offenbarung des Göttlichen. An diesem Verhältnis zum Geschichtlichen wird der Unterschied christlicher und östlicher Einstellung vollends deutlich. Die »Inkarnation« ist für den Osten das Horrendum, und alles ist auf die Erlösung vom Fleisch des Raumzeitlichen gerichtet. Für uns ist die Fleischwerdung des göttlichen Seins die schöpferische Verheißung schlechthin, die sich nur im Ja zur Erde bewährt und die leibhaftige Gestaltwerdung des Divinen auf Erden zur ewigen Aufgabe des Menschen macht.

Diejenigen aber, die, wo immer von Seinserfahrungen die Rede ist, trotz alledem um das Christentum bangen, weil sie doch Verführung darin wittern, mögen sich daran erinnern, daß es die Weisen aus dem Morgenlande waren, die den Stern erkannten, der über Bethlehem stand, und die Fülle der Weisheit, die sie unter Menschen besaßen, in der frommen Demut offenbarten, mit der sie, Christus erkennend, vor ihm in die Knie gingen.

HALTUNG, SPANNUNG
UND ATEM ALS AUSDRUCK DER
ZENTRALEN LEBENSFORMEL
DES MENSCHEN*

Wenn eine Mutter einem ihrer Kinder, das auf Grund irgendeiner Kinderkatastrophe zusammengebrochen, völlig auseinander und außer Atem bei ihr angeweint kommt, liebevoll über
den Kopf streicht und es damit wieder aufrichtet, was hat die
Mutter da eigentlich getan? Würde man sagen, sie hat das
Kind körperlich behandelt, so wäre das nur komisch. Zu
sagen, sie hätte dem Kind seelischen Zuspruch zuteil werden
lassen, ginge an dem, was hier geschah, gleichfalls vorbei.
Also, was hat sie eigentlich getan? Doch nichts anderes, als das
Kind, das niedergeschlagen, mehr oder weniger in Auflösung
und außer Atem war, mütterlich in einer Weise angerührt, die
dazu führte, daß das Kind aufgerichtet, wieder in der rechten
Spannung und bei Atem, mit einem Wort, wieder in »Ordnung« von dannen geht. Es war verstimmt und außer Fassung
und ist nun wieder gestimmt und in der rechten Verfassung.

Der Mensch befindet sich in jedem Augenblick seines Lebens
in einer bestimmten *Haltung*. Er ist jeweils in seiner Mitte
zentriert und im rechten Schwerpunkt versammelt oder, der
Mitte ermangelnd, aus seinem Lot. Dann fällt er auseinander
oder ist unorganisch gerafft. Zugleich bringt die leibhaftige
Gestalt des Menschen immer eine bestimmte *Spannungsformel*
zum Ausdruck. Sie bekundet ein bestimmtes Verhältnis von
Spannung und Lösung. Ist dieses in Ordnung, dann besteht
ein schwingendes Gleichgewicht. Die Harmonie ist gestört,
wenn an Stelle des lebendigen Verhältnisses von Gespanntheit

---

* Vgl. K. Dürckheim: *Hara. Die Erdmitte des Menschen*, O. W. Barth
Verlag, München 1956. In diesem Werk werden die hier kurz zu-
sammengefaßten Erfahrungen und Einsichten ausführlich behandelt.

und Gelöstheit jenes Hin- und Herschwanken zwischen Verspannung und Auflösung, von Verkrampfung und Schlaffheit da ist, das für Menschen unserer Zeit so charakteristisch ist. Jeder Mensch befindet sich drittens in einer bestimmten Schwingung des *Atems,* dessen »Aus« und »Ein« entweder dem Wesensrhythmus entspricht oder aber diesem durch Überbetonung des einen Poles gegen den anderen zuwiderläuft. In Haltung, Atem und Spannung kommt also jeweils die Stimmigkeit wie die Unstimmigkeit der *Gesamtverfassung* des Menschen zum Ausdruck.

Wer jemals an sich oder an anderen den Segen einer wesens- und lebensgemäßen Haltungs-, Entspannungs- und Atemübung erfuhr oder wer jemals auch nur einmal die Mühe auf sich genommen, sei es auch nur ein Vierteljahr lang, eine kleine, lebensgerechte Haltungs- oder Atemübung täglich fünfzehn Minuten wirklich zu machen und die tiefgreifende, bisweilen umwälzende Wirkung davon an Leib und Seele wohltätig empfand, wird früher oder später fragen: Was ist es, das dieses vermag? Er wird dem Geheimnis erst dann auf die Spur kommen, wenn er lernt, in Haltung, Spannung und Atem nichts nur »Körperliches« zu sehen, das »auf die Seele wirkt«, sondern den unmittelbaren Ausdruck einer ihn als *ganzen* Menschen bestimmenden *Lebensformel,* die sich ihrerseits in der Verfassung des Leibes *und* der Seele bekundet. Gewiß, es gibt eine Gymnastik und ein Turnen, es gibt Atemübungen wie auch ein Massieren, die nur den Körper erreichen; doch das hat mit der rechten Arbeit am Haltungs-, Spannungs- und Atemgefüge des Menschen wenig zu tun. Geschieht diese im rechten Sinn, so geht sie sofort in die Tiefe. Sie ergreift den Menschen in seiner Ganzheit und über die Ganzheit sowohl den Leib wie auch die Seele.

Man fängt heute erst an, die Bedeutung dieser in der Therapie unter dem Titel »Hilfsmethoden« laufenden Arbeit in der rechten Weise zu sehen. Wenn das noch meist nur herablassend, mit Zögern oder gar widerwillig geschieht, so nicht zuletzt deswegen, weil man in all dem nur eine Arbeit am Körper sieht.

Es kennzeichnet die Arbeit G. R. Heyers, daß er, spätere

Entwicklungen vorwegnehmend, frühzeitig sowohl auf die diagnostische wie auf die therapeutische, weil gesamtmenschliche Bedeutung der »Haltung«, der rechten »Spannung – Entspannung« sowie des »Atems«, hingewiesen hat und die Übung sowie die handgreifliche Arbeit an der rechten, leibhaftigen Verfassung des Menschen in seine Therapie einbezog. Wie wenige hat er erkannt, daß der Charakter der menschlichen Haltung, das Relief der Spannungen sowie insbesondere der Atem, d. h. deren Eigenart, Ordnung und Störung, nichts nur Körperliches betreffen, sondern sowohl etwas über den Charakter wie über das Heil- oder Unheilsein des ganzen Menschen besagen. So finden sich in all seinen Schriften immer wieder Hinweise darauf, daß Haltung, Spannung und Atem nichts nur Körperliches sind, sondern etwas, das für die Verfassung des Leibes *und* der Seele von gleicher Bedeutung ist.

In dem Maße, als die Haltung, das Spannungsrelief und der Atem in ihrer Bedeutung sowohl für die Erkenntnis des Menschen wie für jede Arbeit wahr-genommen sein werden, die auf seine wesensgemäße Veränderung und Entwicklung hinzielt, wird in aller therapeutischen und erzieherischen Arbeit etwas Neues anfangen.

In der Haltungs-, Spannungs- und Atemformel eines Menschen bekundet sich immer die für ihn maßgebende, psychophysisch neutrale Lebensformel überhaupt. Die Arbeit an der Haltung, der Spannung und dem Atem eines Menschen ist also keine Arbeit »am Körper«, sondern an einem, Leib und Seele gegenüber *Dritten,* das sich seinerseits sowohl körperlich als seelisch-geistig manifestiert. Dieses »Dritte« ist kein besonderes Substrat, auch nicht der »feinstoffliche Körper«. Es gibt diesen feinstofflichen Körper im Unterschiede zum grobstofflichen, den wir leibhaftig sehen. Er ist im Strahlungsrelief des Leibes handgreiflich spürbar und spricht auf magnetische Behandlung an. Aber auch dieser »Ätherleib« ist »stofflich« – und gegenüber der ungeschiedenen Totalität des Menschen ebenso eine Abstraktion wie der »Seelenleib«, auf den die Psychologie meist einseitig hinblickt.

Das »Dritte« ist auch kein Gemisch, keine Verbindung getrennter Teile, also auch kein Ergebnis eines Zusammenwirkens leiblicher und seelischer Faktoren. Das Dritte ist etwas, das sich jeweils in *allen* unterscheidbaren Weisen eines menschlichen Daseins bekundet. Was ist dieses Dritte? Es ist der *Mensch* als *ganzer!* Er ist es, der sich *in* seiner Ganzheit am unmittelbarsten eben in seiner Haltungs-, Spannungs- und Atemformel bekundet. Ihr besonderer Charakter wird sich stets in allen Dimensionen des Menschseins, von der physischen bis zur religiösen, zugleich ausdrücken. Am Haltungs-, Spannungs- oder Atemrelief läßt sich der Gesamtcharakter eines Menschen wie seine ganze Einstellung zur Welt und zu sich selbst ablesen. Das »Dritte« ist also der Mensch als ganzer in der Lebensformel des Ganzen.

Haltung, Spannung und Atem bekunden in ihrer jeweiligen Modifikation stets die besondere Ganzheitsformel für die Weise eines Menschen, in der Welt dazusein. Sie weisen hin auf Grundeinstellungen und Grundgestimmtheiten, die sich dann zugleich in der Sprache des leiblichen, des seelischen und des geistigen Lebens bekunden. Alle Variationen und Modifikationen im Haltungs-, Spannungs- und Atemgefüge des Menschen finden sich wie in der subjektiven Einstellung eines Menschen so auch in der Bedeutung aller Vorstellungen und Bedeutungsgefüge wieder, in denen ihm die Welt »gegenwärtig« ist. Die Haltungs-, Spannungs- und Atemformel eines Menschen weist also hin auf die Wirklichkeit des Menschen in ihrer ihn und seine Welt umfassenden *Totalität,* meint Gesamtqualitäten und übergreifende Ordnungen, die allen analytisch vollzogenen Unterscheidungen vorangehen und sie gegebenenfalls auch wieder aufheben, eben weil sie seine *Gesamtverfassung* betreffen.

In dem Maße, als ein Mensch in Ordnung ist, ist seine Haltung im rechten *Schwerpunkt,* d. h. in der *Mitte* verankert.* Er lebt, d. h. bewegt, gibt und verhält sich im *rechten Verhältnis* von Spannung und Lösung und hat den rechten, *durchlässigen* Atem. Ist der Mensch nicht in Ordnung, so zeigt sich das immer auch darin, daß der Schwerpunkt seiner Haltung verschoben, das rechte Verhältnis von Spannung und Lösung und

---

* Diesen rechten Schwerpunkt, kraft dessen der Mensch in der ursprünglichen Mitte verankert ist, bezeichnet der Japaner mit »Hara«, was wörtlich übersetzt »Bauch« bedeutet.

ebenso der Atem gestört sind. Was aber bedeutet »in Ordnung« bzw. »nicht in Ordnung«? Anders gefragt: Was bedeuten ganz allgemein Haltungs-, Spannungs- und Atemstörungen? Es mag zunächst unmöglich erscheinen, auf diese Frage eine generelle Antwort zu geben. Und doch gibt es sie. Im weitesten Sinne verstanden, bedeutet »Störung« im Hinblick auf das Lebensganze des Menschen immer, daß der *divine Lebensgrund des Menschen, sein »Wesen«, verhindert ist, sich im säkularen Lebensganzen als »wahres Selbst« zu manifestieren.* Anders gesagt, Störung liegt dort vor, wo die in Raum und Zeit gewachsene Lebensform des Menschen dem Anliegen seines überraumzeitlichen Wesens widerspricht. Denn die besondere Weise, in der ein Mensch jeweils als Ganzer in der Welt da ist, also seine Grundstimmung und Grundverfassung, hängt allem zuvor von dem Verhältnis ab, das bei ihm zwischen seinem unter den Bedingungen von Raum und Zeit gewordenen *Lebensleib* und seinem »*Wesensanliegen*« besteht. So auch weisen alle Störungen im Gefüge der Haltungs-, Spannungs- und Atemformel, in deren Einheit die jeweilige Gesamt-Lebensformel eines Menschen »eingefleischt« ist, jeweils hin auf eine spezifische Störung in seinem Verhältnis zu seinem *Wesen* – sei es in der Chiffre der leiblichen, der seelischen oder der geistigen Bezüge.

In seinem Wesensgrund hat der Mensch teil am *Großen Leben,* am *Sein,* dessen Manifestation im Kleinen Leben der Sinn seines Daseins ist.

Unter dem »Wesen« des Menschen verstehen wir die jeweils besondere Weise seiner individuellen *Teilhabe* am überraumzeitlichen, übergegenständlichen und übergegensätzlichen Sein, die darauf drängt (das macht den eigentlichen Lebensnerv des Menschen aus), sich im Ganzen des menschlichen Lebens zu *manifestieren;* im menschlichen Lebens*ganzen,* also *auch* im Medium seiner jeweils raumzeitlich beschränkten, gegenstandsbezogenen und gegensätzlich (z. B. im Gegensatz von Leib und Seele) sich bestimmenden Bewußtseinsordnung! Die jeweilig herrschende Lebensformel des Menschen offenbart die Natur des Verhältnisses zwischen der unter »Bedingungen« entstandenen Lebensform und dem »unbedingten« Drang aus dem Wesen.

Am unmittelbarsten erscheint die zentrale Lebensformel wie das in ihr eingefleischte Verhältnis von Bewußtseinsordnung und Wesen im Gefüge der Haltungs-, Spannungs- und Atemformeln des Menschen. Insofern der Mensch sich seiner Bestimmung gemäß auf die vom Wesen her gemeinte *Transparenz* seiner bewußtseinsmäßig geordneten Lebensform hinbewegt, ist er auf *heilvollem* Wege; denn der Weg in die Transparenz des Daseins ist der, der seinem Wesen gemäß und ihm aufgegeben ist. In dem Maße, als der Mensch in seiner bewußten Lebensordnung »eigenläufig« und damit widersprüchlich wird mit Bezug auf den Drang, den Auftrag und die Verheißung aus dem Wesen, lebt er *heilswidrig* und ist nicht in Ordnung. Dies kommt am unmittelbarsten an Störungen im Haltungs-, Spannungs- und Atemgefüge zum Ausdruck, im weiteren dann auch mittelbar in körperlicher und seelischer Krankheit. Alle psychogenetisch bestimmten Leiden des Menschen bekunden bei aller inhaltlichen Verschiedenheit im Grunde auch immer dasselbe: daß der Mensch so, wie er geworden ist und sich festhält, dem auf transparente Ganzheit seiner raumzeitlichen Lebensform hindrängenden »Zentralfaktor« – das ist seinem Wesen – im Wege steht.

Jedes spezifisch menschliche *Leiden* bedeutet eines besondere Weise, der Manifestation des Wesens im Wege zu stehen. So bekundet und erzeugt auch jedes Leiden eine immer den ganzen Menschen beeinträchtigende besondere Haltungs-, Spannungs- und Atemstörung. Und jede echte Heilung, auf welchem Wege sie auch erfolgt, bedeutet immer auch die Herstellung der rechten, dem Wesen gemäßen und sich in wesensgemäßer Haltung, Spannung und Atmung bekundenden Lebensformel, in der sich das ungestörte Verhältnis der Bewußtseinsordnung zum Wesen wiederhergestellt hat.

»Heilung« in Gestalt eines Erträglichmachens oder Verdrängens der Symptome für das Vorhandensein einer Fehlformel, d. h. eine Therapie, die den Menschen lediglich befähigt, möglichst schmerzlos in einer Haltung weiterzuleben, die im Grunde lebens- und wesenswidrig ist, hat mit *Heilwerden* im eigentlichen Sinne gar nichts zu tun. Je deutlicher die Wurzeln alles spezifisch menschlichen Leidens erkannt werden, desto mehr wird das theoretisch-diagnostische wie das therapeutisch-praktische Interesse an dem Gefüge der menschlichen *Gesamt-*

verfassung wachsen. Und man wird der zentralen, die Unterscheidung von Leib und Seele übergreifenden Bedeutung der sich in den Haltungen, Spannungen und im Atem manifestierenden Lebensformel nicht mehr ausweichen können.

Der Tatbestand, auf dessen Erkenntnis es ankommt, wird auch dort noch theoretisch oder praktisch verfehlt, wo man sich der hier ins Auge zu fassenden Grundverfassung des Menschen auf dem Wege einer »Kombination« psychologischer und medizinischer Erkenntnisformeln und Verfahrensweisen zu nähern sucht.

Die Wichtigkeit der Zusammenarbeit des Mediziners mit dem Psychologen steht ebenso außer Frage wie die Notwendigkeit, medizinische Forschungsergebnisse und psychologische Erkenntnisse zusammenzudenken. Diese Zusammenarbeit wird aber erst dann wirklich fruchtbar werden, wenn beide erkennen, daß die unmittelbar in der Haltungs-, Spannungs- und Atemformel erscheinende Wirklichkeit des ganzen Menschen, theoretisch gesehen, gleichsam ein »drittes System« darstellt, das jedweder Trennung von Leib und Seele spottet. Nur auf Grund eines großen, wenn auch historisch verständlichen Mißverständnisses wurde dieses System einseitig oder vorwiegend der Leibsphäre zugeordnet. Ich erinnere mich noch eines hochgebildeten Psychologen, der in den Anfängen unserer Arbeit an mir irre wurde, als ich eines schönen Tages mit »Übungen« begann, die sich um die rechte Haltung, Spannungsformel und Atmung drehten, und dies mit den Worten zum Ausdruck brachte: »Ich dachte, ich sei bei einem Philosophen, und finde mich zu meinem Erstaunen bei einem besseren Turnlehrer.« Es dauerte dann aber nicht lange, daß er an sich selber begriff, daß es sich um eine die Gesamtverfassung verwandelnde Arbeit handelte, mit der das gelang, was einer jahrzehntelangen Kombination psychoanalytischer und medizinischer Arbeit nicht gelungen war.

Wir sagten: Alle Störungen im lebendigen Gefüge der Haltungen, des Spannungsreliefs und der Atmung weisen zurück auf eine Störung des Verhältnisses zwischen der gewordenen Lebensform des Menschen zum Anliegen seines Wesens. Wann aber ist dieses Verhältnis gestört? Wo ist die Manifestation des Divinen im Säkularen verhindert? Sie ist immer dort gefährdet, gestört oder verhindert, wo der Mensch sich mit einer wie auch immer beinhalteten *Fixierung* seines Lebens, also mit irgendeiner endgültigen »Fest-Stellung« *identifiziert.* Ganz gleich, welchen Inhalt oder welchen Zustand sie betrifft, ob sie begrifflicher oder praktischer Natur ist, *Fixierung als solche* widerspricht dem Leben wie dem lebendigen Wesen und also auch jeder Daseinsform, die lebens- und wesensgemäß ist. Somit handelt es sich auch bei allen Störungen im Gefüge der Haltungs-, Spannungs- und Atemformel, wie näher gezeigt werden wird, um Erscheinungsformen verschiedenartiger lebens- und wesenswidriger Fixierungen.

Gibt es ein Zentrum, darin alle Fixierung verankert ist? Ohne Zweifel. Es ist das in all seinen Äußerungen auf »Feststellung des Lebens« zielende *Ich.** So ist der Mensch stets insofern und in dem Maße dem auf Wachsen, Reifen und Verwandlung drängenden Wesen gegenüber verstellt, als seine im Ich zentrierte Lebensordnung sich *absolut* setzt und der Mensch sich in einer Weise mit ihr *identifiziert,* kraft deren er nicht nur (wie für den Menschen unerläßlich) in ihr *lebt,* sondern auch aus ihr heraus *existiert!* Solche Identifikation bedeutet dann eine Verhaftung der gesamten Lebenskräfte in jenen gegenständlich fixierten, gegensätzlich sich verhärtenden und raumzeitlich beschränkten Lebensvorstellungen und Lebensordnungen, die der immer schöpferischen und lösenden Spontaneität des Wesens widersprechen, das ohne Unterlaß zur Transparenz des Raumzeitlichen für das Überraumzeitliche hindrängt. Diese Verstelltheit des Wesens zeigt sich ganz unmittelbar in den verschiedenen Formen von Fehlhaltung, Fehlspannung und Fehlatmung. In ihrer Hartnäckigkeit und oft raffinierten Differenziertheit weisen sie mehr oder weniger alle auf den wesenswidrigen Versuch des ichverhafteten Menschen zurück, sich mit den gleichen Mitteln zu wahren oder immer wiederherzustellen, die ihn krank machen und von Grund auf bedrohen: den Mitteln des rationalen, theoretisch wie praktisch festhaltenden und feststellenden, z. B. auf endgültige Systematik, Sicherheit, Ordnung und Gemeinschaft zielenden *Ichs.*

---

* Vgl. das Kapitel »Das Ich und die Erdmitte des Menschen«, in *Hara,* a.a.O., S. 92.

In dem Maße, als der Mensch sich generell in seiner Weise dazusein, mit seiner im Ich verwurzelten, gegenständlich und gegensätzlich bestimmten Lebensordnung auch existentiell identifiziert, ist der Wesensrhythmus gestört. Grundstimmung, Grundverfassung und Grundeinstellung wie die Gesamtformel des Lebens bekunden dann die Verstelltheit des Wesens. Und eben dies kommt, wie andererseits auch die gelungene Transparenz zum Wesen hin, ganz unmittelbar in der Haltungs-, Spannungs- und Atemformel des Menschen zum Ausdruck: in der wesensgemäß zentrierten oder weswidrig verschobenen Haltung, in der Art des Geöffnet- oder Verschlossenseins, des Gespannt- oder Gelöstseins, des nur Sich-verhalten- oder auch Sich-lassen-Könnens und ebenso in der Weise, wie man atmet und sich, sei es leiblich, seelisch oder geistig, in die Welt hingibt, sie und das Leben in sich aufnimmt, wieder herausgibt usw.

Wem dieser Zusammenhang einmal wirklich aufgegangen ist, erkennt, daß die im Leibe sichtbare Schwerpunktsverlagerung der Haltung, das leibhaftige Spannungsrelief, wie die Arhythmie des Atems stets bestimmten Fixierungen in der Bewußtseinsordnung, d. h. im seelisch-geistigen Leben des Menschen, »entsprechen«. Es ist also nicht so, daß das eine das andere hervorruft oder *bewirkt,* sondern die zentrale Fixierung des ganzen Menschen im Ich*stand,* die im Widerspruch zu dem auf verwandelnde *Bewegung* drängenden Wesensimpuls steht, *bekundet* sich in den theoretisch als Leib, Seele und Geist unterschiedenen Medien menschlichen Lebens. Die hartnäckige Fixierung in bestimmten Formen und Ordnungen des Ichstandes ist in allen Dimensionen des menschlichen Lebens *die* verhängnisvolle Blockade des wesenhaften Zentralfaktors, der auf Manifestation in der fortschreitend auf Transparenz hin sich verwandelnden Lebensganzheit drängt.

Die Bekundung zentraler Verstelltheit in der Haltung des Menschen läßt sich an einem einfachen Beispiel verdeutlichen: der *gehobenen Schulter.* Seit Jahren mache ich die Beobachtung, daß, was auch immer die Ausgangssituation der Arbeit mit einem Menschen sein mag, ein Fortschritt auf dem Wege des Heilwerdens so lange nicht zu verzeichnen ist oder sich als Illusion erweist, als sich die Schultern nicht lösen. Er mag scheinbar noch so bereit sein, voll guten Willens, zustimmend und voller Einsicht, solange die Schulter sich nicht senkt, geschieht nichts – *kann* nichts geschehen; denn die leicht hochgezogenen Schultern, zwischen denen der Mensch seinen Kopf einzieht wie zwischen die Zacken einer Burgmauer, bedeuten ganz unmittelbar eine eingefleischte, zentrale Sicherungstendenz, in der der Mensch sich körperlich, seelisch und geistig gegen alles abriegelt, das, sei es von außen oder von innen, eine Veränderung nahelegt. Der Mensch, der diese Haltung zeigt, ist festgelegt. Sein Unbewußtes sagt: »Wasch mir den Pelz, aber mach *mich* nicht naß!« Das gleiche, was an der »Haltung« im engeren Sinne, hier also an der an den hochgezogenen Schultern aufgehängten Leiblichkeit, zum Ausdruck kommt, zeigt sich am gesamten Spannungsrelief des Leibes so wie am Atem, der meist gleichzeitig hochgezogen und flach ist und das »Ein« auf Kosten des »Aus«, das »Oben-Festhalten« auf Kosten des »Hergebens« betont.*

Die festgezogenen Schultern besagen, ebenso wie die physische Verspannung und der hochgezogene Atem, der mit ihr einhergeht, in der Sprache des Leibes dasselbe wie eine entsprechende »Fest-Stellung« in der Sprache der seelisch-geistigen Bezüge. Mit großer Regelmäßigkeit begegnen wir dann einem empfindlich festgehaltenen »*Standpunkt*«, einem unabänderlichen »Vers aufs Leben«, erstarrten Wertordnungen und im Raume des Seelischen einer neurotisch fixierten *Angst* oder *Schuld*. Je hartnäckiger ein Mensch sich, meist ohne es selber zu wissen, dort wahrt und sichert, wo er gerade stehengeblieben ist, um so deutlicher tritt dieses auch in eingefleischten Formen seines Leibes, und zwar in einer bestimmten Sicherungshaltung, in einer krampfhaften Dauerspannung und in charakteristischen Atemblockaden in die Erscheinung.

Was als »eingefleischt leibhaftig« an der Haltung, im Spannungsrelief und in der Atmung sichtbar wird, kann man nicht als einerseits körperlich und andererseits seelisch-geistig oder als Wechselwirkung von Seele und Leib ansprechen. Hier stehen wir vielmehr vor einer fixierten Grundbefindlichkeit des

---

* Vgl. das Kapitel »Die Bewegungsordnung des Lebens in der Symbolik des Leibes«, in *Hara*, a.a.O.

Menschen, also einer verhärteten Weise des »In-der-Welt-Seins« überhaupt. Je tiefer eine Lebensformel in einer bestimmten Fehlhaltung, Fehlspannung und Fehlatmung eingefleischt ist, um so schwerer hat es der Mensch sowohl körperlich wie seelisch, wieder »heil« zu werden. Während nun die wesenswidrigen und damit krankmachenden Fixierungen bislang meist gesondert entweder als Ausdruck seelischer Komplexe psychotherapeutisch oder als chronische Körperkrankheit medizinisch gesichtet und behandelt werden, wird in dem Maße, als der »Eigensinn« der sich in beiden Seiten bekundenden zentralen Lebensformel erkannt werden wird, auch den Störungen in Haltung, Spannung und Atem und ihrer Beseitigung durch entsprechende Behandlungen und »Übungen« nicht nur eine gesonderte, sondern eine primäre Aufmerksamkeit zugewandt werden.

Weil in der in Haltung, Spannung und Atmung eingefleischten Lebensformel ebenso eine bestimmte Bewußtseinsform in bestimmten »Verhärtungen« des Leibes fixiert ist wie umgekehrt in diesen Verhärtungen die Fixierung bestimmter Bewußtseinsinhalte festgehalten wird, ergibt sich die Möglichkeit und die Aufgabe, an die Lösung und Verwandlung des *ganzen* Menschen dadurch heranzugehn, daß man an den leibhaftig sichtbaren Fehlhaltungen, Fehlspannungen und Fehlatmungen ansetzt.* Hält man nur immer den *ganzen* Menschen und seine zentrale Lebensformel fest im Auge, so ist es im Grunde gleich, ob man vom beseelten Leib oder vom Seelisch-Geistigen ausgeht, denn das eine ist im andern drin, und jede wirkliche Veränderung der einen Seite *bedeutet* zugleich eine Veränderung des *Ganzen* und so auch der anderen Seite. Eine Seelentherapie, die ihre vermeintlichen Fortschritte nicht Schritt für Schritt an Veränderungen der leiblichen Gesamtverfassung prüft, geht also ebenso an der Ganzheit des Menschen vorbei wie eine Körpertherapie, die die Seele des Menschen ausklammert. Eine »Starre« z. B. ist, menschenwissenschaftlich gesehen, psychophysisch »neutral«. Der *ganze* Mensch ist in Starre. Sie ist im Raum des Körperlichen wie des Seelischen gleichermaßen anwesend, und ihr Weichen, wo immer es auch

* Vgl. das Kapitel »Hara als Übung«, in *Hara,* a.a.O., S. 137.

zuerst sichtbar wird, bedeutet stets, daß der ganze Mensch, die Struktur seiner Totalverfassung, in Fluß gekommen ist.

Die Aufhebung von Fehlhaltungen, Verspannungen und Fehlatmungen besagt immer, daß der eigentlichen Natur des Menschen, die nur im Zeichen seiner Übernatur, d. h. seines Wesens, wirklich zu leben vermag, wieder Raum gegeben wird, im Sinne des Wesens zu wachsen. So kann man beispielsweise allein durch die Arbeit an der Schulterlage einen zentralen Einfluß auf die Gesamthaltung eines Menschen ausüben, vorausgesetzt, daß er dabei lernt, nicht nur seine Schultern fallen zu lassen, sondern *sich*, und daß er dabei erfährt, daß er, wenn er das wagt, nicht ins Nichts fällt, sondern aufgefangen wird von einem »Boden«, der ihn von woandersher trägt und in Form hält. Die hochgezogene Schulter (auch in der fatalen Form eines Hochziehens der Schulter beim Handgeben) bedeutet ja, tiefer gesehen, daß der ganze Mensch jener ursprünglichen Weise dazusein verstellt ist, in der sich noch echte Seinsverbundenheit bekundet. Umgekehrt offenbart sich in lose fallenden, herabgelassenen Schultern, also einer Spannungsformel, in der keine Verkrampfung mehr ist wie im gelösten Atem, eine Durchlässigkeit gegenüber dem Seinsgrund, mit der jenes angstlose Vertrauen wächst, das als Gelassenheit in die Erscheinung tritt.

Die hochgezogene Schulter zeigt eine Weise, sich in der Welt zu fühlen, die den Menschen veranlaßt, ihr gegenüber mißtrauisch und auf der Hut zu sein, weil er sich von ihr immerzu bedroht und ihr gegenüber nicht gewachsen fühlt. Er kann es auch nicht sein, solange er, wofür die hochgezogene Schulter eben ein Zeichen ist, in seinem »Ichkreis« gefangen ist. Der lose Schultergürtel dagegen spricht immer dafür, daß ein Mensch von einem tieferen Grund her getragen und gespeist ist und von dorther auch anpassungsfähig und in der Tiefe elastisch in der Welt lebt und ohne absichernde Vorsicht in den nächsten Augenblick hineingehen kann. Lose Schultern, in denen auch nicht mehr die mindeste Spannung ist, sind ein Ausdruck der *Gelassenheit* wie die auch nur leicht angehobenen der Ausdruck gespannter und ichbefangener *Verhaltenheit*.

Je verstellter die sich in der Gesamthaltung äußernde Beziehung zum eigenen Wesen, desto größer die Abhängigkeit von der Welt und die Gefahr, daß die Welt etwas Bedrückendes bekommt. Je durchlässiger dagegen der Mensch zum Wesen hin ist, um so größer seine grundsätzliche Überlegenheit gegenüber der Welt. Anders gesagt, die Welt, als das uns gefährdende, verbiegende oder vereinsamende Medium unseres Lebens, hat um so mehr Eigengewicht, als wir ihr ohne Wesensfühlung gegenüberstehen und dann ausgeliefert sind. Sie hat um so weniger bedrohliches Eigengewicht, als wir vom Wesen her existieren, und das bedeutet: die *religio* an die Wesenswirklichkeit bewahrt oder wiedergefunden haben. Zu diesem Zwecke an der Läuterung vom Ich und der Befreiung von seinen Fixierungen zu arbeiten, ist der Sinn aller rechten *Übung* an Haltung, Spannungsformel und Atmung.

So gewiß unser waches Bewußtsein ichzentriert und also gegenständlich bezogen ist und bleibt, so gewiß liegt auf dem in seinen Ordnungen sich bewegenden Leben so lange kein Heil, als es nicht zugleich in jenem Grunde verankert ist, in den kein fixierendes Ich hineinreicht und in dem es also auch keine Gegensätzlichkeit und Gegenständlichkeit gibt: im Grunde unseres Wesens.

Immer wieder werden die aktuellen Forderungen und Überforderungen der Welt wie die Ungelöstheiten unserer Innerlichkeit Fehlformen der Haltung, der Spannung und des Atems erzeugen. Es hängt daher alles Heilwerdenkönnen davon ab, daß eine wesensgemäße Grundhaltung, ein wesensgemäßes Grundverhältnis der Spannung und Lösung und ein wesensgemäßer Grundatem, kurz, eine wesensmäßige *Grund-Lebensformel* entsteht, die durch die unvermeidlichen Störungen in der *Peripherie* unseres Lebens nicht mehr gestört werden kann, sondern sich gerade an solchen Störungen bewährt und fortschreitend festigt. Der Mensch, der vom Wesen her und auf das Wesen hin in Ordnung zu kommen beginnt, erfährt, je mehr er auf den Weg der Integration mit seinem Wesen einmündet, gerade *in* den Anforderungen, die die rechte Haltungs-, Spannungs- und Atemformel peripher stören, immer deutlicher das unstörbar auf die rechte Formel hinwirkende Prinzip des Grundes und nimmt es immer mehr in sein Bewußtsein und seine Verantwortung auf.

136

So wie die Angel der Tür in ihrer Unbewegtheit erst offenbar wird, wenn die Tür sich bewegt, so auch die Stille des Grundes erst in der Bewegtheit der Peripherie.

Die *rechte Verfassung* des Menschen meint eine Lebensformel, in der das rechte Verhältnis des Menschen zum Wesen und zu seinem als Drang, Forderung und Verheißung innewohnenden Impuls zur Manifestation unabdingbar verankert ist. Nie also kann es das Ziel einer rechten Arbeit an der seelenleiblichen Verfassung des Menschen sein, ihn in irgendeiner peripher erlernbaren Haltungs-, Spannungs- oder Atemform, womöglich zum Zweck irgendeiner Leistungssteigerung, zu fixieren. Das muß, wie heute so manches Beispiel bei der emsigen, aber mechanischen Übernahme östlicher Haltungs- und Atempraktiken zeigt, kläglich scheitern. Solange aber der westliche Seelenarzt das metaphysische Wesen noch nicht als solches in seiner *Realität* ernst zu nehmen wagt und andererseits den lebendigen Leib des sich ihm Anvertrauenden nicht in seine Arbeit einbezieht, wird dieser, weil er als *ganzer* Mensch leidet und in seiner Ganzheit angesprochen werden will, ja gezwungen, eigene Wege zu gehen, auf denen er dann leicht ein Opfer, sei es sektiererischer Heilslehrer oder unberufener »Yoga«-Lehrer oder »Entspannungsmeister«, wird.

Wo immer man im Blick auf den ganzen Menschen den lebendigen Leib mit ins Auge faßt, wird es darum gehen, durch eine Arbeit an der greifbaren Haltungs-, Spannungs- und Atemformel eines Menschen hindurch die dem Wesensgrund entsprechende Lebensformel so ins Innesein zu bringen und zu festigen, daß der aus seiner Ordnung geworfene Mensch ganz von selbst immer wieder zur *Mitte* zurückschwingt. Es geht um die Gewinnung der sich dann sowohl körperlich wie auch seelisch manifestierenden *Grundverfassung,* dank deren die niemandem erspart bleibenden Störungen nicht immer gleich die Wirksamkeit des Grundes blockieren, sondern seine ganzmachende, sei es erneuernde, richtende oder schöpferisch erlösende Kraft immer aufs neue voll auf den Plan rufen. In dem Maße, als Haltung, Spannung und Atem verantwortlich bewußt werden, werden sie zum Ausgangspunkt und Erfüllungsfeld einer Wesensbekundung, in der der Mensch immer wieder in sein Eigen kommt. Er schwingt in seine Mitte zurück und bewährt in seinem Spannungsgefüge jene Tiefenelastizität, die alles Sich-Festfahren verhindert. Er bekundet die Kraft zum wesensgemäßen Wiedereinschmelzen jeder sich festziehenden Augenblicksform, verhindert ihre wesenswidrige Fixierung, und gerade auf dem Hintergrunde ichzentrierter Spannungsgefüge tritt das Wesen selbst in seiner Übergegensätzlichkeit immer wieder beglückend ins Innesein. Und wo im situationsbedingten Verhaftetsein des Menschen sich die strömende Kraft aus dem Grunde im Gefüge aktiver Ichbezüge vorübergehend staut, bricht sie alsbald wie ein warmer Strahl schöpferisch und erlösend wieder hervor.

Die rechte Gesamtverfassung ist die, in der nichts den Schwerpunkt in der Mitte aufhebt, nichts uns in Verspannung wirft oder auflöst und der Atem ohne Barrieren »durchgeht«. Nur so kann das Wesen aufklingen. Auch alle Bilder, deren man sich in der Haltungs-, Entspannungs- oder Atemtherapie bedienen mag, um zur rechten Form hinzuführen, dürfen immer nur den Sinn haben, der transparenten Ganzheit zu dienen, die, sobald sie gelingt, in allem und jedem jenen Urton aufklingen, jenes Urlicht aufleuchten, jene Urgebärde aufleben läßt, darin der Mensch in wundersamer Weise das hört, sieht und ahnt, was kein Weltohr je gehört, kein Weltauge je gesehen, kein Weltgeist je begriffen hat.

Das »Wesen« mit *seinen* Ordnungen steigt aus der ungeschiedenen Fülle des weiselosen Seins, das als das Bildlose, Übergegensätzliche, Übergegenständliche und Überraumzeitliche nur dem inneren Auge und dem inneren Ohr und in jener Urgebärde »aufgeht«, in der aller Raum und alle Zeit im ewigen Nun verschlungen sind. Und aus diesem Grunde heraus gewinnt erst alle raumzeitlich beschränkte, gegenständlich fixierte und beinhaltete sowie gegensätzlich bestimmte Wirklichkeit und Verwandlungsordnung unseres Lebens in der Welt jenen schöpferischen, stetig fortzeugenden Sinn, der nicht von dieser Welt ist.

Am Anfang, im Mittelpunkt und am Ende aller konkreten Arbeit und Übung steht nicht das *Tun*, sondern das *Lassen* und daher vor allem die *Übung der Stille,* in der der Mensch

138

allmählich lernt, die Stille des Wesens zu vernehmen. Das allein schon durch seine emsige Intentionalität laute Ich wird zum Hintergrunde für das Vernehmen des Wesens wie umgekehrt dieses ob seiner Übergegensätzlichkeit »stille« Wesen zum Hintergrund für das Vernehmen des lauten Ichs.

So erzählte mir einmal eine Frau, welch große Stille nach einem guten Gespräch mit einem Freunde in abendlicher Stunde einstmals in ihr zurückgeblieben sei – so gut und still sei es gewesen. Dem hingegeben und ganz in sich selbst gelassen, hätte es dann auf einmal noch einen Ruck gegeben, mit dem sie offenbar erst in die eigentliche Stille des Grundes gefallen sei. Denn nun erst bemerkte sie, wie laut bis dahin immer noch – obwohl schon keine Bilder und Gedanken mehr da waren – das Ich gewesen war. Es war immer noch auf das Seine gespannt gewesen.

VOM LEIB, DER MAN IST –
IN PRAGMATISCHER UND
INITIATISCHER SICHT

Unsere traditionelle Auffassung vom Leibe leidet unter der dualistischen Vorstellung eines seelenlosen Körpers, dem eine körperlose Seele gegenübersteht, mit der er in rätselhafter Weise verbunden ist. Im Hinblick auf den *Menschen*, so wie wir ihm begegnen und täglich mit ihm »umgehen«, ihn lieben oder fürchten, ist diese Trennung nicht aufrechtzuerhalten. Wer hat jemals einen seelenlosen Körper laufen sehen oder eine körperlose Seele. Fragt man jemanden, zu dem man spricht, wen er eigentlich höre, den Körper oder die Seele (ein Drittes gibt es in der traditionellen Auffassung ja nicht), dann wird man vielleicht die Antwort erhalten: »Die Stimme, die ich höre, ist etwas Körperliches. Das, was ich höre, ist aber etwas Seelisch-Geistiges, also höre ich eine Einheit von Körper und Geist, bzw. von Leib und Seele.« Eine solche Antwort ist ein Krampf, in dem der Verlust des unmittelbar Gegebenen deutlich wird. Die schlichte Antwort auf die Frage: »Wen hören Sie?« muß doch einfach lauten: »Ich höre Sie!« Man hört mich, diesen bestimmten Jemand, der als solcher jenseits ist des Gegensatzes von Körper und Seele. Wenn man diesen Jemand in der Wissenschaft vom Menschen so ernst zu nehmen lernte, wie wir ihn im täglichen Umgang mit unserem Mitmenschen ernst nehmen, so begänne in der Geschichte der Erkenntnis, aber auch der therapeutischen Behandlung des Menschen ein neues Kapitel! Wir sind heute im Begriff, dieses Kapitel zu beginnen. Wir fangen an, den Menschen ernst zu nehmen als den Jemand, d. h. als die Person, die jenseits ist des Gegensatzes von Leib und Seele oder von Körper und Geist. Dies aber bedeutet auch eine Wende in der Auffassung des Leibes.

Den Leib kann man nicht nur in gegenständlichem Abstand

als den Körper wahrnehmen, den man *hat,* dessen man sich wie einer Sache bewußt werden oder wie eines Instrumentes bedienen kann zu weltlicher, vielleicht sogar meßbarer Leistung. Man kann und soll vielmehr sich dessen, was man den Körper nennt, auch innewerden als des Leibes, der man *ist.* Das ist der Leib, *in* welchem man sich als Person erlebt und *als* welcher man sich als Person in der Welt darlebt, d. h. darleibt. Das ist der Leib als die sinnlich greifbare Gestalt, in welcher ich als Person in der Welt *da* bin, von meinen Mitmenschen leibhaftig wahrgenommen werde und den anderen wahrnehme.

So verstanden ist der Leib das Ganze der Gestimmtheiten und Gebärden, in denen der Mensch sich selbst als die ihrer selbst bewußte und zugleich die Welt erlebende und in ihr handelnde Person fühlt, ausdrückt und darstellt, in Raum und Zeit besteht oder untergeht, sich zum wahren Selbst hin verwirklicht oder verfehlt.

Nicht etwa nur »innerlich«, sondern im Leibe als der Weise, in der man als Person in der Welt sichtbar und greifbar *da* ist, ist man auf dem rechten Weg oder nicht, ist man der Situation gewachsen oder nicht, ist man stark oder schwach, im Gleichgewicht oder labil, dem Leben gegenüber offen oder verschlossen, im Kontakt oder in Abwehr, angepaßt oder im Widerspruch, hell oder dunkel, mit oder ohne »Strahlung«, freundlich oder feindlich u. a. m. Im Leibe auch erkennt man sich selbst als richtig oder falsch »da«, im Hinblick auf welches innere oder äußere Ziel es auch sei. Alle Selbstwahrnehmung ist ein Innesein seiner selbst als Leib. Daß Selbstwahrnehmung nicht nur »über den Leib läuft«, sondern Selbstwahrnehmung *als* Leib sein kann, davon wissen wir viel zuwenig. Wir leben zwar in diesem Innesein, aber nicht bewußt aus ihm heraus und auf es hin. So wie es auch ein großer Unterschied ist zwischen der Tatsache, daß wir immer »im Zen« leben und der unendlichen Aufgabe, uns so zu entwickeln, daß wir aus ihm heraus leben.

Die Bewußtwerdung des Leibes als der Weise, wie wir in der Welt da sind, hat automatisch teil an den Wandlungen und Entwicklungen des Selbstbewußtseins des Menschen. Der wichtigste Entwicklungsschritt im Selbstbewußtsein des Menschen unserer Zeit geschieht mit der Entdeckung, daß sein

Dasein als weltbedingtes und weltbezogenes Ich nicht das Ganze seines Menschseins ausmacht, sondern daß dieses Welt-Ich mitsamt seiner Welt-Wirklichkeit in Spannung lebt zu einem nicht von der Welt bedingten, sondern unbedingten Sein, das den Menschen aus dem überweltlichen Wesen aller Dinge, so auch aus seinem eigenen Wesen anspricht und zu einer bestimmten Entwicklung einlädt und verpflichtet. Der Mensch beginnt heute, seinen eigentlichen, ihm zur Verwirklichung im wahren Selbst aufgegebenen Kern, d. h. sein *Wesen* zu erfahren. Unter dem Wesen verstehen wir die individuelle Weise, in der das überweltliche Sein im Menschen anwesend ist und in ihm und durch ihn offenbar werden möchte in der Welt. Der Mensch unserer Zeit entdeckt, daß die Rede vom »Wesen« und vom zwiefachen Ursprung des Menschen, dem himmlischen und irdischen, dem übernatürlichen und natürlichen, oder wie auch immer man es nennen will, kein Ausdruck eines frommen Glaubens ist, sondern eine Tatsache bezeichnet, die der Erfahrungswirklichkeit* des Menschen zugehört. Er erfährt sich in besonderen Erlebnissen von einer anderen, einer überweltlichen Dimension berührt, so in der Qualität des Numinosen, sei es in hauchzarten Seinsfühlungen oder in ihn mehr oder weniger erschütternden, ja von Grund auf verwandelnden Erlebnissen, die man »Seinserfahrungen« nennt. Als Tatsache erweist sich die zwiefache Herkunft auch darin, daß es zweierlei *Leiden* gibt: das Leiden unter dem Ungenügen gegenüber den Forderungen der Welt und das Leiden unter dem Mangel an Einssein mit dem eignen überweltlichen Wesen, bzw. das Leiden am Ungenügen, seinen Forderungen zu genügen. Und so gibt es auch zwei Weisen, heil zu sein: das eine kraft psycho-physischer Gesundheit, d. h. Funktionstüchtigkeit in der Welt, und das andere kraft eines Einsseins mit dem Wesen. Dem entsprechend gibt es zwei Arten von Therapie: die pragmatische Therapie und die initiatische Heilkunst.

Der Mensch ist Bürger zweier Welten – dieser raumzeitlich bedingten und einer anderen, überraumzeitlichen, unbedingten! Mit Bezug auf jene hat er den Drang und den Auftrag,

---

* Vgl. Maria Hippius: »Am Faden von Zeit und Ewigkeit«, in *Transzendenz als Erfahrung. Beitrag und Widerhall. Festschrift zum 70. Geburtstag von Karlfried Graf Dürckheim*, O. W. Barth Verlag, Weilheim 1966.

sich in der Welt durchzusetzen, sie zu ordnen und zu gestalten im *Werk*. Mit Bezug auf diese hat er den Drang und den Auftrag, sich zu entwickeln auf einem inneren *Weg*. So gibt es auch zweierlei Reifen des Menschen und auch zweierlei Reifen *im Leibe:* das Reifen im Hinblick auf das Dasein in der Welt und das Reifen im Hinblick auf das überweltliche Sein. Das Reifen im weltlichen Sinn meint als erstes das biologische Reifen, dessen Frucht der Mensch ist, der mit einem anderen ein Drittes hervorbringen kann: das Kind. Darüber hinaus meint reif für die Welt das immer auch in einer leiblichen Entwicklung sich vollziehende Heranreifen im und zum ichlos-sachlichen Vollzug der »Funktion«, die wir in der Welt zu erfüllen haben. So wie es das gereifte Spiel eines Geigers gibt – Frucht fortschreitender, auch leibhaftiger Einswerdung mit dem Instrument und einer in dieser Einswerdung zunehmenden Einfleischung oder Einheit von Wissen und Können –, so gibt es in jedem Beruf in der Welt, sei es der Beruf der Mutter und Hausfrau oder des Handwerkers, Landwirtes, Ingenieurs, Lehrers, Priesters oder was es auch sei, die Möglichkeit zu einer besonderen Reife als einer Verfassung des ganzen Menschen, also auch des Menschen als Leib, die nicht nur in reibungslosem Vollzug der zu der betreffenden Funktion erforderlichen Bewegung erscheint, sondern schließlich in einer sich im Tun auswirkenden Weisheit des Menschen als Leib. Es gibt eine »Weisheit des Leibes« als Erscheinungsform einer Reife, darin der Mensch sich schließlich am sachgemäßesten dann verhält und handelt, wenn er sich einfach dem Leib überläßt, ohne an das zu denken, was er zu tun hat. Insgeheim wünscht sich jeder, in dieser Weise nicht nur in seinem Beruf, sondern überhaupt als Mensch in den Genuß einer Reife zu kommen, die Ausdruck ist eines Eingefleischtseins einer inneren Verfassung, dank der er sich reibungslos und ohne Hemmungen den Forderungen und Möglichkeiten, auch den Glücksmöglichkeiten der Welt, entsprechend verhalten kann. Die Voraussetzung dafür ist gewiß auch der heile Leib im herkömmlichen Sinn, d. h. die Gesundheit im physischen wie auch im psychophysischen Sinn. Dieser Gesundheit zu dienen ist und bleibt die Aufgabe der den Menschen für die Welt bereit machenden und wiederherstellenden, also »pragmatischen« Therapie. Eine ganz andere Betrachtung und Hilfestellung erfordert das Reifen des Menschen auf dem und für den *inneren Weg* und zwar gerade auch im Hinblick auf das zur Entwicklung auf dem inneren Weg gehörende Reifen im Leib, bzw. als Leib. Dieser Entwicklung zu dienen ist die Aufgabe einer »initiatischen« Therapie, die von Erfahrungen der »anderen Dimension« ausgeht, den Menschen leibhaftig in ihr verankert und zu ihrer Bewährung auch als Leib in der Welt führt. Das lateinische Wort »initiare« meint den Zugang zum Geheimen, zum Verborgenen, öffnen.* Das in der gewöhnlichen Ich-Welt-Wirklichkeit Verborgene ist eben das uns innewohnende, ihren Horizont überschreitende, also »transzendente« Wesen und Sein.

In aller initiatischen Therapie, wie in aller Führung auf dem Weg, geht es im Grund immer um das gleiche: Um Transparenz für Transzendenz. Hier stehen wir heute vor ganz neuen Aufgaben. Die Kunst, den Leib wahrzunehmen, zu erkennen und zu bilden als Medium des inneren Weges, auf dem das Wesen fortschreitend offenbar werden kann, hat ganz andere Voraussetzungen als die, die zur Wahrnehmung des Leibes als Mittel zum Bestehen in der Welt bekannt sein müssen. Im Leibe, Leib verstanden als Medium des Wesens, nimmt der Mensch z. B. mit dem Altern nicht notwendigerweise ab. Er kann vielmehr gerade im Altern im Zunehmen bleiben, d. h. im Zunehmen an Transparenz! Ja, er kann im Sterben noch, einfach durch seine Weise, »da« zu sein, ganz durchlässig werden und so gerade im Sterben der Bestimmung des Menschen genügen: Vom Göttlichen zu zeugen in der Welt.

Der Leib, der man ist, ist einem in anderer Weise gegeben und aufgegeben, je nachdem wir ihn, bei uns selbst oder bei anderen, in pragmatischer oder aber in initiatischer Sicht wahrnehmen, d. h. sehen und behandeln.

Alle medizinische Massage z. B. nimmt den Leib nur als Körper wahr, der in seiner Höchstform »fit« sein soll. Dieser für das Funktionieren in der Welt begehrenswerte Zustand ist aber keineswegs Sinn und Ziel einer Behandlung, die den Menschen in initiatischer Sicht wahrnimmt. In ihr wird kein Körper berührt und mehr oder weniger fachgemäß auf Funk-

* Vgl. K. Dürckheim: *Vom doppelten Ursprung des Menschen,* Herder Bücherei 480, Freiburg/Brsg. 1974 (2. Aufl.).

tionstüchtigkeit hin traktiert, sondern *es wird der Mensch in die Hand genommen.* Wie wenig das für gewöhnlich der Fall ist, geht allein aus der Tatsache hervor, daß nur ganz selten gelehrt wird, den Massage-Strich mit dem Atem zu koordinieren, so, als wüßte man nicht, daß der Mensch sich im Einatmen insgesamt in einem anderen Spannungszustand befindet als im Ausatmen, und als sei es ganz selbstverständlich, einen Menschen ohne Rücksicht auf seinen, in seinem Atem erscheinenden Rhythmus zu »bearbeiten«. Initiatische Behandlung meint nicht einen Körper erfrischen, sondern einen *Menschen* durchlässig machen mit dem Ziel, daß er sich selbst *erfahre* als den, der er eigentlich ist und als solcher aufgehe in seinem Wesen, d. h. in jener Dimension, in der er sich als das nur weltbedingte und weltbezogene Ich überschreitet. Dies betrifft in der Behandlung vor allem die Durchlässigkeit für die kosmischen Kräfte und Ordnungen, in die wir eingebettet sind, und an denen wir im Grund teilhaben. Es gibt ein Öffnen zur kosmischen Transzendenz im Leibe. In diesem »Öffnen« erfährt der Mensch eine außerordentliche Erweiterung seiner selbst. Medium dieser Erweiterung ist physisch gesehen vor allem der Bauch-Beckenraum. Aber allein schon das Geben der Hände oder das Handauflegen kann, wenn der Behandelnde selbst »angeschlossen« ist, dies bewirken, mehr noch der magnetische Strich und der Strom der Mikrovibration. Es gibt ein Behandeln des Leibes, das so wenig mit medizinischer Massage zu tun hat, als man einen Händedruck zur Begrüßung eines Menschen richtig beschriebe als eine »Körperberührung plus seelischem Zuspruch«!

Auf dem initiatischen Weg kann man über den Leib nur vorankommen, wenn man die Stimme des dritten *Leibgewissens* zu hören und ihr zu folgen vermag. Das erste Leibgewissen meint »Selbsterhaltung«. Es ist bezogen auf Gesundheit, auf Funktionstüchtigkeit in der Welt. Das zweite Leibgewissen ist orientiert an der Schönheit, am Ebenmaß und der Vollendung unserer Gestalt in jeglichem Tun und Gebaren in der Welt. Das dritte Leibgewissen aber meint die große Durchlässigkeit, die Transparenz für die uns wie allem Lebendigen innewohnende Transzendenz. In diesem Sinn kann ein Mensch in »olympischer Form« sein, kerngesund, fähig zu fast übermenschlichen Leistungen, also in der Vollkraft seines Körpers, und auch »schön«, und doch sehr fern von aller Transparenz; und ein Sterbender noch auch in seinem Leibe in höchstem Maß in Ordnung, d. h. durchlässig für das auf ihn zukommende und ihn im Tode verwandelnde andere Leben. Die Transparenz können wir auch verletzen durch etwas, das weder unserer Gesundheit noch unserer »Linie« schadet, z. B. durch ein »Klein-wenig-zu-viel« – etwa beim Einnehmen einer Mahlzeit oder – was vor allem junge Menschen mehr am Fortschritt auf dem inneren Weg hemmt, als man meist annimmt – durch Onanie. Zeichen dafür: Sie nimmt den Glanz weg.

Spricht man von der Transparenz für Transzendenz auch im Leibe – so meint das die Durchlässigkeit für das Offenbarwerden des überweltlichen Seins in seiner Dreieinheit, d. h. als *Fülle, Gesetz* und *Einheit.** Auch der Leib unseres Welt-Ichs spiegelt diese Dreieinheit und zwar als physische Kraft, als mehr oder weniger vollendetes »Gebilde« in seiner Harmonie in der Ruhe wie in der Bewegung und als Mittel physischen Kontaktes. Im Zeichen dieser Manifestation der Dreieinigkeit des Seins steht auch alle pragmatische Therapie. Im Leibe als Medium der Transzendenz erfährt jedoch der durchlässig gewordene Mensch die Transzendenz anders: als funkelnde Fülle des Lebens in einer überweltlichen Kraft auch inmitten physischer Schwäche und äußerer Leere; die Gesetzlichkeit des Seins als ein lichtes Wohlsein auch mitten in physischen Schmerzen und als seltsam harmonisches Befinden inmitten äußerer Disharmonien, und die Einheit des Seins in einem Gefühl warmer Geborgenheit in einem allumgreifenden und verbindenden Ganzen auch in weltlicher Verlassenheit. Solche im Leib, der man ist, zu gewinnende Durchlässigkeit ist immer die Frucht eines langen Reifens. Sie ist das Ergebnis eines initiatischen Weges, der weiser Führung und treuer Übung bedarf. Die auf ihm geforderte Verwandlungsbewegung ist vor allem verhindert durch neurotisch fixierte Tics (nervöse Zuckungen), Verspannungen und Verhärtungen, in denen sich ungelöste Komplexe des Welt-Ichs spiegeln und »verewigen«.

Die deutlichste Erscheinungsform der Unreife im Leibe ist

---

* Vgl. K. Dürckheim: *Überweltliches Leben in der Welt,* O. W. Barth Verlag, Weilheim 1972.

die Verspannung im Wechsel mit Zuständen der Aufgelöstheit. Der Gereifte ist »gelassen in Form«, denn er hat sein Ich gelassen und ist in seinem Wesen zentriert. Er ist in seiner gesamten Haltung nicht von der Welt und von der Anerkennung durch andere abhängig. Er ruht in sich, und auch als Leib, d. h. in seiner Weise, *da* zu sein, ist er Ausdruck seiner inneren Freiheit und Unabhängigkeit. Das Selbstbewußtsein des Gereiften kommt nicht aus einer gesicherten Position in der Welt, sondern aus seiner Verwurzelung in einem Überweltlichen. So ist er weder verspannt noch aufgelöst, sondern als ganzer Mensch, so auch in seinem Leib gelöst und in Form. Er ist in Form und fällt nicht aus der Form. Diese Form ist aber in aller Geschlossenheit nicht verschlossen, in aller Geöffnetheit kein Preisgegebensein. Ist einer wirklich auf dem Weg, dann wird er sich schnell jeder Aufgelöstheit und auch jeder Verspannung bewußt, nicht nur, weil sie schmerzt oder sein physisches Befinden beeinträchtigt, – auch nicht nur, weil sie ihm den rechten Vollzug einer Leistung verwehrt, sondern weil sie Anzeichen ist seiner Verstelltheit gegenüber dem, der er eigentlich ist und sein möchte. Er fühlt sich blockiert für den Kontakt mit seinem Wesen. Und nicht weniger als jede Verspannung, Verhärtung und Verkrustung wird er die Aufgelöstheit, die Verschlampung als »ungerecht« empfinden – nicht nur, weil er sich in ihr nicht wohlfühlt und auch keine rechte Werkhaltung möglich ist, sondern weil sie ihm die Form verwehrt, die er vom Wesen her sucht.

Wo der Leib verstanden wird als eine Einheit der Gebärden, in denen der ganze Mensch erscheint, und zugleich als Medium einer Selbstverwirklichung, die nur von einer transzendenten Wurzel her möglich ist, bedeuten seine Gestörtheiten nie nur physische Störungen, sondern Spiegelungen einer wesenswidrigen Unordnung und Fehleinstellung. In den *Fehlformen des Leibes,* insbesondere in *Auflösung* und *Verspannung,* erscheinen *Fehlhaltungen der Person.* So beispielsweise in der Verspannung Ehrgeiz, Eitelkeit, Mißtrauen und Angst, wie im plötzlichen Nachlassen der Kräfte nicht nur physische Erschöpfung, sondern Entmutigung und schwindendes Selbstvertrauen. Nehmen wir als Beispiel eine Verkrampfung der Schultermuskulatur. Sie kann niemals richtig verstanden werden, wenn man in ihr nur eine körperliche Verspannung sieht,

der man mit Massage, rein technisch durchführbaren Entspannungsübungen oder notfalls mit einer Impletolinjektion zu
begegnen vermag, denn sie ist immer mitbedingt, wenn nicht
ausschließlich verursacht durch eine innere Fehlhaltung. In ihr
erscheint eine Vorherrschaft des sicherungsbedürftigen kleinen
Ichs und ein auf einem Mangel an Selbstbewußtsein beruhen-
des Mißtrauen gegenüber der Welt und dem Leben.

Der in seinem Ich eingeschlossene Mensch hat ein einge-
fleischtes Mißtrauen gegen den nächsten Augenblick. Er befindet sich immerzu in einer gewissen Sorge und Alarmbereit-
schaft. Er kann nichts ruhig auf sich zukommen lassen und ist
unbewußt immer der Meinung, daß er auch das noch einmal
»machen« müßte, was er doch im Grunde schon kann und ihm
auch zur Verfügung stünde, wenn er es im entscheidenden
Augenblick nur einfach zuzulassen vermöchte. Da er dies aber
aus mangelndem Selbstvertrauen nicht kann, versagt er, wenn
es darauf ankommt.

Mit seinem Ehrgeiz, seiner Schmerzscheu, seinem Geltungs-
und Machtbedürfnis, seinem Grundmißtrauen gegen das
Leben und seinem entsprechenden Sicherungsbedürfnis steht
das kleine Ich dem Menschen nicht nur bei der Erfüllung seines Leistungspotentials in der Welt, sondern auch auf dem
Weg in die Transparenz, also auf dem inneren Weg, im Wege.
Die Verhärtung des Menschen in Haltungen des Ichs zu besei-
tigen, erfordert eine Veränderung des Insgesamt der Gebärden, in denen er sich festhält. Für die Arbeit im einzelnen gilt,
daß Atmung, Haltung und Spannung nicht nur Ausdrucksfelder des Welt-Ichs sind, sondern dank der Bedingtheit ihres
jeweiligen Charakters durch das Verhältnis zwischen Welt-Ich
und Wesen auch Ausdrucksfelder für die jeweilige Transparenz. So können sie auch als Medien des inneren Reifens
geübt werden. Dies ist bislang ebenso unbeachtet geblieben
wie die Tatsache, daß wir jede Leistung, deren Technik wir
beherrschen, als Exerzitium zur Förderung unserer Entwicklung auf dem initiatischen Weg nutzen können. Um das zu
verstehen, bedarf es der grundsätzlichen Einsicht in die zwiefache Bedeutung jeder Handlung. Jede Handlung hat in dem,
was sie bezweckt, ihren äußeren Sinn. Er betrifft das, was bei
ihr herauskommt. Jede Handlung erfüllt oder verfehlt aber
auch in der Weise, *wie* sie vollzogen wird, einen inneren Sinn.

Er betrifft das, was bei ihr hereinkommt. *Jede* Handlung in der Welt kann durch die Einstellung und Haltung, wenn diese wesensgemäß und nicht nur vom Zweck her bedingt ist, dem Fortschreiten auf dem inneren Weg dienlich sein.

Der Charakter von Haltung, Atmung und Spannung ist bestimmt durch den *Schwerpunkt.* Dieser sitzt, wo das um seine Position besorgte Ich herrscht, zu weit oben, erscheint vor allem in den hochgezogenen Schultern und in einem flachen Atem. Er bezeugt im Leibe, der man ist, daß man als Person nicht in der rechten Mitte ist.* Je mehr er eingefleischt ist, um so schwerer hat es der Mensch, seine rechte Mitte zu finden. Die Verankerung in der rechten Mitte erscheint im Leibe im Schwerpunkt in der Leibesmitte, d. h. im Unterbauch. Die Japaner nennen ihn Hara** und unterscheiden den Hara-no-hito (den im Hara verankerten, d. h. gereiften Menschen) vom Hara-no-nai-hito (dem des Hara ermangelnden ungereiften Menschen). Es bedarf für den Europäer zunächst der Überwindung eines gewissen Widerstandes, um zu akzeptieren, daß ausgerechnet der Bauch wahrgenommen werden muß, wenn es darum geht, die rechte Verfassung für den inneren Weg zu finden. Aber es kann kein Zweifel darüber bestehen, daß die Entdeckung, Entwicklung und Festigung des Hara, d. h. der Verfassung, in der man die eingefleischte Herrschaft des kleinen Ichs überwindet, von gleich großer Bedeutung ist für die pragmatische wie für die initiatische Therapie. Im Dienste der Verwandlung auf dem inneren Weg steht die Bewährung von Hara im Mittelpunkt der altjapanischen Übungen. In einer ständigen Wiederholung einer Leistung, deren Technik man vollkommen beherrscht, dient die recht verstandene Übung zur Reinigung des Menschen von der Vorherrschaft seines kleinen Ichs.***

Ich erinnere mich eines Wettkampfes junger Bogenschützen

---

* Vgl. K. Dürckheim: »Wann ist der Mensch in seiner Mitte?«, in *Wirklichkeit der Mitte. Beiträge zu einer Strukturanthropologie. Festgabe für August Vetter,* Karl Alber Verlag, Freiburg/Brsg. – München 1968.
** Vgl. K. Dürckheim: *Hara. Die Erdmitte des Menschen,* O. W. Barth Verlag, Weilheim 1972 (5. Aufl.).
*** Vgl. K. Dürckheim: *Japan und die Kultur der Stille,* O. W. Barth Verlag, Weilheim 1971 (5. Aufl.).

in Japan. Jeden Schützen beurteilten drei Richter. Der eine zählte die Ringe, der zweite kontrollierte die Gesamthaltung, der dritte sah nur auf das Gesicht. Wenn dann im Augenblick des Schusses der Schütze das Auge zukniff und den Unterkiefer vorschob, dann galt der Schuß nichts, auch wenn er ins Zentrum traf. Denn das war »unrein«! Da war noch das Ich im Spiele mit seinem Ehrgeiz und seinem »noch-einmal-das-machen-wollen«, was sich in der Bewährungsprobe frei von allem Ich-Tun als Ausdruck einer lebendigen Innenform von selbst zu vollziehen hat. Genauer gesagt: Die Übung zur Leistung zielt hier auf ein In-Form-Sein, darin der Mensch seine gekonnte Technik als ein vom Ich gereinigtes Instrument einer tieferen Kraft zur Verfügung stellt, die dann ohne sein Zutun die vollendete Leistung gleichsam hervorspielt. In dieser Auffassung ist die gute Leistung, mag sie auch das Ziel sein, doch nicht der eigentliche Sinn der Übung. Der Sinn ist die in der Bewährungsprobe erfolgende Bezeugung des zur Freiheit aus dem Wesen gereiften Menschen, bei dem nun in der gemeisterten Handlung Transzendenz offenbar wird.

Zur Vorbereitung der Bewährungsprobe müssen alle Kräfte eingesetzt werden, insbesondere auch die Ich-Kräfte des Willens, die die Leistung erfordert: Eine feste Zielvorstellung, ein zäher Wille, Härte gegen sich selbst und eine große Treue im Training, bis endlich die Technik beherrscht und die Bewegungsordnung der aufeinanderfolgenden Griffe etc. automatisiert ist. Ist aber die Technik beherrscht, das Können vorhanden, dann spiegelt auch der geringste Fehler eine innere Fehlhaltung wider, d. h. einen Mangel an Verwurzelung im Wesen, z. B. einen Mangel an Vertrauen, das heißt aber in sich selbst, oder einen übertriebenen Ehrgeiz, oder aber die Angst, zu versagen usw. Ist dann der Übende nicht nur auf das äußere Ergebnis bedacht, sondern auf die Verwirklichung des wahren Selbstes gerichtet, dann wird das Gekonnte, wenn er es wiederholt, im Versagen wie im Gelingen, die innere Haltung nicht nur deutlich werden lassen, sondern automatisch korrigieren. Dann wird, unter der Voraussetzung, daß die Technik wirklich beherrscht wird, der glückende oder mißglückende Leistungsvollzug zu einem »wirkenden Spiegel«. Und je reiner dieser Spiegel wird, desto mehr erscheint auf ihm das Maß der Transparenz für Transzendenz.

»Der Geist weht, wo er will« – aber wie müssen wir sein, damit wir seinen Hauch verspüren und ihm gehorchen können? Vielleicht können wir die Stimme der Transzendenz in jeder Leibesverfassung hören, aber nur in einer bestimmten »Form« können wir dem entsprechen, was sie von uns fordert oder was sie uns verheißt. Wir können von ihr berührt werden im Schlafen wie im Wachen, im Rausch wie in der Nüchternheit, in körperlicher Aufgelöstheit wie in einem Zustand der Verspannung – aber ihr entsprechen können wir nur in der »rechten Form«, das ist einer Verfassung, die zugleich »durchlässige Form« oder »geformte Durchlässigkeit« ist. Wir müssen durchlässig und aufnahmefähig sein für die Fülle, Gesetzlichkeit und Einheit des in unserem Wesen anwesenden Seins! In uns als Bewußtseinswesen kommt das LEBEN zum Bewußtsein seiner selbst im ununterbrochenen Atem seines Werdens, im ewigen »Stirb und Werde« seiner Gestalten, im Yin und Yang seiner Urbewegung. Im wachen Innesein dieser schöpferisch-erlösenden Urbewegung erfüllt sich die Forderung, wesensgemäß im Leibe da zu sein.

Dies erfordert als erstes die Ausbildung des Organs zum Spüren seinshaltiger und seinsgemäßer Daseinsform. Seinsgemäße Form kann nie Entsprechung zu einem statisch verstandenen Bild in einer Gestalt sein, die endgültige Vollkommenheit beansprucht. Nur eine Bewegungsgestalt kann dem lebendigen Wesen entsprechen. Auch das Wesen selbst muß weniger als ein In-Bild denn als ein In-Weg verstanden werden, d. h. als der uns eingeborene Weg zu der uns individuell bestimmten Weise, LEBEN darzuleben, unsere Weise also, das universelle Gesetz vom Stirb und Werde zu vollziehen. Die uns auf dem Weg zugedachte Gestalt kann demnach nur eine Verwandlungsgestalt sein, eine Verfassung des ganzen Menschen, die die nie endende Verwandlungsbewegung gewährleistet. Es geht nicht um eine eingefleischte End*form,* sondern um eine zur zweiten Natur gewordene Verwandlungs*formel,* die das Weiter-Reifen auch im Leibe gewährleistet.

Planmäßiger Fortschritt auf dem Weg der Verwandlung im Leibe zu einem Medium der Transzendenz hängt ab von einer fortschreitenden Differenzierung des Spürvermögens für alle Erlebnisqualitäten, in denen uns das überweltliche Sein anrührt, also vor allem für die Qualität des *Numinosen.* Der

Gereifte kann es in allen Sinnesqualitäten wahrnehmen als die ihnen innewohnende Tiefendimension. Allen äußeren Sinnesorganen entspricht ein Inneres. Und allen Sinnesqualitäten wohnt ein »Inneres« inne. »Alles Sichtbare ist ein in einen Geheimniszustand erhobenes Unsichtbares« (Novalis), das die Ebene der primären Sinnesqualitäten überschreitet, d. h. auf Transzendenz hinweist. Diesem inneren Sinn der Sinnesqualitäten und über sie hinaus allen Gegebenheiten der Welt können wir nur durch eine besondere Art von Wahrnehmung gerecht werden. Es ist eine besondere Art, »nach innen« zu blicken. »Wenn man aber« – so lautet das bekannte Wort eines östlichen Weisen – »nach innen blickt, wie man nach außen schaut, dann macht man aus dem Innen ein Außen.« Aber man kann auch nach außen schauen, wie man nach innen blicken sollte. Und dann öffnet sich das Tor zum Wunder des anderen Reiches. Was heißt aber »nach außen«? Gemeint ist das gegenständliche Sehen – das durch ein »inständliches« Schauen abgelöst werden muß – wo immer es um das Innewerden dessen geht, was im Numinosen erscheint!

Wenn von den Sinnen die Rede ist, so sollte die Aufmerksamkeit sich besonders auch auf den Bewegungssinn richten. In aller Bewegung – nicht nur im Knien, im Tanz oder im sakralen Schreiten, d. h. in der kultisch gemeinten – ist die Chance gegeben, sich in seiner Zugehörigkeit und im Dienst einer anderen Wirklichkeit zu erfahren und zu bewähren. Voraussetzung ist freilich, daß man sich bewußt oder unbewußt im Kontakt mit dem Wesen hält oder zu halten bemüht ist. Dies Bemühen hält uns als den Leib, der wir sind, immer in einer bestimmten »Schwebe«, bestimmt unwillkürlich das Tempo der Bewegungen, wahrt den eigenen Rhythmus, vermeidet alles Stehenbleiben und hält sich – wo immer man auch in der Welt ankommt – innerlich doch im Vorübergehen.

Wenn von den Sinnen und also von der Sinnlichkeit als Feld möglichen Erlebens transzendenter Qualitäten die Rede ist, muß daran erinnert werden, daß alle Erotik und Sexualität diese Chance in sich trägt. Die Voraussetzung dafür, daß sie sich erfüllt, ist aber, daß der Sinn auf ihr Erleben gerichtet sei. Es ist ein Unterschied, ob in der Sexualität nichts als die grobsinnliche Lust gesucht wird und die erotische Spannung zum bloßen Vorläufer der »Lösung« reduziert ist, oder aber das

»Über-sich-hinausgehoben-Sein«, das aller Erotik innewohnt, als Transzendieren des gewöhnlichen Daseins in eine überweltliche Dimension gesucht und in einer übersinnlichen Sinnlichkeit erfahren wird.

Eine besondere Weise, sich im Leib und als Leib als Zeuge des ganz anderen zu erfahren und zu bilden, liefert uns das Phänomen der »Strahlung«. Es gibt eine Strahlung, in der in uns und durch uns die andere Dimension hindurchscheint und umgekehrt eine Verfassung, in der wir jeglicher Strahlung ermangeln und sehr deutlich unser Abgetrenntsein vom Wesen spüren.

In der Strahlung erscheint eine Kraft, die den Horizont unseres gewöhnlichen Bewußtseins überschreitet. Der Heiligenschein ist keine Erfindung frommer Maler. Daß Menschen von großer Durchlässigkeit eine Strahlung besitzen, die sich bis zu konkreten Lichterscheinungen steigern kann, ist ein vielfach bestätigtes Faktum. Daß es, um sie zu sehen, eines besonderen Auges bedarf, nimmt ihrer Wirklichkeit ebensowenig weg wie irgendeiner Sinnesqualität der Umstand, daß sie eines sie Wahrnehmenden bedarf, um überhaupt zu sein. Aber der Sinn, der uns zum Wahrnehmen dieser besonderen Lichtqualität befähigt, kann entwickelt werden. Für die Arbeit auf dem Wege ist es jedoch wichtig, zu lernen, den Unterschied zu erkennen zwischen den Strahlungen eines flacheren Lichtes, das seinen Ursprung in weltlichen Gestimmtheiten, seien es Freuden oder Leiden, hat, und dem anderen, dessen Quelle ein Berührt- oder Durchwehtsein vom Hauch der anderen Dimension erkennen läßt. Es gibt auch den Unterschied zwischen dem gleißenden, kalten Licht eines luziferischen Menschen, der von einer negativen Transzendenz besessen ist, und dem warmen Licht, das voller Liebe ist. Daß das Licht, das einen transzendenten Ursprung hat, über unserer gewöhnlichen Sehkapazität liegt, wie gewisse Schwingungsfrequenzen über unserer normalen Hörfähigkeit, ist gewiß. Aber im Grunde handelt es sich hier nicht um quantitative Unterschiede, sondern um einen qualitativen Unterschied im Wahrnehmungspotential. Dieses repräsentiert jeweils eine bestimmte Seinsstufe. Es gibt den seinsblinden oder seinstauben Menschen.

So wenig die numinose Qualität der Superlative einer

gewöhnlichen Gefühlsqualität ist, so wenig ist auch das Strahlungslicht aus dem Sein ein optisches Phänomen im üblichen Sinn. Es ist eine Aura, die, indem sie von der Präsenz einer anderen Dimension zeugt, zugleich eine bestimmte Stufe des Menschen anzeigt und, um sie wahrzunehmen, auch eine solche voraussetzt. Für den, der diese Aura zu spüren vermag, verändert sich in der Gegenwart eines vom Sein durchdrungenen Menschen die »Luft«. Die Gesamtatmosphäre als Licht und Farbe, als Tonqualität, als Geruch und gleichsam taktil zu spürendes Medium ist in besonderer Weise durchsichtig. Umgekehrt ist die Luft um einen sehr materiellen Menschen, d. h. seine Aura, undurchlässig, irgendwie pastös, stickig, tonlos, ohne Schwingung und leer, ohne Kraft und aller Fülle ermangelnd.

Die Aura ist nicht nur ein Ganzes quasi übersinnlicher Sinnesqualitäten, sondern auch ein vom Menschen ausgehender und ihn umgebender Kraftkreis! Er kann mehr oder weniger mächtig sein. Etwas besonderes ist dabei die Kraft, die dem Menschen zuwächst, der im Hara verankert und daher von den Blockaden seines Ichs befreit ist. Sie spielt eine große Rolle in der japanischen Exerzitientradition.

Es gibt eine Universalkraft, an der wir teilhaben, die wir nur zulassen müssen. Sie befähigt zu Leistungen, die das gewöhnliche Maß überschreiten. Ein Mensch, der in Hara steht, kann dank dieser Kraft kaum gehoben werden, obwohl er auf einer Waage das gleiche wiegt. Sein ausgestreckter Arm ist, wenn er diese Kraft aus dem Hara hineinfließen läßt, nicht zu biegen. Verglichen mit der Kraft, die der Mensch mit seinem Willen machen kann, erscheint sie oft von unbegreiflicher Stärke. In der japanischen Tradition heißt diese Universalkraft, an der wir im Wesen teilhaben, »Ki«*. Im Hara ist der Mensch Mittelpunkt einer von Ki geladenen dynamischen Sphäre. Die japanischen Selbstverteidigungsübungen wie Aikido und Karate arbeiten mit diesem, von Ki geladenen Kraftkreis. So beginnt die Berührung im Kampf nicht erst dort, wo der Gegner die eigene Haut berührt, sondern wo er in diesen Kraftkreis eindringt. Diese Kraft ist jenseits von Gut

---

* Vgl. Reinhard Kammer: *Die Kunst der Bergdämonen,* O. W. Barth Verlag, Weilheim 1969.

und Böse. Ob sie Segen spendet oder Unheil, hängt vom »Herzen« ab, das sich ihrer bedient. Aber zur Übung auf dem initiatischen Weg gehört die Ausbildung der Ki-Kraft hinzu. Man muß lernen, sie wahrzunehmen, zu entwickeln und sie in der Begegnung mit der Welt einzusetzen. Daß sie in der Welt auch pragmatisch eingesetzt werden kann, nimmt nichts von ihrem transzendenten Charakter. Daß ihre Wirksamkeit davon abhängt, daß das von seinem Willen besessene Ich zurückgenommen wird, gibt ihrer Übung einen Platz auf dem initiatischen Weg. Im Leibe, der man ist, kommt das überweltliche LEBEN mehr oder weniger als Kraft und als Licht zur Erscheinung. Mehr oder weniger, je nach der Stufe des Menschen und dem Grad seiner Reife, also der Integration seines Wesens in sein Welt-Ich, wird sowohl sein Wahrnehmungsvermögen für die Aura des anderen wie auch für seine eigene und ihre Schwankungen größer oder kleiner sein. Der Mensch auf dem Wege muß lernen, zu unterscheiden zwischen den Augenblicken, in denen etwas von ihm ausgeht und ein Stück toter Materie ist, lebendig im Körper, den er hat, tot im Leib, der er ist.

Für das innere Reifen auf dem Wege ist von großer Tragweite das Wahrnehmen, Verstehen aller Leibphänomene, die fördernd oder hindernd mit Seinsberührungen zusammenhängen, sei es mit denen, die mit den großen Seinserfahrungen einhergehen, oder denen, die auch schon kleine Seinsfühlungen begleiten. Man muß etwas wissen um die leiblichen Voraussetzungen aller Seinsfühlungen überhaupt. Wir können diese gewiß niemals machen, aber wir können mehr und mehr um die Bedingungen wissen, die solche Erfahrungen ausschließen, wie um die anderen, die ihnen günstig sind. Und wir können bemüht sein, jene abzubauen und diese zu vermehren. Diese Bemühung steht auch im Mittelpunkt aller meditativen Praktiken, wofern diese nicht nur als fromme Betrachtung, sondern als Verwandlungsübung verstanden werden. Dann geht es in jeder meditativen Übung um die Verwandlung des im Leibe seines Welt-Ichs gefangenen Menschen zu einer Weise, in der Welt da zu sein, in der er als der Leib, der er ist, durchlässig geworden ist für das in ihm anwesende Sein.

DIE GANZHEIT DES MENSCHEN
ALS INTEGRATION VON ÖSTLICHEM
UND WESTLICHEM LEBENSBEWUSSTSEIN

Die Gefährdung der Ganzheit des Menschen ist das Krank-
heitszeichen unserer Zeit, aber auch die Ursache tiefgreifender
Bewegungen, deren Sinn die Wiederherstellung der Ganzheit
ist. Alle mit der Bildung, Heilung oder Führung des Menschen
befaßten Berufe: der Erzieher, der Arzt, der Psychotherapeut,
der Seelsorger, – sie alle müssen sich heute die Frage stellen:
»Was ist uns eigentlich als zu verwirklichende Ganzheit des
Menschen aufgegeben? Wann ist der Mensch, wann fühlt er
sich eigentlich ganz?« »Ganz«, das bedeutet auch *heil!* In welcher Hinsicht ist der Mensch von heute nicht mehr heil? Durch
welche Einsichten und auf welchen Wegen kann er wieder
ganz, d. h. heil werden? Und immer häufiger stellt sich heute
die Frage: Welche Bedeutung haben für das Wieder-heil-Wer-
den des Menschen die Erkenntnisse und Wege fernöstlicher
Weisheit? Zur Frage, in welchem Sinn östlicher Geist im
Unterschied zum westlichen die Ganzheit des Menschen sieht
und zu verwirklichen sucht – dazu können wir wohl bei keinem Forscher tiefere Einsichten finden als bei Anagarika
Govinda.

Im folgenden will ich versuchen anzudeuten, in welcher
Weise sich mir in meiner konkreten Arbeit am Menschen das
Problem der Ganzheit des Menschen, ihres Verlustes und ihrer
Wiederherstellung darstellt, und in welchem Sinn mir hierfür
die Begegnung mit dem östlichen Geist von entscheidender
Bedeutung zu sein scheint.

Ich glaube, in keiner Zeit seiner Geschichte hat der Mensch
des Westens sich so weit von dem, was man »Ganzheit des
Menschen« nennen kann, entfernt wie in den Jahrzehnten
nach dem letzten Weltkrieg, – aber auch zu keiner Zeit war
er so sehr wie heute im Begriff, sich der Verfehlung seiner

Ganzheit bewußt zu werden und zu erkennen, was eigentlich zum Ganz-Sein des Menschen gehört! Dem Maß seines Unheilseins und des daraus entspringenden Leidens entspricht die Tiefe des Aufstandes gegen eine unhaltbar, weil unmenschlich gewordene Situation und auch die Mannigfalt der Impulse, sie zum Heilwerden zu wenden.

Es gibt zweierlei Leiden: das Leiden unter der Welt und das Leiden unter sich selbst. Bisher beherrschte das Leiden an der Funktionsuntüchtigkeit gegenüber den Forderungen der Welt das Feld. Kranksein war weithin gleichbedeutend mit Unfähigkeit zur Leistung. So ging man zum Arzt oder zum Psychotherapeuten, damit er einen »heile«, das heißt wiederherstellte für die Welt. Diesem Leiden gegenüber gewinnt aber heute das andere Leiden an Boden, das Leiden am »Nicht-man-selbst-sein-Können«, am Nicht-eins-Sein mit dem eigenen Wesen, d. h. am Verlust der eigentlichen, d. h. der transzendenten Mitte. In seiner Mitte fühlt sich der Mensch, versteht man ihn als Person, in dem Maße, als die ihm zugedachte Ganzheit des LEBENS in ihrer ganzen Fülle hervortönen (personare) kann. Als Person ist der Mensch auf die Manifestation seines Wesens, d. h. des ihm immanenten Seins in seiner Dreieinheit, d. h. als Fülle, Gesetzlichkeit und allverbindende Einheit, angelegt, und dies eben in der Sprache des Menschen, d. h. mit Bewußtsein und aus Freiheit. Wer aber dies sucht, sucht den Meister. Meistertradition aber gab es bislang nur im Osten!

Alles Lebendige lebt sich dar in der Spannung zweier Pole. So lebt der Mensch gespannt zwischen Himmel und Erde, zwischen Zeit und Ewigkeit, zwischen Innerlichkeit und Welt, zwischen Individualität und Universalität, zwischen Bleibewillen und ewiger Verwandlung – und so auch zwischen »östlich und westlich«.

Recht verstanden dienen diese Begriffe nicht nur zur Bezeichnung geographisch lokalisierter Unterschiede, sondern bedeuten zwei polar zueinanderstehende Lebensprinzipien, die beide zum Ganzsein des Menschen gehören, wobei das eine für die Völker des Ostens, die Vorherrschaft des anderen für die Völker des Westens charakteristisch ist. Im logisch fixierenden Bewußtsein des Menschen verfälschen sich diese Pole lebendiger Ganzheit zu unversöhnlichen Gegensätzen. Es bedarf besonderer Einsicht, meist leidvoller Reifung, bis im

Raum der Erkenntnis sowohl wie in dem des Lebens aus der Not des Entweder-Oder die Möglichkeit einer Integration auftaucht, in der das, was der statischen Logik als unvereinbar erscheint, zum dialektischen Atem ganzheitlich voranschreitenden Lebens wird. Die Schwergeburt des Übergangs, d. h. die Wende aus der Desintegration der dem Menschen eingeborenen und zugedachten Lebensganzheit zur Reintegration kennzeichnet die Thematik unserer Zeit. Sie ist bestimmt durch die Suche nach der im Leiden an ihrem Verlust wieder erwachenden Ganzheit. Was letztlich nun Ganzheit bedeutet, das erscheint, östlich oder westlich verstanden, in anderem Licht.

Das im Menschen angelegte Ganze wird erst im Leiden an seiner Gefährdung vollends bewußt. Die zum Ganzen gehörenden, aber nicht zugelassenen Seiten bedrängen den Menschen. In welchem Sinne war nun dem westlichen Menschen die Ganzheit verloren gegangen? Da ist als erstes zu nennen: der für alle Ganzheit des Bewußtseinswesens Mensch konstituierende Faktor, der im Grunde alles zusammenhaltende, Richtung und Gestalt gebende *Sinn* ist bedroht; denn verdrängt ist das metaphysische Wesen des Menschen, dessen Manifestation in der Welt der wahre Sinn menschlichen Lebens ist. Der dem Wesen innewohnende Impuls zum Offenbarwerden in der Welt wird nicht zugelassen. Zum Ganzsein des Menschen gehörende und verdrängte Impulse, die nun im Unbewußten die schöne Ordnung der Oberfläche bedrängen, nennt man den Schatten (C. G. Jung). Und so paradox es klingen mag, so wird das Wesen des Menschen, wo es in seinem Drang zur Manifestation nicht zugelassen wird, zum Kernschatten des Menschen.

Der Mensch unserer Tage ist bestimmt und hin- und hergeworfen von einer Vielheit oberflächlich nebeneinander und durcheinander laufender Tätigkeiten und Aufgaben, von Notwendigkeiten und Zielen, Problemen und Wünschen, die mit ihrer Eigenläufigkeit einer sie im Kerne verbindenden Grundrichtung ermangeln. Und dies um so mehr, als das Leben immer mehr einer Säkularisierung zum Opfer fällt. Daß es so etwas geben könnte wie ein übergreifendes, Welt und Innerlichkeit verbindendes Zentrum, das als belebende Quelle und sinngebendes Prinzip dem nach außen wie dem nach innen gewandten Leben gemeinsame Mitte sein könnte, erscheint heute wie ein wirklichkeitsferner Traum. Das den Menschen wie alles Lebendige beseelende überweltliche Sein, auf dessen Manifestation der Mensch in seiner Welt nicht weniger als in seiner Innerlichkeit angelegt ist, ist aus dem Kreis der von ihm anerkannten Erfahrungen ausgeschieden. Dieses überweltliche Sein, dem Menschen eingeboren und aufgegeben als lebendige Präsenz und absolutes Gewissen, ist der Menschheit unserer Zeit weithin nur äußerlich eingelernt als eine »Religion«, darin die Interpretation ursprünglicher Seinserfahrungen zu Formeln eines abstrakten Glaubens an eine außermenschliche Transzendenz erstarrt ist. Das aber bedeutet, daß der Mensch sich selbst abhanden gekommen ist als das zur Manifestation des Seins bestimmte eigentliche Selbst. Er weiß nichts mehr von seinem Wesen als der Weise, in der das überweltliche Sein in seinem Kern anwesend ist und zum Durchbruch und zum Offenbarwerden in seinem Leben drängt. An diesem Punkt gerade entzündet sich aus dem Leid die Sehnsucht zur Wahrheit des Ganzen. Das Verdrängte sucht nach Zulassung und Anerkennung, und genau hier gründet die Anziehungskraft fernöstlicher Weisheit und der sie bezeugenden Praktiken. Denn die Präsenz des Überweltlichen, also auch übermenschlichen Seins als Zentrum, ja als einzig wahre Wirklichkeit des Lebens, geriet ihr nie aus dem Bewußtsein. So ist die Fülle der in unsere westliche Welt eindringenden Anregungen aus dem Osten nicht eine Summe von Fremdkörpern, sondern eine Mannigfaltigkeit von Anstößen und Einladungen, etwas in Erinnerung zu rufen, was uns, einfach weil wir auch Menschen sind, nicht weniger zu eigen ist als dem Menschen des Ostens und nur darauf wartet, »zum Heil der Ganzheit« erstmalig oder wieder bewußt werden zu dürfen.

Das Leiden darunter, daß er sein Wesen aus dem Bewußtsein verlor, wird den westlichen Menschen, je tiefer es von ihm empfunden wird, um so schneller dazu führen, es wiederzuentdecken. Wenn es ihm dann gelänge, neu gewonnene Wesensfühlung auch in die von der Technik beherrschten Gefilde des Lebens fließen zu lassen, in denen wir uns am meisten von unserem Wesens-Auftrag entfernt haben, dann gäbe das die Möglichkeit einer alles verwandelnden Fruchtbarkeit, die vergangene Höhepunkte westlicher Kultur in den Schatten stellen könnte. Alles aber hängt davon ab, daß der einseitig gepolte und daher in die Sackgasse geratene Mensch des Westens östliches Denken nicht als Produkt einer ihm fremden Welt ansieht, sondern als Ausdruck einer zur Ganzheit des Menschen gehörenden Seite, von deren Einbeziehung und Ausbildung letztlich auch das Heilbleiben seiner westlichen Weise, Ganzheit zu leben, abhängt.

Unter Östlich und Westlich sind zwei Prinzipien zu verstehen, die, beide zum Ganzsein des Menschen gehörend, dem Leben in verschiedener Weise Sinn verleihen, die aber, weil sie zueinander in polarer Spannung stehen, die Ganzheit gefährden und heillos werden können, wo eines der beiden Prinzipien allein das Feld zu beherrschen beginnt. Jedes der beiden Prinzipien bedeutet eine besondere Weise, »Wirklichkeit« zu verstehen. Der entscheidende Faktor in der Verfehlung der Ganzheit im westlichen Denken ist die einseitige Ausbildung eines Wirklichkeitsbewußtseins, darin das Dasein des Menschen als lebendiges Subjekt keinen Platz mehr hat. Der Mensch ist hier einseitig an der Erkenntnis, Meisterung und Gestaltung einer Welt orientiert, die als *objektiv, d. h.* unabhängig vom Menschen bestehend, begriffen wird. So kommt es, daß er sich als das personale *Subjekt,* das sich selbst auf einem Weg nach innen zur Reifung aufgegeben und zur Manifestation des Seins im Dasein bestimmt ist, verdrängt. Der materielle Wohlstand und die Sicherheit des Lebens, die die Durchorganisation der Gesellschaft um jeden Preis und in jeder Hinsicht mit technischen Mitteln gewährleisten sollen, können ebenso wenig wie die spektakulären Erfolge seiner Technik dem Menschen als Person ersetzen, was sie ihm an inneren Entwicklungsmöglichkeiten nehmen. Ja, diese Zivilisation drängt den wahren Entwicklungsauftrag des Menschen in den Hintergrund, denn sie entbehrt jener gültigen Steuerung, die es nur gibt, wo die Präsenz des übergreifenden, d. h. transzendenten Ganzen der bestimmende Faktor des menschlichen Lebens ist. Die Folge davon ist ein Riesensystem von weltbemeisternder Organisation und Technik, ursprünglich zur Freiheit des Menschen erfunden, das sich im Wahn, immer noch mehr Freiheiten zu gewinnen, in Wahrheit zu einer Art Monstrum entwickelt, das anfängt, sich nach eigenen Gesetzen zu bewegen. Dann aber bleibt dem Menschen, wenn er nicht völlig zerdrückt werden will, nur noch übrig, sich ihm anzupassen.

In dem Maße, als der Mensch sich einer eigenläufig gewordenen Zeit anpaßt, wird er selbst zu einem Stück Welt, reduziert zu einem Rädchen, das sich nach ihren Gesetzen dreht. Ein Stück Welt? Das bedeutet eine Sache, ein auswechselbares Ding, das zu funktionieren hat, und zwar reibungslos. So wird der Mensch zu einem Funktionär, dessen Erscheinung immer weniger den Bedürfnissen seiner Seele entspricht, ja, alles abwürgen muß, was nicht dem Gesetz der optimal und rational funktionierenden Leistungsgesetzlichkeit entspricht. Völlig in den Hintergrund tritt dann alles, was mit dem Menschen als lebendigem Subjekt zusammenhängt, in dessen Mitte ein Herz schlägt und nicht ein Computer tickt. Alles, was mit dem Gemüt zu tun hat, ist höchstens am Rande geduldet. Es ist privater Luxus und zu einer Intimsphäre gehörig, deren Atemraum immer kleiner wird. In jedem Falle ist es etwas nur Subjektives, d. h. für die nur am Objektiven orientierte Wirklichkeit eine ewige Quelle von Fehlern und Störungen. An dieser Lage ändert im Prinzip auch ein immer noch vorhandenes, im bürgerlichen Sinne geistiges Leben, z. B. durch Literatur und Kunst, wenig. Das sind nur kleine Inseln, die sich noch in der alles bedrohenden Flut eines säkularisierenden Geistes erhalten. Nun aber erleben wir es, daß in dem Maße, als diese Flut steigt, die alles, was Menschsein heißt, bedroht, aus der von ihr bedrohten Menschheit eine Gegenwelle aufsteigt.

Aus der Bedrohung der transzendenten Tiefe, aus der Abdrosselung der Kräfte des Gemütes in der auf bloß weltliche Leistung gestellten Gesellschaft, also aus der Wurzel des Übels selbst, springt heute die Quelle der Erneuerung hervor. Die Stätte des tiefsten Leidens wird zur Stelle der Umkehr, wird zum Brennpunkt der Rebellion der dem Menschen eigentlich zugedachten Ganzheit gegen ihre Vernichtung. So kommt es, daß die Weisheit des Ostens, die die ganzheitsbezogene Reifung des Menschen immer an die erste Stelle gesetzt hat und die Richtlinien für sein Selbstverständnis, sein Selbstbewußtsein, seine Selbstverwandlung und Selbstverwirklichung, immer vom transzendenten Grund her, d. h. vom übergreifenden Ganzen, genommen hat, heute zu einem wirkkräftigen Spiegel der verzweifelten Lage wird, in die der allein vom westlichen Geist beherrschte Mensch geraten ist. Dabei schlägt heute der östliche Geist den westlichen mit seinen eigenen

Waffen: Er lehrt ihn ernst zu nehmen das Prinzip der *Erfahrung,* das ursprünglich westliche Wissenschaft und Technik hervorgebracht hat als Erfahrung, die der Mensch in seinem Herzen, vor allem auch von sich selbst, macht, als nur »subjektiv« mehr und mehr ausgeklammert worden war. Heute wird die Anerkennung gerade dieser Erfahrung zum Prinzip der Erneuerung. Daher auch die Anziehungskraft östlicher Weisheit, die sich von jeher im Ernstnehmen von Erfahrungen einer Dimension entfaltet und bewährt, die im Westen im Zeichen der Ratio und eines kartesianischen Wirklichkeitsbegriffes in den Raum der Unwirklichkeit verwiesen wurden.

Die Welle der verschiedenartigsten religiösen Erneuerungsbewegungen unserer Zeit ist durchgehend gekennzeichnet durch ein Durchbrechen von Barrieren, die eine in ihrer Begrifflichkeit unmenschlich gewordene Weltanschauung und eine in ihren Bildern und Formeln festgefahrene Religion gegen das blutwarme Erleben überweltlicher Präsenz aufgerichtet und in einer auf dem Horizont des Ichs eingeschränkten Anthropologie konserviert hatte. Wenn nun heute eine neue Empfindsamkeit für jene ganz andere Dimension hochkommt, die in der Wirklichkeitssicht des Westens bisher kein Heimatrecht hatte für die dem Menschen immanente Transzendenz, und das bedeutet: für den mit seiner Wesenswurzel gegebenen, aber immer nur unterdrückten Ganzheitswillen, so ist es verständlich, daß Erkenntnisse und Übungen fernöstlicher Herkunft, die der verlorenen Dimension die rechte Ehre erweisen, im Westen wachsende Bedeutung gewinnen. Gerade dieser Prozeß fortschreitender Integration macht es immer deutlicher, daß Östlich und Westlich keine nur geographischen oder ethnologischen Begriffe sind, sondern Worte zur Bezeichnung zweier zur Ganzheit des Menschen gehörigen Prinzipien. So wie es nicht nur den Mann gibt und die Frau, sondern auch das Männliche in der Frau und das Weibliche im Mann, und der Mann, um ein lebensfähiger Mann zu werden, auch das Weibliche in sich ausbilden muß, so auch muß der abendländische Mensch, um ein ganzer Mensch und so in seinem Wirken heil und heilsam zu bleiben, auch das ihm innewohnende östliche Prinzip in sich zulassen. Sonst verfehlt er sich, ein Opfer der Einseitigkeit seiner Eigenart, in dem ihm aufgegebenen Ganzsein und wird heillos und krank.

Was Östlich und Westlich bedeutet, kann in dem altöstlichen Symbol vom Tao begriffen werden, das sich manifestiert im ewigen Spiel und Widerspiel von Yang und Yin. Alles, was lebt, lebt von dieser Bewegung, lebt in diesem Hin und Wider, diesem Aus und Ein; denn ewig treibt das LEBEN die Fülle der Formen hervor, eine jede in ihre Vollendung, und ewig nimmt es die gewordene Form wieder heim in den alleinen Urgrund. Ständiges Werden und Entwerden, nie endende Bewegung, ewige Verwandlung. Bleibt die Bewegung stehen, hört Leben auf. Geschieht dies dort, wo Form sich vollendet, gibt es den Tod der Erstarrung. Geschieht es dort, wo Form wieder einging in das All-Eine, gibt es den Tod durch Auflösung. Jenes ist die westliche, dieses die östliche Gefahr. Im Zeichen des Vorwaltens eines der beiden Prinzipien unterscheidet sich östliches von westlichem Lebensbewußtsein. Westlicher Geist erblüht, gedeiht, sucht die Ganzheit, erfüllt sich und stirbt im Zeichen der sich vollendenden Form, ist auf das Voll-Endete und Bleibende gerichtet. Östlicher Geist erblüht, wächst, gedeiht, sucht die Ganzheit, erfüllt sich und stirbt im Zeichen ewiger Verwandlung, letztlich zur Aufhebung aller Form im All-Einen. Freilich, in den höchsten Vertretern des östlichen wie des westlichen Geistes erfüllt sich das Leben nicht in einem Entweder-Oder, in Form oder Nicht-Form, sondern in einem Ganz-Sein des Lebens, das jenseits ist von Form und Nicht-Form, d. h. in einer Integration, die beide Prinzipien in höherer Einheit verbindet. Doch ehe dieses in rechter Weise wahrgenommen werden kann, muß genauer dem nachgegangen werden, in welchem Sinne Ganzsein gesucht wird, wo eines der beiden Prinzipien vorherrscht.

Der dem Menschen natürlicherweise innewohnende Drang zum Ganzwerden steht im Zeichen der Möglichkeit wie der Gefahr zweier ihm innewohnender Grundimpulse. Der Mensch ist bestimmt, die Welt zu erkennen, zu meistern und zu gestalten im *Werk,* und zum anderen berufen und aufgerufen, sich selbst zu erkennen, zu meistern und nach innen zu reifen auf dem inneren *Weg.* Jenes steht maßgebend im Zeichen seines Welt-Ichs, dieses dagegen im Zeichen seines weltüberlegenen Wesens. Westliche Kultur steht vorwiegend im Zeichen und im Dienst der in der Welt überdauernden Werke, östliche Kultur vorwiegend im Zeichen der ewige Verwandlung voraussetzenden inneren Reife. Der westliche Mensch faßt sich wie die ihm zur Erkenntnis, Meisterung und Gestaltung aufgegebene Welt ins Auge, so wie der Künstler sein Werk. So auch nimmt er sich selbst, gleichsam werkbewußt, in die Hand zur Verwirklichung der vollendeten Form einer letztlich in sich geschlossenen Persönlichkeit, die sich ihrerseits wieder in objektiv bewertbarer Leistung und im Dienst am anderen, an Werk, Welt und Gemeinschaft erfüllt. So ist der Mensch sich hier selbst aufgegeben wie eine *Gestalt,* deren Teile sich harmonisch zum Ganzen fügen, zu einem Ganzen, das sich in seiner Geschlossenheit, in seinem Gleichgewicht auch im Sturm des Lebens bewährt. Und der Welt gegenüber bewährt die Persönlichkeit sich in angepaßtem Verhalten, kraft schöpferischen Tuns, im haltbaren Gefüge wohlgeordneten Wissens, vollendeter Werke und wohlfunktionierender Gebilde, die möglichst der Vergänglichkeit standhalten. So geht es immer um das objektive, möglichst von allen Schlacken des von Gefühlen und Trieben bestimmten Subjektiven gereinigte, in der Welt bestehende, weil wahrhaft vollendete Werk.

Zum Zeichen des westlichen Prinzips fragt sich daher der Mensch am Ende seines Lebens: »Was habe ich geleistet? Was habe ich an Bleibendem, Überdauerndem geschaffen?« Im Zeichen des östlichen Prinzips aber fragt sich der Mensch: »Wohin bin ich auf dem inneren Weg gelangt? Wer bin ich geworden?« Denn im Zeichen des östlichen Prinzips ist der Mensch bestimmt von dem ihm aufgegebenen inneren Weg, dessen Richtung und Sinn Ausdruck ist der Präsenz des überweltlichen LEBENS. Und während für den einseitig westlichen Menschen Innerlichkeit als erlebtes Gefühl und innere Triebkraft höchstens als positive oder negative Voraussetzung für das Werk in der Welt erscheint, und der Weg des inneren Menschen nur, sofern er dafür überhaupt Zeit hat, »hinzukommt«, ist für den voll im Zeichen östlichen Denkens stehenden Menschen die Welt als Gefahr, Auftrag oder Verlockung nur ewig neuer Stein des Anstoßes, in immer größerer Reinheit den inneren Weg als das Eigentliche und Wesentliche zu leben und zu spüren. Und während der westlich orientierte Mensch sein Inneres im Grunde nur zu dem Zweck zu meistern und zu überwinden sucht, fit und frei zu sein für seinen Dienst in und an der Welt, ist umgekehrt dem im Zeichen östlichen Geistes stehenden Menschen die Begegnung mit der ihn auf dem Weg festhaltenden und zu Abwegen oder »Positionen« verlockenden Welt ewiger Anlaß, sie in Frage zu stellen und zu überwinden, um dem wichtigeren Ruf, der von innen kommt und zum Weitergehen auffordert, zu gehorchen. So sieht der eine die Versuchung, das Leben zu verfehlen, gerade dort, wo der andere seinen Auftrag erkennt: Zwei verschiedene Versionen menschlicher Erfüllung, zwei Weisen der Suche nach menschlicher Ganzheit dadurch, daß von zwei Lebensprinzipien, die beide zur Ganzheit des Menschen gehören, das eine dominiert.

Es ist bezeichnend für den westlichen Geist, daß, wenn wir nach dem ganzen Menschen fragen, wir unwillkürlich von »Ganzheit« sprechen, von Ganzheit wie von einem objektiven Gebilde aus Natur und Geist. Aber meint man nicht eigentlich das Mensch*sein*können? Also auch nicht die Ganzheit, sondern das Ganz*sein* des Menschen, darin er sich selbst als ein heiles Leben ganzheitlich darleben und erfüllen könnte? Der Begriff Ganzheit ist selbst eine Kategorie westlichen Charakters, die ein objektives Etwas meint. Aber damit allein schon ist die Gefahr verbunden, in der Erörterung des ganzen Problems am Menschen als einer lebendigen Person vorbeizusehen und ihn als ein Gebilde zu betrachten statt ihn als ein personales Leben zu verstehen.

Gewiß, zum Ganzsein des menschlichen Lebens gehört der verantwortliche Bezug zu etwas Objektivem, das das subjektiv Persönliche ausschaltet, hinzu. So wird das Objektive von der Person umgriffen und zeitigt im persönlichen Aspekt besondere Gefühlsqualitäten wie etwa »kühl«, »sachlich«. Die Welt im sachlichen Aspekt des objektivierenden Bewußtseins hat ihren Platz im Ganzen der personalen Wirklichkeit. Der Mensch als lebendige Person aber hat keinen Platz im Reich der Gegenstände, d. h. einer nur auf Objekte bezogenen Erkenntnis.

Die Besonderheit des westlichen und östlichen Lebensprinzips wird vollends verständlich, wenn man sich der zwei verschiedenen Quellen bewußt wird, die den menschlichen Geist ernähren und vorantreiben. Zwei Antriebswurzeln sind es, aus denen der menschliche Geist wächst, gedeiht, sich vollendet und gefährdet. Die eine ist das *Staunen,* die andere das *Lei-*

den. Die Welt des westlichen Geistes wächst mehr aus dem Staunen, die Tradition des östlichen Geistes ernährt sich aus der Bedeutung des Leidens. Gewiß, immer, d. h. in jedem Menschen, sind beide Antriebskräfte am Werk. Man muß aber lernen, die eigenwillige Wirkkraft der einen von der anderen zu unterscheiden, die Gefahr ihrer Einseitigkeit zu erkennen, um sie dann in der rechten Weise zusammenschauen und einander produktiv zuordnen zu können.

Das Staunen stellt die Frage: »Was ist das? Wie hängt das alles zusammen? Woher kommt es? Was wird aus ihm folgen?« Mit solchen Fragen stellt der Mensch sich jeweils einem Anderen gegenüber, stellt das ihm Gegenüberstehende in den Vordergrund seines Interesses, sei es zur Erkenntnis, Meisterung, Gestaltung oder Vollendung. Dem gegenüber muß der Fragende selbst dann in den Hintergrund treten. Der vom Staunen Betroffene tritt gegenüber dem Staunenswerten, sobald es erkenntniswürdig wird, zurück. Wo dagegen das Leiden zum Agens der geistigen Bewegung wird, wird zum maßgebenden, entscheidenden und richtunggebenden Faktor des Lebens der vom Leiden Betroffene selbst! Das gegenüberstehende Andere hat seine Bedeutung nicht darin, was es an sich ist, sondern darin, wie es fördert oder gefährdet, lockt oder schmerzt, in Frage stellt oder bestätigt. Und in dieser Bedeutung wird es immer mehr zum Anlaß, in die weltunabhängige Tiefe des eigenen Inneren einzudringen, d. h. nach innen zu gehen.

Im Staunen wie im Leiden drängt das unergründliche LEBEN im Menschen zum Bewußtsein von sich selbst. Aus dem Staunen wächst das gegenständlich erkennende Bewußtsein des Klarheit suchenden »Kopfes«, im Leiden das verstehende, inständliche, Erlösung suchende Bewußtsein des »Herzens«. Aus dem einen wächst der Auftrag zur Wahrnehmung und Gestaltung einer vom Menschen als unabhängig vorgestellten, eigenläufig funktionierenden, oder als Werk zu schaffenden Realität, d. h. zu einer objektiven, von allen Schlacken fühlender Subjektivität abgelösten Wirklichkeit. Aus dem anderen wächst der Auftrag zur Reifung eines von allem, eine objektive Welt imaginierenden Wahn befreiten Subjektes, dessen nie stillstehendes inneres Werden dann auch die ungestaltete, gefährliche und in ständiger Verwandlung befindliche

Welt unstörbar in Kauf nimmt. Dort ist das Lebensbild
beherrscht von der Vorstellung einer letztlich unabhängig von
allem subjektiven Erleben erkennbaren, an sich bestehenden,
d. h. ontologisch faßbaren Realität, die zu beweisen, der zu
dienen, und an die zu glauben ist. Der Geist ist gerichtet auf
etwas, das überdauert, der Vergänglichkeit standhält, sei es,
weil es aus »Marmor«, d. h. aus unvergänglichem Material
gebildet ist; sei es, weil es als »Gebilde« stimmt oder weil es
in seinem Gehalt als Kunstwerk oder Erkenntnis einen überzeitlichen Sinn verkörpert und einen überzeitlichen Wert verwirklicht. Die Welt selbst, wo sie ihrer höchsten Idee ent-
spräche, wäre dann ein wohlgeordnetes, dauerhaftes, für ihre
Menschen reibungslos funktionierendes Ganzes, darin immer
mehr vollendete Gebilde sachlicher Gegebenheit oder menschlicher Gemeinschaft zu immer harmonischerer Ganzheit ver-
eint sind. Hier herrscht die Vorstellung einer vollendeten Endgestalt, d. h. einer in vollendeter Harmonie gerechtfertigten,
aller »Vergänglichkeit« enthobenen, im Widerglanz einer vollendeten Welt leuchtenden Lebens-Stille, auf die bezogen zu
sein letztlich auch die Lebenswurzel und Legitimation aller
Entwicklung zum vollendeten Menschen ist. Denn dann erfüllt
sich menschliches Ganzsein im Dienst solcher Endgestalt.

Im östlichen Lebensmodell dagegen ist das Gegenteil objektiver Wirklichkeit, nämlich das innere Erleben in seiner größten Tiefe, der Raum letzter Wirklichkeit. Nicht ein von allem
Bewußtsein unabhängiges Etwas, sondern ein von jeglichem
Etwas gereinigtes, d. h. von der Macht der Gegen-Stände
befreites Bewußtsein ist das sinngebende Prinzip menschlichen
Lebens. Nicht etwas, das letztlich abgelöst vom Menschen und
menschlichem Erleben unzugänglich ist, sondern umgekehrt
ein Innerlichstes, das als Wesen aller Wesen der tiefsten
Erfahrung in einem höheren Bewußtsein zugänglich und aufgegeben ist. Und das, wenn es Erfahrung wird, höchste Freiheit, Erlösung und tiefsten Frieden bedeutet. Wo tiefstes Erleben selbst Ort und Hort höchster Wirklichkeit ist, ist die Vorstellung einer in einer objektiven, erlebnisfernen Ordnung
begriffenen Welt eine Wahnvorstellung. Wo das von keinem
Gegenständlichen mehr getrübte Bewußtsein gesucht wird, ist
die Fixierung eines Etwas, ja, bereits die Ausbildung des
natürlichen, gegenständlichen Bewußtseins der Anfang aller

Abwege, und wo es sich absolut setzt, der Grundirrtum des Menschen. Das aus ihm kommende Leiden ist dann freilich die Voraussetzung für das bewußte Finden der rechten Wahrheit und des rechten Weges.

Im westlichen Aspekt wird der Mensch um der allein sinngebenden objektiven Wirklichkeit willen mit seinem Innenleben im Reich des Erkennens wie des Handelns nach Kräften verdrängt und die ihn dann bedrängende Seele zum Schatten. Im östlichen Aspekt ist das Erleben dagegen das Medium, darin das Eigentliche sich vollzieht, und die Gabe und die Notwendigkeit auch gegenständlicher Erkenntnis ist die Gefahr. Das innere Handeln des Subjektes ist durch kein technisches Instrument zu ersetzen. Die Vorstellung des dem Menschen aufgegebenen Ganzseins kreist hier nie um eine Endgestalt, sondern um ein Aufgehen in einer jede Gestalt wieder aufhebenden Bewegung, d. h. der ewigen Verwandlung, hin zu einer Dimension, die jenseits aller Gestalten ist. Das Endprodukt des Menschseins ist nicht die Persönlichkeit als mögliche Endform rechter Entwicklung. Es geht überhaupt nie um eine endgültige *Form,* sondern um die endgültige Gewinnung einer *Formel,* die sich nie in einer Form erfüllt, sondern Prinzip immer weitergehenden Werdens ist. Letzter Sinn dieses Werdens ist ein Entwerden, ein Aufgehen und Eingehen im göttlichen All-Einen, das selbst letztlich jenseits von Werden und Entwerden ist. Das dem Menschen hier zugedachte Ganzsein ist dann in dem Maße verwirklicht, als er in dieser Richtung *auf dem Weg* ist, d. h. in seiner Weise zu sein Garant nie endender Verwandlung ist, – Verwandlung seiner selbst sowohl wie von allem, was in seiner mitzuverantwortenden Reichweite liegt. Hier bedeutet Ganzheit nicht eine zur Ruhe kommende Vollendung, sondern es gibt Ganzheit nur als gelebte Wirklichkeit eines Weges, ist also immer nur bestimmt durch ein ewig sich erneuerndes »in Richtung auf«. Der Mensch wird selbst zum Weg, zum Weg immer weg vom Gewordenen, hin zum Ungewordenen.

In östlicher Sicht ist allein die Idee des Ankommenkönnens schon Ausdruck des im menschlichen Bewußtsein immer lauernden Grundirrtums, als gäbe es so etwas wie ein vom Menschen erreichbares, objektiv Seiendes, das end-gültig ist. Daher auch die alte Weisung: »Kommst du an einen Ort, wo Buddha nicht ist, dann gehe weiter. Gerätst du aber an einen Ort, wo du Buddha endlich findest, dann laufe weiter«, denn hier ist wirklich Gefahr, die Gefahr nämlich, stehen zu bleiben. So ist auch schon die Vorstellung, daß wirklich sei, was feststeht und überdauert, ein Wahn. Die wahre Wirklichkeit läßt sich nie feststellen und verbirgt sich in dem Maße, als sich die Vorstellung von etwas Feststehendem davorschiebt. Darum ist auch in dieser Sicht dasjenige Bewußtsein, das Erkenntnis bewirkt, indem es feststellt, fixiert und unterscheidet, festhält, greift und begreift, dort wo Leben gesucht wird, die Quelle allen Irrtums. Diese für den westlichen Verstand wahrhaft unerhörte Behauptung kann heute gar nicht ernst genug genommen werden, denn so unbestreitbar das gegenständliche Bewußtsein die Voraussetzung aller Naturwissenschaft und Technik, ja, aller haltbaren Ordnungen ist, sein Wirken wird heillos, wo es das gegenständlich nicht Faßbare aus dem Reich ernstzunehmender Wirklichkeit verstößt und das ihm zugeordnete inständliche Bewußtsein nicht zuläßt.

Wo der Mensch die wahre Wirklichkeit in einem ihn erlösenden Bewußtsein sucht, darf es kein Stehenbleiben geben. In dieser Wirklichkeit kann der Mensch nur aufgehen, wo er Meister Eckeharts Satz beherzigt: »Gottes Sein ist unser Werden«. Das Wissen um den Auftrag und die Verheißung, die dieses Werden enthält, ist ein fortschreitendes Befreitwerden vom Anspruch der Welt, daß wir den Tribut, den wir ihr, weil wir Menschen sind, im Ernstnehmen ihrer Gegenständlichkeit anfänglich zu zahlen haben, zum Sinn des Lebens machen sollen. Er ist notwendiger Umweg und leidvoller Hintergrund zur Wahrnehmung jenes Lebens, das uns schließlich in einem überweltlichen und übergegensätzlichen Sein aufgehen kann!

Es ist natürlich, daß im Zeichen der zwei verschiedenen Auffassungen von dem, wodurch und wozu menschliches Leben letztlich bestimmt ist, auch die Ausbildung und Differenzierung der Kräfte des Leibes, der Seele und des Geistes in verschiedener Richtung gesucht werden. In westlicher Sicht geht es vorab um die Ausbildung der Organe, die etwas erkennen und bilden können, das unabhängig vom subjektiven Erleben bestehen, wahrgenommen, erkannt oder gemacht werden kann. Hierzu gehören die Gaben physischer Widerstandskraft, rationalen Erkennens und technischen Tuns. Da diese begrenzt sind, werden sie zur Entwicklung einer Apparate-Technik, d. h. zur Herstellung künstlicher Erkenntnis und Produktionsmaschinen erweitert, wozu Naturwissenschaft und Technik zusammenwirken. Das Vorherrschen dieser Entwicklung hat die Vernachlässigung der Ausbildung all der personalen Tendenzen und Gaben zur Folge, die dem reibungslosen Funktionieren einer unpersönlichen Apparatewelt nichts nutzen. Gewiß gehört zum Ganzsein des Menschen in westlicher Sicht auch das objektiv garantierte gute Befinden des Subjektes. Ja, die objektive Gesichertheit seines Wohlbefindens erscheint als eine hauptsächliche Motivierung der technischen Entwicklung. Aber gerade, weil die Erfüllung menschlichen Lebens in einem reibungslosen und gesicherten Leben gesucht wird, wächst jene automatisch funktionierende Riesen-Apparatur heran, die das spezifisch Menschliche letztlich im reibungslosen und gesicherten Leben des Welt-Ichs erstickt. Die Tendenz zu einer durch tausend Sicherungen und Versicherungen abgeschirmten Position, in der der Mensch sich behaglich zur Ruhe setzen kann, widerspricht der Wahrheit des Lebens. Ja, indem sie dem Bleibewillen des Ichs frönt, bestätigt und vertieft sie nur noch die Grundnöte des Lebens: die Angst vor der Vernichtung, die Verzweiflung am Widersinn, die Trostlosigkeit der Einsamkeit, und verhindert die Entwicklung einer Verfassung, die eben diese Nöte der Reifung des Menschen dienen, ja, im Annehmen des Unannehmbaren zum Tor des Erwachens werden läßt.

Ganz anders ist die im Zeichen des östlichen Prinzips aufgegebene Entwicklung des Menschen. Hier verwirklicht der Mensch sich letztlich in dem Maße, als er sich »aufhebt«. Mit all seinen Fähigkeiten und Gaben hat er nicht das »Überdauernde«, das der Veränderung standhält, im Sinn, sondern eine Verfassung, in der eine nie stillstehende Verwandlungsbewegung ihn immer tiefer eins werden läßt mit dem alle Formen übergreifenden, weiselosen Urgrund des Seins. Hier begegnet der Mensch den Urnöten des Seins nicht, indem er sich gegen sie sichert, sondern indem er sie annimmt. In ihnen sucht er denjenigen in ihm, der sie nicht wahrhaben will, sein schmerzscheues, haftendes und auf Bleiben gerichtetes Ich, ein- und sein wahres Wesen aufgehen zu lassen. Und die letztlich zu findende Realität meint hier nicht eine objektive, überdauernde Ordnung der Welt und kein noch so gewaltiges Etwas, sondern eine in besonderen Erfahrungen zu spürende Dimension des Bewußtseins, deren Innewerden jenseits von Sein und Nicht-Sein den Menschen in wachsender Erleuchtung von allem Lebensdrang und von aller Weltnot befreit. In ihr ist das gewöhnliche, durch gegenständliche Inhalte bestimmte Bewußtsein in einer Weise überwachsen, die die Befreiung von allem bedeutet, was den im gegenständlichen Bewußtsein befangenen, auf Überdauerndes zielenden Menschen als ein beunruhigender und leidbringender Faktor berühren könnte. Die große Verwandlungsbewegung wird durch alles gefährdet, was Dauer meint und um Feststehendes kreist. So ist das Loslassen, d. h. die Übung im Sterben, die Voraussetzung aller gelebten Wahrheit.

Östlich und Westlich in der Bedeutung zweier uns innewohnender Prinzipien betreffen das Verhältnis des Lebens im sachlichen und persönlichen Aspekt – eine polare Spannung in uns selbst. Gewiß ist jedoch, daß jede der beiden hier möglichen Sinnrichtungen, wenn sie sich absolut setzt, eine Gefährdung des Ganzen, d. h. den Tod bedeutet. Freilich, der Tod als Zeichen absoluter Entscheidung kann hier wie dort auch einmal gemeint, d. h. bewußt zugelassen werden. So gibt es den Tod als höchste Bewährung des westlichen Geistes als Sterben im Dienst einer Sache, als Ausdruck der Treue zu einer objektiven Erkenntnis, zu einer wissenschaftlichen Entdeckung, als Bezeugung eines Glaubens an eine Idee u. a. Das sind Grenzsituationen, wie sie sich für den, der das Leben im Zeichen des östlichen Geistes sieht, nicht in gleicher Weise ergeben. Hier gibt es dagegen ein »der Welt Absterben«, das ein vorwiegend weltbedingtes und weltbezogenes Menschsein als Irrtum erkennt und letztlich vollends aufheben soll. Sterben selbst besteht hier in einem Eingehen in eine Wirklichkeit, von der man im tiefen Bewußtsein im Grunde niemals getrennt war. Im Raume des östlichen Geistes gibt es auch den bei lebendigem Leibe ins Sein eingegangenen, d. h. lebendig gestorbenen Menschen, den Menschen, der abgestorben der Welt, alle Weltwirklichkeit überwand, wie der Kamikaze-Flieger in den Tod geht, oder wie der allein in der Eiswüste des Himalaya unbeweglich noch Atmende, noch »lebt«. Und es gibt den, der, weil die Zeit sich erfüllt hat, freiwillig eingeht, indem er aus einer Versenkung einfach nicht zurückkommt. Stellt sich hier überhaupt noch das Problem menschlichen Ganzseins, oder ist hier Menschsein überhaupt überschritten? Wo Ganzsein sich im endgültigen Eingehen erfüllt und der Mensch aufhört zu sein, wie der Tropfen, der sich auflöst im Meer, – was bedeutet hier noch Ganzsein des Menschen?

Der westliche Mensch kann sich aus Treue zu einer Idee opfern und zum Märtyrer werden; im Zeichen des östlichen Prinzips kann der Mensch als Zeugnis seiner Zugehörigkeit zu einem überweltlichen Leben handeln, als sei sein kleines Leben gar nicht mehr da. Der Kamikaze-Flieger ist gestorben, ehe er sein Flugzeug besteigt, und indem er ohne alle Emotionen seinen Auftrag erfüllt, ist er weder ein Märtyrer noch ein Held. Der für die Außenstehenden so spektakuläre Tod, mit dem er seinen Auftrag erfüllt, bezeugt nur, daß er in Wahrheit schon eingegangen war in ein anderes Leben.

Wie groß auch immer die Unterschiede sein mögen, die Westliches oder Östliches einander entgegensetzen, weil beide ursprünglich im Menschen angelegt sind, ist weder der von der einen, noch der von der anderen Sicht bestimmte Mensch der ihr entgegenstehenden völlig verschlossen. Sie ist in ihm vielmehr als sein Schatten lebendig und als zum Ganzen gehörig darauf angelegt und dazu drängend, in gebührender Weise angenommen und integriert zu werden. Und immer spielt in der Geschichte der Zeiten wie auch des einzelnen Menschen jede der beiden Richtungen im Ganzen nicht nur die Rolle des gefährdenden, sondern auch die Rolle des schöpferischen Gegenpoles. Er stellt den Menschen nicht nur vor die Entscheidung, in einseitiger Parteinahme abwechselnd oder endgültig die eine oder die andere Seite mehr oder weniger zu verdrängen, sondern auch vor die Möglichkeit, sie in schöpferischer Weise miteinander zu verbinden. Hierbei braucht der Grundcharakter eines Menschen aufgrund der Dominanz der einen oder der andren Weise, zu sein, nicht verloren zu gehen. Doch gewiß läßt sich die höchste Form menschlich möglicher Ganzheit erst mit der Möglichkeit vollendeter Integration des östlichen mit dem westlichen Lebensprinzip erahnen.

Auch der im Zeichen des Verwandlungsweges lebende Mensch beginnt sein bewußtes Leben als Mensch mit der »Sünde«, indem er mit dem Erwachen des gegenständlich fixierenden Bewußtseins aus der das Kleinkind noch umfassenden Ureinheit, in der Ich und Welt noch nicht geschieden, heraustritt. Und auch der völlig dem Werk in der Welt Zugewandte wird durch das Leiden am Leben ganz selbstverständlich immer wieder auf sich selbst verwiesen und Erlösung suchend in eine innere Entwicklung gerufen. Dann aber stellt sich einmal die Frage: »Muß es bei diesem Entweder-Oder bzw. diesem ›jetzt dies, dann das‹ bleiben, oder könnte nicht eines *im* anderen gelebt werden?«

Auch der östlich orientierte Mensch ist mit der Möglichkeit zur Ausbildung einer profilierten Individualität und zur Wahrnehmung des objektiv Wirklichen und zur Freude an der Welt begabt – er ist nur stärker als der andere durch das ihn und seine Welt übergreifende Ganze und bleibend auch durch das Maßgebende des Kollektivs bestimmt und im mütterlichen Uroboros gehalten. Er bleibt mehr dem in ihm und um ihn wirkenden größeren LEBEN verbunden und erfährt in dieser Fühlung den tragenden und verpflichtenden Grund. Vielleicht gewinnt er der Erkenntnis, Meisterung und Gestaltung der Welt dann nicht mehr Interesse ab, als zum Überleben nötig. Aber muß das so sein? Könnte nicht eben diese bleibende Verwobenheit mit dem übergreifenden Ganzen, die mit dem Hervortreten des unterscheidenden, Gegensätze stiftenden Bewußtseins verstärkt werden kann, fruchtbar werden für eine Schau der Welt, darin die gegenständlich wahrgenommene Welt nicht nur als Abfall und Widersacher des all-einen Grundes, sondern als Feld seiner Manifestation erschiene? Diese Frage zwingt uns, für die Kennzeichnung östlicher und westlicher Sicht noch zwei weitere Unterscheidungen zu vollziehen.

Sagt man, die beiden Lebensprinzipien unterschieden sich dadurch, daß das eine den Menschen »nach außen« (in die Welt der Erscheinungen), das andere »nach innen« (in die Innerlichkeit seines Wesens) weist, – so sind beide nur in sehr oberflächlicher Weise unterschieden. Einen Schritt tiefer gelangt man, wenn man erkennt, daß in einem Falle der Mensch vorwiegend im Zeichen eines Gegensätze zeugenden Bewußtseins lebt, im anderen Falle aber vorwiegend im Zeichen eines Bewußtseins, das die übergreifende Ganzheit im Sinne behält. Jenes ist typisch für das westliche, dieses für das östliche Bewußtsein, ja, der Gegensatz zwischen Innerlichkeit und Welt ist selbst das Produkt einer Geisteshaltung, in der ein gegenständliches Bewußtsein vorherrscht. Wo die Bezogenheit auf das objektiv Wirkliche vorherrscht, wird die andere Seite, das persönliche Subjekt, in das Dunkel der Innerlichkeit verwiesen. Aber eben am Leiden unter dieser Vorherrschaft kann das in die Innerlichkeit Verwiesene bewußt werden. So ist »Innerlichkeit« in der uns geläufigen Bedeutung ein abendländisches Erzeugnis. Wo dagegen der Mensch mehr von dem Ich und Welt übergreifenden und allumfassenden Ganzen bestimmt ist – wobei dieses nicht als eine ontologisch vom Menschen abtrennbare Realität begriffen ist, sondern als eine die Grundgestimmtheit des erlebenden Menschen bestimmende Präsenz einer anderen, überweltlichen Dimension –, verbindet die das Ganze bekundende Qualität des Numinosen im Erleben die gegenständliche Welt mit der Innerlichkeit! Dann ist die ganze Lebenswirklichkeit von dem durchwittert, was wir Transzendenz nennen, von dem also, was den Horizont des sich in Gegenständen und Gegensätzen bewegenden Ichs überschreitet. So wird beispielsweise Natur nicht vor allem als ein uns zur Erforschung, Eroberung und Meisterung aufgegebenes Gegenüber wahrgenommen, sondern als Zeuge eines heiligen, auch den Menschen und seine Welt beseelenden, überweltlichen Ganzen. Wo im Zeichen des Überschreitenden die Welt nicht vom Menschen als dem erlebenden Subjekt getrennt wird, bewahrt sie auch in der Mannigfaltigkeit ihrer Gegenstände die Qualität des Numinosen, darin das überweltliche Ganze sich anzeigt, wo immer es uns im Erleben anrührt. Das sich im Zeichen des östlichen Prinzips entwickelnde Lebensbewußtsein unterscheidet sich vom westlichen also durch die maßgebende Rolle, die das alle Gegensätzlichkeit und Gegenständlichkeit übergreifende Ganze im jeweiligen Erleben spielt. Von dorther empfängt das Leben seinen überweltlichen Sinn. Aber kann nicht gerade auch dieses dort geschehen, wo der Mensch im Zeichen des westlichen Lebensprinzips antritt? Ja – unter der Voraussetzung, daß der zunächst der gegenständlichen Welt verbundene Mensch einen Sprung auf eine andere Ebene macht.

Zu der Unterscheidung von Östlich und Westlich im Hinblick auf das Verhältnis übergreifenden Ganzheitsbewußtseins zum fixierend unterscheidenden Ich und seiner gegenständlich begriffenen Welt, kommt eine andere, nicht weniger wichtige Unterscheidung hinzu, in der erst die volle, für das wirkliche Ganzwerden des Menschen entscheidende Integration als Möglichkeit und Aufgabe sichtbar wird, die Unterscheidung zwischen dem natürlichen und dem initiatischen Menschen. Erst im Durchbrechen der Ordnungen des natürlichen Menschen, der die Bedingungen des raumzeitlichen Lebens mit der Kraft seines gegenständlichen Bewußtseins meistert, kann der Mensch zu der ihm eigentlich zugedachten Ganzheit gelangen.

Mit der Entwicklung des gegenständlichen und auf objektive Werte bezogenen Bewußtseins gewinnt die vom Menschen ernstgenommene Wirklichkeit immer mehr den Charakter eines Widerstandes gegen das gegenständlich nicht faßbare, aber alle Gegenständlichkeit durchwaltende und allem sinngebende, übergreifende Ganze des Lebens. In der Wirklichkeitssicht des auf das Objektive zielenden Bewußtseins gerät das alles übergreifende Ganze dem erlebenden Menschen ins Dunkel einer immer undurchdringlicher werdenden Verborgenheit – obwohl es doch im Kern auch des westlichen Menschen, d. h. in seinem Wesen, dauernd »da« ist und ihm im Grunde nicht weniger als dem östlichen zur Manifestation einund aufgegeben ist. Aber dem in den Vorstellungen seines gegenständlichen Bewußtseins festsitzenden Menschen erscheint dieses seinen Horizont restlos überschreitende Ganze nur im Glauben an eine ich- und weltferne Transzendenz. Der in den Bann des gegenständlichen Bewußtseins geratene Mensch bedarf, um des ihn übergreifenden Ganzen als auch ihn selbst durchwaltend inne zu werden, einer Umkehr, einer Metanoia. Sie besteht im Durchbruch zu seinem Wesen, als der Weise, in der in ihm das allübergreifende Ganze individuell anwesend ist. Diese Umkehr erscheint zunächst als eine Wendung von außen nach innen, von einer Bezogenheit auf die gegenständlich faßbare Welt zur ungegenständlichen Innerlichkeit. Aber recht verstanden ist das hier aufgehende »Innen« das Innerste nicht nur des Menschen, sondern auch der ihm gegenständlich erscheinenden Welt! Es ist die Weise, in der das umgreifende Ganze in *allem,* was ist, als sein Wesen und Sinn gegenwärtig ist. Wo aber dieses den Menschen *und* seine Welt, also alles durchwaltende »Kern-Innen« dem Menschen unabdingbar verpflichtend im Bewußtsein *aufgeht,* vollzieht sich die »initiatische Wendung«. Hier erst öffnet sich ihm das Tor zum Geheimnis des Verborgenen. Erst mit dieser Wendung hat der Mensch die Chance, voll zu dem ihm zugedachten Ganzsein zu kommen, zu jenem Ganzsein nämlich, in dem die beiden Prinzipien in einer Weise integriert werden können, in der keines von beiden das andere als störenden Widerspruch auszuschalten sucht, noch es einseitig in seinen Dienst stellt, sondern beide in einer höheren Einheit verbindet – nicht für ein philosophisches Bewußtsein, sondern als mögliche Erfahrung, als Verheißung und Auftrag. Das Zulassen des LEBENS im harten und beglückenden Dienst an dieser Einheit, in der das vorgegebene Ganze Wirklichkeit im verantwortlichen Bewußtsein des Menschen gewinnt, ist die Verifikation und Bezeugung des Reiches, das nicht von dieser Welt ist, *in* der Welt.

Auf diesem Wege erscheinen die beiden Weisen menschlichen Bewußtseins – das gegenständliche, unterscheidende und fixierende, und das andere, in dem das übergegensätzliche Ganze präsent ist – nicht mehr als sich ausschließende Gegensätze, sondern als zwei Pole eines dialektisch fortschreitenden Prozesses, in dem der Mensch immer mehr wirklich er selbst, d. h. seiner Bestimmung gemäß wird. Er stellt sich zwar auch immer wieder auf sich selbst und gegen das Ganze, um aber die neu gewonnene »Position« alsbald wieder in dem ihm an ihr von neuem aufgehenden Ganzen aufzuheben und zu einem sich fortschreitend vertiefenden Bewußtsein seiner Sonderstellung als Diener des Göttlichen Ganzen zu gelangen. Es ist nun einmal so, daß der Mensch, der einfach als lebendiges Wesen unabdingbar vom übergreifenden Leben getragen und beseelt bleibt und dazu bestimmt, es *in* aller Besonderung zu bezeugen, zugleich von der Ausbildung eines Bewußtseins abhängig ist, das das Ganze aufhebt, indem er es in Ich und Welt, Subjekt und Objekt spaltet. Gerade im leidbringenden Gegensatz aber wird ihm seine verheißungsvolle, erlösende und verpflichtende Teilhabe am übergreifenden Ganzen, die allein letzte Sinngebung eröffnet, immer wieder bewußt. Alles Lebendige entbindet Kraft und Sinn seiner Eigenart erst durch das, was sie gefährdet.

Der »natürliche Mensch« lebt noch unbewußt im übernatürlichen Ganzen oder bannt es mit seinem Begriff und seiner

Tat. Wirklichkeit ist ihm, was ihn unbewußt trägt, oder das Ganze begriffener Tatsachen. Dem »initiatischen Menschen« ist das übernatürliche Ganze die ihm bewußt werdende Heimat, die er in der Welt der von ihm begriffenen und gemeisterten Tatsachen zu verlieren im Begriffe ist. Er erfährt die Tatsachenwelt als Exil. Aber erst der Umweg über das Exil wird zum Heimweg – wobei dann freilich noch einmal die Entscheidung zwischen den beiden Möglichkeiten fällt, daß dieses Heimkommen endgültiges »Eingehen« im weltüberlegenen All-Einen bedeutet oder aber zum entscheidenden Wendepunkt zu einem neuen »Ausgehen« in die Welt, in der in Erkenntnis, Gestaltung und Liebe vom Überweltlichen zu zeugen zum Sinn des Lebens und zur Möglichkeit höchsten Ganzseins wird. Offenbar wird dieses Ganzsein in der *Person.* Person ist Gestalt – aber die für das Offenbarwerden des übergreifenden Einen in der Mannigfaltigkeit der Welt durchlässige Gestalt. Wo der Mensch im vollen Sinn Person wird, ist er die Frucht einer Reife, die sich im Einswerden von Welt und Überwelt bekundet. Hier kann der Mensch dann zum Meister werden – in dem der homo divinans, dem der primäre homo faber Platz machen mußte, wieder zum homo faber wird, durch den das Reich, das nicht von dieser Welt ist, mitten in dieser Welt aufzublühen beginnt. Hier erfüllt sich dann die Integration der beiden Prinzipien im Menschen im Werden der überpersönlich wirkenden Vollperson. Kraft einer Neugeburt, dem Aufgehen aus dem Sein, das das Eingehen des Welt-Ichs in der Tiefe des Wesens zur Voraussetzung hat, wird der Mensch dann auch im Dienst an der objektiven Welt zum Zeugen der Präsenz des aller Welt vorgegebenen und sie übergreifenden Seins. In seiner Weise, zu erkennen und zu wirken, vor allem aber in seiner Weise, ganz einfach zu sein, wird durch ihn das Sein in seiner Dreieinheit offenbar, als Fülle, Gesetz und alldurchdringende Einheit – inmitten der Armut, Sinnlosigkeit und Zerrissenheit der Welt.

Diese höchste Stufe kennzeichnet den fünften Schritt einer Entwicklung, die mit der noch ungebrochenen Ganzheit des vorbewußten Menschen anhebt, dann in die Gegensätzlichkeit der beiden Prinzipien zum »Werk« oder zur »Reife« führt, diese Gegensätzlichkeit dann entweder im Sinn der Vorherrschaft des einen oder anderen Prinzips entscheidet, um endlich jene Ganzheit zu finden, in der sich beide Prinzipien zur Verwirklichung des wahren LEBENS vereinigen.

Es gibt zweierlei Leiden, sagten wir eingangs: das Leiden an einem Ungenügen gegenüber der Welt und das Leiden am Getrenntsein vom innersten Wesen. Nun können wir hinzufügen: es gibt ein drittes Leiden, das Leiden an der scheinbaren Unversöhnlichkeit des östlichen und des westlichen Lebens- d. h. Ganzheitsmodells. Das erste Leiden verlangt nach dem Arzt, das zweite nach dem um den inneren Weg wissenden Weisen, das dritte aber verlangt nach dem Meister, der auch um jene Frucht höchster Reife weiß, die das »Innen« mitten in der Welt aufgehen läßt. Der Weise ist der in seiner Ganzheit ruhende Mensch, »dessen Verwirklichung«, wie Govinda* sagt, »das Ziel jedes Buddhisten ist, und mit dem der Meditierende sich im Zustand der Versenkung identifiziert«. Der Meister aber wirkt verwandelnd in der Welt.

Weil heute der Ruf nach dem Meister** erstmals in diesem Ausmaß bei uns laut wird, wird auch der in jedem Berufenen schlummernde innere Meister erwachen und in immer mehr Wissenden leibhaftig hervorzutreten wagen. Wer aber nach einem weithin leuchtenden Bild großen Meistertums verlangt, der nehme Govindas Buch »Weg der weißen Wolken«*** in die Hand. Das, was er dort von seinem Meister berichtet, vermittelt ein unvergeßliches Bild und eine Ahnung von dem, was zutiefst in uns allen angelegt ist.

* Vgl. Lama Anagarika Govinda: »Durchbruch zur Transzendenz«, in *Transzendenz als Erfahrung. Beitrag und Widerhall. Festschrift zum 70. Geburtstag von Karlfried Graf Dürckheim*, O. W. Barth Verlag, Weilheim 1972
** Vgl. K. Dürckheim: *Der Ruf nach dem Meister*, O. W. Barth Verlag, Weilheim 1972.
*** Vgl. Lama Anagarika Govinda: *Der Weg der weißen Wolken*, Scherz Verlag, Bern – München 1976 (4. Aufl.).

DIE TRANSZENDENTALE BEDEUTUNG
DER ICHWIRKLICHKEIT

Darlegung des Problems

Die Frage nach der transzendentalen Bedeutung der Ichwirklichkeit enthält das erkenntnistheoretische Grundproblem aller Psychotherapie und Seelsorge. Warum? Weil es hier wie dort letztlich um eine Begegnung mit der Transzendenz geht, für die die Ichwirklichkeit zunächst nichts anderes zu sein scheint als *das* große Hindernis. Es versteht sich von selbst, daß sich dieses umfassende und vielschichtige Problem im Rahmen eines Aufsatzes nur andeutungsweise behandeln läßt. Nur das Wissen, daß die anschaulichen Grundlagen dieses Themas in diesem Kreise aus leidvoller Erfahrung am Patienten gegenwärtig sind, gibt mir den Mut, es zu versuchen, weil es mir erlaubt, mich auf das Grundsätzliche zu beschränken.

Bei Menschen, die unter ihrem »*verunglückten Ich*« leiden – und mit solchen hat es die Psychotherapie vorwiegend zu tun –, begegnen uns zwei Typen: Die einen haben *zu viel Ich*, die anderen *zu wenig Ich*. Die einen sind in einem eingespielten Weltvollzug erstarrt, die andern haben das zum Weltvollzug erforderliche Ich nicht zustande gebracht. Diese beiden Typen bedeuten zugleich auch zwei verschiedene Formen neurotischer Verstelltheit der Bewegung, die zur Integration mit dem *Sein* führen könnte. Die Erstarrten sind ihm gegenüber verschlossen. Denen, die es überhaupt zu keinem gefestigten Ich gebracht haben, fehlt das Organ, das erforderlich ist, das eigene *Wesen* zu vernehmen, wie auch das Gefäß, es ins Weltdasein aufzunehmen und darin zu bewahren. Den »Ich-losen« fehlen entweder die klar konturierten »Wände«, dann sind sie gestaltlos, oder aber der Boden, und dann sind sie haltlos. Es gibt aber noch einen dritten Typus, der in der Regel nicht zum Therapeuten kommt, den *Harmoniker*.

Ich erinnere mich an einen Mann, der geradezu ein Inbild

des der »Realität« angepaßten Menschen war. Kerngesund, immer erfolgreich im Werk und im vollen Kontakt mit den Menschen. Als ich ihn fragte, was ihm fehle, war seine Antwort: »Mir fehlt, daß mir nichts fehlt, nie etwas gefehlt hat und mein ganzes Leben in einem Ausmaß reibungslos und glatt verläuft, daß es mir unheimlich wird. Irgend etwas stimmt nicht.« Was stimmte nicht? Sein Leben ermangelte der Tiefe. Sein Leben war nicht seinem Wesen gemäß »geortet«. Der Seinsgrund war verstellt, die eigentliche Selbstwerdung aus dem Wesen blockiert, nicht weil er zuviel oder zuwenig Ich hatte, sondern weil seine Ichwirklichkeit in einem Ausmaße »eingespielt« war, daß jene schöpferische Spannung zwischen Seinsgrund und Welt nicht empfunden werden konnte, die der Nerv des eigentlichen menschlichen Werdens ist.

Weil der Mensch als ganzer beide Pole umfaßt, den Pol des weltverwobenen Ichs und den des seinsverbundenen Wesens, zum eigentlichen Menschsein also die Spannung zwischen diesen beiden Polen gehört, *muß,* wo sie fehlt, bei einem differenzierten Menschen das Leben mit der Zeit unheimlich werden. So war auch das Unheimliche der ungenügenden Determination vom Wesensgrund her das, was besagten Mann zu mir führte, sowie seine erste, für ihn wesentliche Erkenntnis dann, daß gerade seine allzu harmonische, aber oberflächliche Angepaßtheit an die Welt eine lebens- und wesenswidrige Seinsferne verhüllte.

Wenn nun gerade einem harmonischen und angepaßten Menschen die Prägung aus der Fühlung der Transzendenz erschwert ist, so besagt dies offensichtlich, daß diejenige Bewußtseinsform, die es dem nicht neurotischen Menschen ermöglicht, sich theoretisch und praktisch spannungslos in der Welt zurechtzufinden, offenbar noch nicht mit der identisch ist, die ihn befähigt, sich selbst zu finden. Nicht nur der Neurotiker, sondern auch der »Gesunde«, dessen Leben »harmonisch« verläuft, hat seine Not, zum Wesen hinzufinden und so seiner menschlichen Bestimmung bewußt und ihr gemäß zu werden. Ja, es kann der Neurotiker, den die Verschlossenheit gegenüber dem Sein krank macht, seiner Erschließung näher sein als der »Gesunde«. So gibt es auch eine gewisse, wie man mit zweifelhaftem Recht sagt, »glückliche Veranlagung«, die das immer ausgleichende und glatte Funktionieren der das

Leben äußerlich meisternden Vermögen in einer Weise erleichtert, die den Weg zur Erfahrung der Tiefendimension verstellt. Es kommt nicht zur Not und also auch zu keiner Wende. Erst von dieser Einsicht her rückt das Grundproblem der Erkenntnistheorie für alle auf das wahre Selbst zielende Therapie und Seelsorge in sein rechtes Licht, die Frage nämlich: Was ist die transzendentale Bedeutung derjenigen Wirklichkeit, deren Zentrum das Ich, und zwar das *weltkräftige* Ich, ist?

Die theoretische Klärung der neurotischen Verstellung der Transzendenz durch krankmachende Fehlformen des Ichs hat die Klärung der transzendentalen Bedeutung der »normalen« Ichwirklichkeit zur Voraussetzung. Zwischen der Ichwirklichkeit und der Transzendenz besteht eine Konfliktspannung, die natürlich und keineswegs schon neurotisch ist. Und nicht erst im Hinblick auf den Neurotiker, sondern schon für den »gesunden« Menschen müssen wir die Frage stellen: Wenn die Kategorien des Schauens, Erkennens und Handelns, mit denen der Mensch die Welt theoretisch und praktisch weitgehend zu bewältigen vermag, nicht nur nicht genügen, die Transzendenz wahrzunehmen, sondern den Zugang zu ihr geradezu blockieren, welcher Art ist dann, wenn es überhaupt eine Wahrnehmung der Transzendenz und einen Vollzug der Transzendenz in der Welt gibt, dasjenige Subjekt und diejenige Bewußtseinsform, die einem Erfahren der Transzendenz und einem Leben aus ihr angemessen ist? Welche Stellung nimmt dann einerseits das uns doch verbleibende Ich in diesem Subjekt ein, und wie ist überhaupt die Bedeutung des Ichs und seiner Wirklichkeit im Lichte der transzendenten Wirklichkeit zu sehen?

Nicht nur der Therapeut, auch der Seelsorger findet sich immer häufiger in einer Situation, die gebieterisch eine Besinnung auf das hier vorliegende erkenntnistheoretische Problem fordert. Dies gilt in der Seelsorge vor allem für den Fall, in dem der Seelsorger mit naiver Selbstverständlichkeit jeden in einer Weise als Christen anspricht, die die erkenntnistheoretischen Voraussetzungen des Glaubens ohne weiteres als gegeben annimmt. Immer wieder macht der Seelsorger dann die schmerzliche Feststellung, daß die für ihn in ihrer Tragkraft und Gültigkeit unbezweifelten Symbole, Begriffe und Worte und so auch die Worte des Evangeliums den sich ihm Anvertrauenden nicht mehr erreichen. Dieser sucht ehrlich den Glauben zu finden, aber gerade die Weise, in der sein Seelsorger diesen zu erwecken versucht, scheint der Erweckung im Wege zu stehen. Warum ist das so? Weil das Glaubenkönnen eine erkenntnistheoretische Voraussetzung hat, die bei dem, der nicht glauben kann, nicht mehr oder noch nicht vorhanden ist.

Die den Glaubensinhalt ursprünglich tragenden und vom Seelsorger mit Selbstverständlichkeit gebrauchten Worte und Bilder sind heute bei vielen Menschen zu einem Gefüge entleerter und in ihrer konventionellen Bedeutung erstarrter Formeln geworden. Je leichter und selbstverständlicher dem Seelsorger dann die Worte vom Munde fließen, um so aufreizender wirken sie und verhindern in ihrer formelhaft wirkenden Fixiertheit gerade das, was sie erreichen wollen. Es gibt eingefrorene Vorstellungsformen und ebenso allzu eingespielte Mitteilungsformen der Transzendenz, die den Menschen am Transzendieren hindern.* Nur wenn wir das klar gegenwärtig haben, haben wir auch das rechte Verständnis für die im Seelsorger unserer Tage immer wieder auftauchende Frage: Was liegt eigentlich im andern vor, daß er nicht mehr hören kann, und was ist eigentlich in mir selber geschehen oder noch nicht geschehen, daß ich bei allem Einsatz und gutem Willen den andern nicht erreichen kann? Die Antwort auf diese Frage kommt aus der folgenreichen Erkenntnis, daß es das Festgelegtsein in einer bestimmten Bewußtseins*struktur* ist – die sich unter anderem im Haften an bestimmten Vorstellungs- und Begriffsgefügen äußert –, das die Möglichkeit echten Glaubens wie auch seine Erweckung ausschließt. Der christliche Seelsorger muß erkennen, daß auch die rechte Aufgeschlossenheit für die Wahrheit des Evangeliums ganz bestimmte menschliche Voraussetzungen hat. In einer ursprünglichen Bewußtseinsform sind sie da. In einer zweiten gehen sie verloren, in einer dritten sind sie wiederzufinden. So gilt es, sich über die Bewußtseinsform klarzuwerden, die den

* Vgl. den für unser Thema bedeutsamen Vortrag von Johanna Herzog-Dürck: »Der neurotische Widerstand gegen die Wandlung«, in *Die Wandlung des Menschen in Seelsorge und Psychotherapie,* hrsg. v. Wilhelm Bitter, Verlag für medizinische Psychologie, Göttingen 1956.

Glauben und seine Vermittlung überhaupt erst ermöglicht, wie andererseits über diejenige, die den Weg in den Glauben verschließt.

Fragen wir nun, was es ist, das die ursprünglichen Voraussetzungen des Glaubens aufhebt, so stehen wir vor der Tatsache, daß es das gleiche ist, das der Erfüllung des Anliegens der Seelsorge wie der Großen Therapie im Wege steht: der Verlust der ursprünglichen Fühlung mit dem Sein durch die Fixierung des Menschen im Wirklichkeitsbewußtsein seines Ichs! Diese Fixierung, die nicht neurotisch zu sein braucht, ist es, die hier wie dort den Menschen verschließt. Damit stehen Seelsorger und Therapeut vor der gleichen Aufgabe, letzterer freilich nur in dem Maße, als es sich für ihn nicht nur darum handelt, einen Menschen wieder leistungskräftig, werktüchtig und kontaktfähig in die Welt zu stellen, sondern darum, ihm den Weg zum wahren Selbst zu öffnen; denn dieses ist ohne Zugang zur Transzendenz nicht möglich. Wo immer es also in der Therapie über die Lösung psychophysisch bedingter Komplexe hinaus um den Anschluß an die metapsychologische Seinswirklichkeit geht, muß Klarheit über die erkenntnistheoretische Voraussetzung dieses Anschlusses herrschen.

Wenn es so wäre, daß die Ichwirklichkeit die Transzendenz nur verstellte, so wäre es schlimm um den Menschen bestellt. Denn als »Erwachsene«, d. h. als voll entwickelte Menschen, sind wir auf Gedeih und Verderb mit ihr verwoben. Und in der Tat, die transzendentale Bedeutung der Ichwirklichkeit ist noch eine ganz andere! Diese ist nicht nur die Verhüllung der Transzendenz, sondern sie wird, weil die Wirklichkeit des Seins, die sie verhüllt, uns im *Grunde unseres Wesens* mit ausmacht, gerade *als* die leidvolle Schranke der Transzendenz zur *Voraussetzung* für das *Aufgehen* der Transzendenz im Bewußtsein. Ist *diese* einmal aufgegangen, d. h. ins Innesein der Menschen getreten, dann gewinnt die Ichwirklichkeit eine neue Bedeutung: Sie wird zum *Feld der Manifestation* der Transzendenz. Doch das gilt es im einzelnen zu entwickeln.

Wir müssen versuchen, folgende Fragen zu beantworten: Was ist das die Erfahrung der Transzendenz ermöglichende *Subjekt*, richtiger: in welchem Sinne haben wir von einem solchen zu sprechen, und welches ist die diesem zugeordnete *Bewußtseinsform*? Und, da wir, was es auch sei, nur auf dem

Hintergrund eines anderen zu erkennen vermögen – in welchem Sinn hebt sich das Subjekt, das in seiner Bewußtseinsform für die Transzendenz offen ist, ab von dem ihr in *seinen* Bewußtseinsformen verschlossenen Ichsubjekt? So müssen wir zuerst fragen: Was ist eigentlich die Eigenart *dieses* Ichsubjekts? Welches sind *seine* Bewußtseinsformen und die Eigenart der in ihr vollzogenen Wirklichkeit? Das heißt, wir müssen zuerst die Struktur der Ichwirklichkeit erkenntnistheoretisch aufhellen. Die Erfüllung dieser Aufgabe ist nicht nur von theoretischer, sondern von eminent praktischer Bedeutung.

Von der Einsicht in das Wesen, die Weite und die Grenzen der innerhalb der Ichwirklichkeit für Welterkenntnis und Selbstverwirklichung gegebenen Möglichkeiten hängt nicht nur die rechte Erkenntnis über das Wesen des Menschen ab, sondern auch das Heil aller erzieherischen, therapeutischen und seelsorgerischen Arbeit. Solange derjenige, der andere Menschen zu führen bestimmt ist, über die hier vorliegende Problematik nicht Bescheid weiß, fehlt ihm die kritische Grundlage seines Tuns. Und sie fehlt ihm um so mehr, als er als abendländischer Mensch, auch als »Gebildeter«, nicht nur im allgemeinen ganz unkritisch im naiven Wirklichkeitsbegriff des der Ratio huldigenden Ichs befangen ist, sondern überall dort, wo er sich um »Erkenntnis« bemüht, von einer Vorstellung von »Wissenschaft« und »wissenschaftlicher Fundierung« seiner Arbeit beherrscht ist, die auf der stillschweigenden Anerkennung des gegenständlich fixierenden Ichs als einzig zuständigen Subjekts aller Erkenntnis aufruht.

Wenn wir als gebildete Europäer unserer Zeit vor die Frage nach dem Wesen unserer Wirklichkeit gestellt werden, so identifizieren wir uns, um diese Frage beantworten zu können, alsbald mit derjenigen Form unseres Subjektseins, die ihre Wurzel im Ich hat, und antworten ohne Bedenken mit Begriffen, die einer Bewußtseinsform zugehören, die gleichfalls ihre Wurzel im Ich hat. Dies ist aber keineswegs selbstverständlich. Ein gebildeter Mensch des Ostens, mag er eben noch, etwa als Naturwissenschaftler, von diesem Ich her gedacht und »Wirklichkeit« anvisiert haben, wird sich, auf die Frage nach dem Wesen der Wirklichkeit angesprochen, alsbald mit derjenigen Form seines Subjektseins identifizieren, die ihre Wurzeln nicht ich Ich, sondern im *Tao* oder in der *Buddha-Natur* hat. Und wie wird er antworten? Er wird vielleicht nur lächelnd schweigen, vielleicht auch mit einigen symbolischen Bildern oder uns unverständlichen Paradoxen antworten. Zu unserer Verwunderung aber wird er seine Aussagen wahrscheinlich mit der ihm ganz selbstverständlichen Feststellung beginnen, daß die Wirklichkeit, die sich dem *begreifenden* Ich präsentiert, als solche eine Wahnwirklichkeit ist, weil sie ja das unbegreifliche *Wesen,* darin wir teilhaben am *Sein,* und so auch dieses verbirgt. Wir Europäer dagegen identifizieren uns ganz selbstverständlich und unkritisch mit dem Ich unseres gewöhnlichen Bewußtseins und merken gar nicht mehr, daß das uns in ihm eingefleischte Wirklichkeitsschema nur eine sehr begrenzte »Sicht« darstellt, die die Seinswirklichkeit als solche notwendig verfehlt. Hier also muß die erkenntnistheoretische Besinnung einsetzen.

Der um echte Erkenntnis, also um Wahrheit über den Menschen ringende, »denkende« Mensch steht heute vor der Aufgabe, einen Wissenschaftsbegriff zu überwinden, der, letztlich an der Naturwissenschaft orientiert, auch die Geisteswissenschaft ergriff und die Wissenschaft vom Menschen auch dort noch beherrscht, wo sie sich sowohl von der Naturwissenschaft wie von der Geisteswissenschaft absetzt. Erkenntnistheoretisch gesehen wird man der Wirklichkeit des Menschen nicht schon dadurch gerecht, daß man neben der objektiv-physischen Sphäre eine subjektiv-»psychische« anerkennt; denn gerade auch diese Gegenüberstellung entstammt einer Erkenntnishaltung, die, in Gegensätzen denkend, als Wirklichkeit nur zuläßt, was sich der begrifflichen Ordnung ihrer Bewußtseinsform einordnen läßt.

So gewiß aber der Mensch in seiner Ganzheit mehr umfaßt als die vom Ich und seinen Erkenntnismöglichkeiten »zugelassene« Wirklichkeit, so gewiß muß eine Erkenntnis ihn verfehlen, die allein in diesem Ich und seiner Auffassung von Wirklichkeit wurzelt.

Die Struktur der Ichwirklichkeit
und der Ichbegriff von Erkenntnis

Das Problem der Ichwirklichkeit enthält vier Fragen:
1. Was ist der Grundcharakter des in ihr Wirklichkeit wahrnehmenden Subjekts?
2. Was ist der Grundcharakter der von ihm wahrgenommenen Wirklichkeit?
3. Was ist die Struktur der hier obwaltenden Bewußtseinsform?
4. Wie macht sich auf dem Hintergrund dieser Bewußtseinsform das von ihr Ausgeschlossene, d. h. die Transzendenz, doch bemerkbar?

Der Nerv der Ichwirklichkeit ist das *Prinzip* der *Identität!* Der Mensch, der »ich« sagt, sagt nicht nur »ich bin«, sondern »ich bin ich«. Er nimmt sich als ein mit sich selbst Identisches. Er nimmt sich als etwas, das in allem Wandel von Raum und Zeit in sich selbst feststeht. An diesem Feststehen in sich selbst hängt nicht nur das »Ich«, sondern die ganze Wirklichkeitsstruktur, Wirklichkeitsbedeutung und -valenz seiner Welt!

Im Bewußtsein des sich mit sich selbst identisch fühlenden, feststehenden Ichs bricht das ganzheitlich flutende Leben auseinander. Es spaltet sich im Ichbewußtsein auf, und die faktische Einheit des Lebens erscheint, wo immer es durch das Prisma des im Ich zentrierten Bewußtseins geht, im Spiegelbild einer sich in Gegensätzen darstellenden Wirklichkeit.

Nur mit Bezug auf ein feststehendes Ich und mit Bezug auf das von ihm Festgestellte gibt es ein Hier und ein Dort, ein Vorher und ein Nachher, ein Oben und ein Unten, ein Bleibendes und ein Vergängliches! Zieht sich dieses Ich zurück, ist das alles nicht mehr da.

Für den sich total mit seinem Ich identifizierenden Menschen lauert hinter all seiner Wirklichkeit das Nichts, und vor diesem Nichts hat er Angst. Wagt er es aber einmal, sein Ich fallenzulassen, dann tut sich die vom Ich aufgespaltene und in der Aufspaltung sich verbergende Fülle und Einheit des Seins wieder auf. Sie aber ist etwas grundsätzlich anderes als die vom Ich her »erfaßte« Mannigfaltigkeit und Ganzheit des Daseins.

Auch der bewußtseinsmäßig im Ich verankerte Mensch lebt

faktisch aus dem Sein heraus. Doch davon weiß er nichts. Denn er weiß von Wirklichkeit nur in den Formen, in denen das Sein sich in seinem Ichbewußtsein darstellt. Was ist nun der Grundcharakter dieser Wirklichkeit? Ein Kennzeichen ist damit gegeben, daß alles, was nicht mit dem Ich zusammenfällt, dem Ich »gegenübersteht«. Das aber bedeutet, alles Erlebte wird vom *Ich-Stand* aus zum *Gegen-Stand*. So konstituiert sich die vor der Ichwerdung mit dem Menschen in eins verwobene *Um*welt zu einer von ihm abgesetzten *Welt* von Gegenständen. Vom Ich her ist Wirklichkeit vorab »gegenständlich« gegebene Wirklichkeit.

»Gegenständlichkeit« bedeutet nicht »materielle Dinghaftigkeit«, sondern nur eine Weise, in der etwas bewußt da ist – sei es ein Ding, ein Mensch, der eigene Leib oder auch ein Gefühl. Wo immer ich mir dessen von dem mit sich selbst identischen Ich her *bewußt* werde, habe ich es »*gegenständlich*« – und als solches gegensätzlich zu anderem und zum Ich hin. Die Bewußtseinsform, die primär zum Ich gehört, ist also die alles Erlebte *gegenständlich* und *gegensätzlich* auffassende Bewußtseinsform. Ihre Struktur ist gekennzeichnet durch das Grundschema »*Ich* habe bewußt *etwas*«. Das »Etwas«, das ich so bewußt habe, *bin* ich nicht, sondern *habe* ich – habe es als einen *Gegenstand*. Hat nun alles gegenständlich Gegebene für den sich mit seinem Ich identifizierenden Menschen ohne weiteres Wirklichkeit? Nein! Wo der Mensch etwas Gegenständliches hat, spricht er ihm damit noch nicht ohne weiteres »Wirklichkeit« zu. Wirklichkeit hat nicht schon das, was gegenständlich aufblitzt, sondern erst das, was der Mensch in seiner Gegenständlichkeit *feststellen* kann, also nur das, was für ihn als ein mit sich selbst Identisches in sich und im Gefüge von anderem Festgestelltem *feststeht*. So auch spiegelt das gegenständlich Gegebene, dem Wirklichkeit zugesprochen wird, in seinem Charakter erst den Grundcharakter des Ichs wider: »Daß es feststeht!« Und so kommt in der Bewußtseinsform des Ichs zum passiven gegenständlichen *Haben* als Grundfunktion hinzu: das *aktive Fixieren!* Zusammenfassend: Die Bewußtseinsform des Ichs ist die gegenständlich fixierende und darin allein Wirklichkeit wahrnehmende Bewußtseinsform des Menschen.

Festgehalten wird das gegenständlich Vorgestellte im *Begriff*.

Wirklichkeit also hat, was sich widerspruchslos und über alle Fragwürdigkeit hinaus in die Ordnung des *Begriffenen* einfügt. Alles »Erkennen« geht aus von der Frage »Was ist das?« und »Wie hängt es mit anderem zusammen?« Antworten auf diese Frage bedeutet eine Wirklichkeit *feststellen* in Gestalt eines Einordnens in ein bestehendes Gefüge von feststehenden Bildern, Vorstellungen und Begriffen.

Wenn nun auch von dieser Sicht her Wirklichkeitsvalenz zunächst nur hat, was gegenständlich erkannt und festgehalten werden kann, so erschöpft sich doch das Ganze dessen, was ein Mensch erlebt, nie in dem, was er als eine ihm gegenüberstehende Wirklichkeit zu fixieren vermag! Sein Gesamtbewußtsein ist vielmehr vor, in und nach allem Gegenständlichhaben mehr oder weniger mitbestimmt von einem *triebhaften* und *gefühlsmäßigen* Erleben, das als solches keinen gegenständlichen, sondern einen *zuständlichen* Sinn und Charakter hat. So hat auch der im Ich zentrierte Mensch neben seinem *gegenständlichen* Bewußtsein noch ein *zuständliches* Bewußtsein.

Wird der Mensch sich des zuständlich Erlebten ausdrücklich bewußt, so *kann* er es zusätzlich auch noch gegenständlich fixieren und in das Ganze seines Weltbildes einordnen. So gelangt er auch dazu, das zuständlich Erlebte, einerseits in seiner ewigen Aktualität, andererseits hinsichtlich des sich in allen Aktualzuständen manifestierenden Grundes im Begriff einer »subjektiven Wirklichkeit« zu fixieren, die er der »objektiven« gegenüberstellt. In diesem Unterscheiden und Fixieren macht er auch die *Subjekt*wirklichkeit zu einer »gegenständlichen«, die sich zwar immer noch als die dem subjektiven Erleben bleibend verbundene in ihrer Gesamtqualität und ihrem Sinn von der *Objekt*wirklichkeit grundsätzlich unterscheidet, der aber doch, weil feststellbar, eine eigene Wirklichkeitsvalenz zukommt. Er nennt sie mit verschiedenen Namen: »Emotionale Sphäre«, »die Psyche«, »das Reich der Seele« u. a. m. Das alles aber ist der objektiven Weltwirklichkeit als subjektive innere Wirklichkeit entgegengesetzt. Es wird aber nur insoweit als Wirklichkeit anerkannt, als es feststellbar ist und sich einer begrifflichen Ordnung fügt.

Der ganze Gegensatz nun von Subjekt- und Objektwirklichkeit, wie der hier obwaltende Begriff von Wirklichkeit selbst, wurzelt im unterscheidenden und fixierenden und, sobald es »erkennt«, vergegenständlichenden Ich! Vom Standort dieses Ichs her ist es auch durchaus folgerichtig, allem, was sich nicht fixieren, begrifflich feststellen und einordnen läßt, das Prädikat »wirklich« abzusprechen. Es wird in die Sphäre der »Metaphysik« oder des »Glaubens« verwiesen, wobei, vom Ich her gesehen, *Glaube* als eine Vor- oder gar Primitivform der Erkenntnis (im Sinne des Ichs) mißverstanden und abgewertet wird.

Wie oft wird auch heute noch die Meinung vertreten, daß der vorrationale Mensch der Wirklichkeit des Lebens ferner ist als der rationale. Dieser Wahn, der aus einer einseitigen Anerkennung rationaler Wirklichkeitsbewertung entsteht, wird zu einem noch größeren Irrtum, wo die überrationale Sicht des religiösen Menschen, wie des in der Begegnung mit dem Wesen zu einem höheren Wissen Gereiften, gleichgesetzt wird mit der vorrationalen Erkenntnisweise des Kindes. Das kosmische Wissen eines Priesters vorrationaler Epochen oder Kulturen oder die Lebensweisheit eines östlichen Meisters hat aber durchaus nichts mit Primitivität zu tun. Und es kann auch ein östlicher Weiser von heute zugleich ein glänzender Naturwissenschaftler sein. Doch er wird nicht auf den abwegigen Gedanken kommen, in seiner naturwissenschaftlichen Erkenntnishaltung auch dort zu verbleiben, wo es um die Erkenntnis der Wahrheit über das Leben als Ganzes und den Sinn und die Bestimmung des Menschseins geht.

Vom Standort des Ichs ist es auch folgerichtig, daß Erkenntniskritik sich zu einer Reduktion der Erkenntnis auf »begriffliche Erkenntnis von Tatsachen« verdünnt – wie zu einer Reduktion der Wirklichkeit auf das, was gegenständlich fixiert und in rationale Formen gebracht werden kann, kurz, auf das, dessen systematisierten Ausdruck man dann »Wissenschaft« nennt.

Wissenschaft im traditionellen Sinn bewegt sich streng im Umkreis fixierbarer Tatsachen. Der Wissenschaftler hat nur die Wahl, sich mit Bezug auf seinen jeweiligen Erkenntnisgegenstand auf den Umkreis der Phänomene zu beschränken, die eine Antwort auf die »Was-ist-das-Frage« zulassen, oder bewußt seine Grenzen zu überschreiten. Dann aber muß er den Anspruch der Wissenschaftlichkeit aufgeben.

Es ist klar, daß das gegenständlich fixierende Bewußtsein nur feststellen kann, was gegenständlich fixierbar ist. Der Umfang des menschlichen Erlebens und Bewußtseins reicht aber weit über die Grenzen desjenigen Bewußtseins hinaus, das sein Zentrum im gegenständlich fixierenden Ich hat. Menschliches Erleben quillt dauernd über die Grenzen dessen hinaus, was sich dem Begriff fügt. Wo nun etwas, das nach Bewußtwerden, Anerkennung und Erkenntnis drängt, seiner Natur nach nicht zum begreifbaren Gegenstand gemacht, geschweige denn in ein Gefüge von Tatsachen eingeordnet werden kann, wie beispielsweise alles, was zur Sphäre des Wesens gehört, kommt der, der hier um echtes Wissen ringt, zugleich aber dem starren Begriff von Wissenschaft anhängt, notwendig in große Verlegenheit. Und er kommt um so mehr in einen inneren Konflikt, als er selbst an sich und an anderen mehr *erfährt*, als er als Wissenschaftler zulassen und anerkennen darf. Wie viele, die sich um Erkenntnis bemühen, haben aber Angst, für unwissenschaftlich gehalten zu werden, und verzichten dann lieber auf das Ernstnehmen zentraler seelischer Ereignisse und auf Anerkennung zuinnerst empfundener Wirklichkeiten, als daß sie die Grenzen der Wissenschaft überschreiten. Allzuoft verkümmert dann bei ihnen und ihrer Gefolgschaft gerade das Tiefste, weil es, so wie es erfahren wird, nicht ernst genommen werden durfte. Es wird verdrängt oder in Begriffen aufgefangen, die seinen Wirklichkeitsgehalt in ihm ungemäße Ordnungen einzwängen, und so verblaßt es in diesem Tun als transzendente Kraft. Es gibt daher auch die Neurose des Wissenschaftlers, der die Wahrheit des faktisch Erlebten seiner begrifflichen Sicht aufopfert – das Schicksal so mancher Naturwissenschaftler und Psychologen von heute.

Eine Folge der unheilvollen Übergriffe des wissenschaftlichen Denkens unserer Tage ist das Nichtverstehenkönnen dessen, was echter *Glaube* bedeutet. Oft wird in ihm, wo er heute noch in einem »gebildeten« Menschen lebendig ist, nichts als nur der Versuch gesehen, eine »primitive Bewußtseinsverfassung« zu verteidigen. Gewiß, es gibt den später in festen Vorstellungsgefügen verankerten und erstarrten »Kinderglauben«. Echter Glaube aber ist nie eine Regression oder eine unzulängliche Form der Erkenntnis im Sinne eines Für-wahr-Haltens und Wahr-haben-Wollens von etwas, das der rationalen Erkenntnis nicht standhält. Echtem Glauben, was auch immer sein religiöser Inhalt sein mag, liegt vielmehr eine Verfassung zugrunde, die, weil im *Wesen* verankert, den *ganzen* Menschen bestimmt und der *Ganzheit* des unser Menschsein übergreifenden *Größeren Lebens* offen ist. Die in gläubiger Gewißheit* aufgehende Sicht reicht weit über die Grenzen der rationalen Wirklichkeitsordnung hinaus. Festhalten am Glauben meint also keineswegs immer ein Nicht-loslassen-Können einer kindlichen Blickweise, Ordnung und Geborgenheit, sondern sehr oft den Widerstand gegen die Zumutung, die eigene Urverankerung im Sein aufzugeben, die anderen mit der Inthronisierung des Ichs verlorenging.

Auch echte metaphysische Aussagen sind nicht hypothetische Feststellungen im Sinne des Ichs, die aus einem schlußfolgernden Denken entstehen, sondern Ausdruck einer in zentralen Erfahrungen begründeten Erkenntnis, für deren Gültigkeit die »Wissenschaft« kein zuständiges Forum ist. Das Subjekt metaphysischer Erkenntnis ist nie das rationalisierende Ich, mag die metaphysische Aussage auch mit Begriffen des Ichs bestritten werden. Die Weite und Tiefe der Erkenntnis aber hängt immer vom Umfang und der Tiefe der Grundlagen ab, in denen das erkennende Subjekt wurzelt. Die Basis des Ichs ist begrenzt.

Wem aber ist es heute schon genügend bewußt, daß das, was wissenschaftlich als wirklich anerkannt wird, nur die sehr begrenzte Sicht des Ichs spiegelt? Wem ist es gegenwärtig, daß die Vorstellung einer objektiven Wirklichkeit, der eine subjektive gegenübersteht, nichts anderes ist als ein Schema, ein »pattern«, eine zum Ich gehörige Kategorie der Anschauung, in deren Bann wir zwar auf einer bestimmten Entwicklungsstufe unseres Bewußtseins geraten, die aber doch nur ein sehr begrenztes Auffassungsschema bedeutet? Wo diese Sicht der Wirklichkeit allbeherrschend wird, wird sie zu einer generalisierenden Projektion, die, weil sie den Sinn unseres Erlebens vorbestimmt und eingrenzt, die Weiterentwicklung unseres Bewußtseins hemmt. Sie ist also ein Schema, das wir, wenn es um volle Selbstwerdung geht, als solches zu erkennen und

---

* Vgl. Ernst Michel: *Gläubige Existenz,* Verlag Lambert Schneider, Heidelberg 1952.

zurückzunehmen haben. Tun wir das nicht, dann bleiben wir zeitlebens in einer uns einengenden Fixierung und Spaltung hängen. Und das bedeutet, daß uns die Integration gegenüber dem transzendenten Seinsgrund theoretisch und praktisch verstellt und die wahre Selbstwerdung wie das Verständnis für ihre Voraussetzungen versagt bleiben.

So erhebt sich die Frage, ob und wie denn diese Zweiseitigkeit der ichbedingten Bewußtseinsform überhaupt überwunden werden kann, wenn sie nun einmal da *ist!* Und zwar stellt sich diese Frage sowohl für den Menschen überhaupt, wie besonders für den, der um Wissen über den Menschen bemüht oder gar Menschen innerlich weiterzuführen bestimmt ist.

Das Sein in der Bewußtseinsform des Ichs

In dem Maße, als der Mensch als ganzer besessen ist von der Bewußtseinsform des Ichs, kann ihm das Sein nicht aufgehen, geschweige daß er sich aus dem Wesen zu verwandeln vermöchte.

Wirklichkeit nur im Fixierbaren und in begrifflichen Ordnungen wahrzunehmen und gestaltend zu vollziehen, ist ohne Zweifel eine dem Menschen eigene und für sein Leben notwendige Weise, sich auf einer bestimmten Stufe seiner Entwicklung zu bewahren und sich selbst wie seine Welt zu ordnen und in Form zu halten. Aber in dem Maße, als er Wirklichkeit *nur* mit ichbedingten Kategorien, wie: Gegenständlichkeit, Gegensätzlichkeit, Raum und Zeit, Kausalität und Finalität, angeht, schließt er, wenn schon nicht den gelegentlichen *Einbruch* der Transzendenz in sein Leben, so doch das *Ernstnehmen des Erlebten* und die von ihm her mögliche *Wandlung* aus. Warum? Weil Transzendenz sich solchen Kategorien schlechtweg entzieht. Und weil das, was der Mensch nicht *ernst* zu nehmen vermag, für ihn keine *Wirklichkeit* gewinnt.

Der menschliche Resonanzboden für das Absolute ist der Mensch in seiner Ganzheit. Wo er sich aber mit seinem Ich identifiziert, unterliegt die der Ganzheit des Lebens ursprünglich gerecht werdende Sicht einer Vielfalt von Spaltungen und Reduktionen, in denen der Mensch die Wirklichkeit des Größeren Lebens bewußtseinsmäßig verfehlt, als auch der ihm innerhalb seiner Ichwirklichkeit gegebenen Möglichkeit und Aufgabe nicht voll gerecht werden kann.

Befangen in der Spaltung der Wirklichkeit in eine objektive Welt und eine subjektive Innerlichkeit, sucht der Mensch seine Erfüllung auf zwei Wegen, und je nach Charakter und persönlichem Schicksal immer einseitiger auf dem einen oder anderen.

Sucht der Mensch seine Erfüllung im gegenständlich Objektiven – sei es im theoretischen oder praktischen Vollzug der Welt, also in gültigen Systemen oder im vollendeten Werk –, dann muß er sich, um zum Ziel zu gelangen, in seiner zuständlich erlebten Subjektivität einklammern. Sucht er sich dagegen vorwiegend in seiner Innerlichkeit zu erfüllen, dann steht ihm immerzu seine doch unauflösliche Verflochtenheit mit der ihn gegenständlich fordernden Welt entgegen. So ist er hier wie dort immer nur als der halbe Mensch zugelassen und kann niemals zu jener Ganzheit gelangen, die die Voraussetzung für eine gültige Erfahrung der Transzendenz ist. Darüber hinaus unterliegt er auch innerhalb der beiden Wege einer Reduktion, und zwar fortschreitend in dem Maße, als er einseitig weiterschreitet.

Um auf dem Wege objektiver Erkenntnis zum Ziel einer feststehenden und allgemein gültigen Ordnung gegenständlich fixierter Wirklichkeit zu gelangen, reduziert sich der Mensch immer mehr zu einem bloßen Punkt und seine Welt zu einem Gefüge abstrakter Beziehungen. So wird er zum Zentrum eines anonymen Bewußtseins, das, aller Individualität und allen Gemütes beraubt, nicht mehr menschlich und der Ganzheit des faktisch erlebten Lebens verschlossen ist. Und wo die Welt immer mehr im Gefüge abstrakter Ordnungen und Gesetzlichkeiten wahrgenommen wird, wird der Mensch zum bloßen Funktionär der von ihm wahrgenommenen und geschaffenen Ordnungen, die ihn gerade dort, wo er glaubt, die Welt theoretisch oder praktisch zu beherrschen, fortschreitend versklaven.

Gemessen an den Endzuständen, auf die hier der Mensch

zusteuert, in denen die Ichvermögen des Menschen durch das Funktionieren selbstgeschaffener Organisationen und Maschinen immer mehr in den Schatten gestellt werden, versandet schließlich die Würde des Menschen an seiner Unfähigkeit, noch leiden zu können, und beschränkt sich auf seine Fähigkeit, im Unterschied zur Maschine noch Fehler zu machen.

Wo der Mensch sich, auf Grund seiner persönlichen Anlage oder auf Grund seines Scheiterns an der Welt, einseitig dem Wege nach innen verschreibt, in der Meinung, hier Erlösung zu finden, verfehlt er am Ende sein Menschsein in anderer Weise: er löst sich auf in Gefühl. An Stelle gegenständlicher Ordnungen, gesetzlicher Beziehungen und konturierter Gestalten gewinnt das *Emotionale* die Alleinherrschaft über ihn. Alle Gestalt hebt sich auf, und im Verschwimmen auch des persönlichen Umrisses im übermächtigen Erleben versinkt dann nicht nur die Welt, sondern letztlich auch die Fülle der Innerlichkeit selbst. Denn sie entfaltet sich nur in der Auseinandersetzung mit der Welt. So verfehlt der nur seiner Innerlichkeit lebende Mensch gerade das, was er auf seinem Wege gesucht hat: das Heil im Erfahren der inneren Fülle.

Wenn heute Wissenschaft und Technik dem Menschen über den Kopf wachsen, so nur, weil der Mensch als ganzer nicht mitgewachsen ist. Er kann aber als ganzer nicht reifen, wenn er den Weg nach innen vergißt oder in einseitiger Pflege seiner Innerlichkeit sich den Forderungen der Welt nicht mehr stellt.

Sowohl auf dem einseitigen Wege nach außen wie auf dem einseitigen Wege nach innen kommt also die Voraussetzung echter Seinserfahrung, die integrierte Ganzheit des Menschen, nicht zustande. Wo dann hier oder dort das höhere Licht doch einmal die Wolken durchbricht, bleibt es beim vorübergehenden Erlebnis. Die gültige Erfahrung der Transzendenz jedoch ist immer nur die, die den Menschen von Grund auf *verwandelt*. Wandlung aber setzt immer die Bereitschaft und den Einsatz des ganzen, Innerlichkeit und Welt bejahenden und vollziehenden Menschen voraus. Alle echte Integration, alles Reifen und Fruchtbringen hängt davon ab, daß der Mensch die Spannung zwischen innen und außen nicht verneint und auflöst, sondern bejaht und einlöst. Das gültige Werk wie das Heil des Menschen reift nur in der Bejahung des Spannungsfeldes zwischen Innerlichkeit und Welt.

In der gegenständlich fixierenden Sicht verhüllt sich die Transzendenz auch einfach schon deshalb, weil sie das *Leben* ist. Wo Wirklichkeit auf das Feststellbare reduziert ist, ist von ihr ausgeschlossen, was nicht zu fixieren ist. *Leben* – und was sollte die wahre Wirklichkeit des Seins anderes sein als Leben – kann aber nur im Mitvollzuge *ergriffen,* nie aber im Feststellen *begriffen* werden.

Der Weg nur nach innen, der in der Auflösung aller Gestalt mündet, verfehlt das Leben, weil es als Leben immer zugleich *Gestalt* und *Ordnung* ist. Es kann sich dem Menschen also auch nur eröffnen, wo er der harten Begegnung mit den Gestalten und Ordnungen der Welt nicht ausweicht – in welcher Form auch immer sie sich, je nach seiner Entwicklungsstufe und Reife, darbieten.

Ehe wir nun die Frage nach dem Vorhandensein einer Bewußtseinsform beantworten, die den Gegensatz zwischen gegenständlichem und zuständlichem Bewußtsein überwindet, müssen wir die Frage beantworten, ob und wie sich im Stande des Ichs die transzendente Wirklichkeit des Seins, von der der Mensch im Grunde doch immer lebt und durchdrungen ist, für ihn bemerkbar macht. Wenn der Mensch innerhalb des Gehäuses seiner Ichwirklichkeit auch niemals zu einem gültigen und ihn verwandelnden Vollzug der Transzendenz kommen kann, so wird er doch sowohl innerhalb dieses Gehäuses wie an seinen Grenzen immer wieder von ihr berührt. Und faktisch lebt, fühlt und handelt der zum vollen Stande des Ichs entwickelte Mensch aus einem ganz anderen Grunde heraus, als er sich einbildet.

Die ganze Ichwirklichkeit lebt im Grunde von dem, was sie ausschließt. Je mehr, um nur ein Beispiel zu nennen, die Sprache durchwachsen wird vom Bewußtsein des Ichs, desto mehr dient sie dazu, die sich aller Fest-Stellung entziehende Totalität des Lebens zu *bannen.* Das Netz der sprachlich fixierten Begriffe wird zum Schutzgewand gegen das Unheimliche des Unbegreifbaren. So lebt gerade im Ichgeist der Sprache das Sein als das »abwesend anwesende Sein«*. Aus

---

* Ich gebrauche diesen Begriff des »abwesend anwesenden« Seins analog zum Begriff des »abwesend anwesenden« Gottes. Vgl. Johannes Lotz: *Meditation. Der Weg nach innen,* Josef Knecht Verlag, Frankfurt/M. 1954.

ihm nährt sich der es fürchtende Geist. Ja, das ganze gewaltige Bemühen des menschlichen Geistes, das Leben rational zu begreifen, ist auch eine einzige Antwort auf das ihn in Atem haltende Unbegreifliche selbst. Und ist andererseits nicht die Ichwirklichkeit, mag sie in ihrem Erkenntnis*inhalt* das Sein auch verfehlen, in ihren *Formen* analogisch der Einheit und den Ordnungen, in denen das Sein dort aufblitzt, wo kein Ichbewußtsein es verschleiert? Ja, ist nicht vielleicht das »mit sich selbst identische Ich« gerade in seinem unverrückbaren Feststehen ebenso wie alles Feststehende, auf das der Mensch in seinem Streben nach gültiger Erkenntnis und vollendetem Werk, nach Sicherheit, Geltung und Macht, nach bleibender Geborgenheit und Ruhe strebt, ein Analogon des in sich selber ruhenden Seins? Der Halt und das Bleibende, das der Mensch im Endlichen sucht, ist der säkulare Ersatz für seinen Halt im Unendlichen. Und jeder Begriff und jedes Urteil, das der Fülle des erlebten Lebens Gewalt antut, transzendiert gerade in seiner abstrakten Bedeutung und in der Geltung seines Sinnes die Grenzen des raumzeitlich Konkreten. Doch in dem Maße, als die säkulare Analogie des Seins sich verhärtet und sich selbst für das Sein setzt, verbirgt sie es und verhindert seine Erfahrung. Und doch bleibt alles Tun im Ich, wo es mit vollem Einsatz geschieht und gerade auch dort, wo es sich in seiner ganzen Radikalität und Reinheit entfaltet, von *numinosen* Qualitäten durchwittert, die auf eine geheime, nicht eingestandene, aber bleibende Verbundenheit des Menschen mit dem Sein hinweisen.

Je abstrakter und theoretischer das Denken wird, gereinigt von allen Inhalten des nur persönlichen Lebens, um so mehr bemächtigt sich des Denkenden eine metaphysisch zu nennende Leidenschaft, in der er das Leiden und das Glück des Menschen erfährt, den etwas *Divines* ergriff. Gerade in der exakten *Forschung,* in der der Mensch sich selbst mehr und mehr als Fehlerquelle empfindet und einzuklammern versucht, ist sein Gemüt in der Tiefe angerührt. Und über allem Staunen, Fragen, Suchen und Finden reiner Erkenntnis liegt der beglückende Hauch eines Seins, von dessen Verneinung alles auf gegenständliches Fixieren, Ordnen und Begreifen zielende Denken doch andererseits lebt. In der glasklaren Luft der lebens- und menschenfernen Theorie, in der der Denker atmet, ist, von allem Menschlich-Allzumenschlichen gelöst, sein Wesen wach, und er vernimmt im Bemühen um die reinen Formen die Harmonie des unbegreifbaren Seins. Schon auf der niedersten Stufe des Weges, der in die höchsten Höhen der Abstraktion führt, in jeder echten Hingabe an ein Problem, wirkt, uns in der Tiefe erregend und ganz unabhängig vom augenblicklichen Inhalt, die Ordnung des Seins, die im Prisma des Ichs in der Sprache der uns jetzt bewegenden Frage ans Licht drängt.

Wo immer der Mensch ein *Werk* schafft oder sich einem *vollendeten Gebilde* hingibt, ist sein auf stimmige Ganzheit bezogenes Gemüt insgeheim von der Inbildlichkeit des Seins bewegt in einer Weise, die auch den im Ichbewußtsein befangenen und von ihm aus gestaltenden Menschen in einem Fluidum des Erlebens hält, das als solches den Umkreis des vom Ich aus Zugelassenen übergreift.

Im gegenständlich erkennenden Vollzug der Welt zielt der Mensch auf etwas, das hinter dem primär Begriffenen steht: auf das *Gesetz* und auf die *Idee*. In der Suche nach dem Gesetz, das hinter den Zusammenhängen steht und sich in ihnen bekundet, wie im Bezogensein auf ein Inbild, dessen immer nur relative Verwirklichung wir in den unmittelbar gegebenen Formen vor uns haben, manifestiert sich in der Sprache der Ichsicht schon Transzendenz. Sie bekundet sich als die *Einheit* wie als *Inbildlichkeit* der Tiefe, die, wo sie ins Innesein drängt, verpflichtend und Erfüllung versprechend den numinosen Charakter bedingt, den das Gesetz wie das Inbild für den erkennenden Menschen besitzen.

So ist der Naturwissenschaftler im Grunde besessen von der numinosen Qualität des hinter allem liegenden und alles aufschließenden Gesetzes wie der Wahrheit des Urteilszusammenhangs, in dem sich für ihn die Wirklichkeit darstellt.

So ist der schaffende Mensch besessen von der numinosen Qualität, die in der ihm vorschwebenden Vollkommenheit des Werkes aufleuchtet, das seinem Inbild entspricht.

So ist der auf Meisterung des äußeren Lebens, auf Bestand zielende Mensch besessen von der numinosen Qualität der von ihm gesuchten endgültigen Sicherheit, Geltung und Macht.

So ist der in der Welt Geborgenheit suchende und findende Mensch ergriffen von der numinosen Qualität einer ihm, wie er meint, endgültig Heimat gewährenden Gemeinschaft. In welcher Weise auch immer der Mensch liebt, alle Formen liebender Einswerdung zeugen von der Einheit des Seins.

Welches also auch immer die Weisen sein mögen, in denen der natürliche Mensch sich zu erfüllen versucht, in allem macht sich in der Sprache der Ichsicht die transzendente Einheit des Grundes bemerkbar: im Forschen nach der *einen* Formel, die endgültig alles erklärt, in der Suche nach dem *einen* System, das alles umfaßt, im Ringen um die *bleibende* Ordnung, die alles zur Ruhe bringt, im Streben nach dem *vollkommenen* Werk, dem nichts mehr fehlt, in der Sehnsucht nach der *allbergenden* Gemeinschaft und lösenden Liebe, die endgültig alles umfängt. – Die Grenze aber, die all diesem Verlangen innerhalb der Ichwirklichkeit gesetzt ist, liegt darin, daß alle vom Ich her gesuchten und gefundenen Formen der Einheit fragwürdig sind, weil die Erfüllung des *Lebens* in ihnen *statisch* gedacht ist. Sie alle spiegeln den Menschen im Ichstand wider, der, nur auf das unverrückbar Dauernde bedacht, gerade das ausschließt, was er im Grunde sucht: die transzendentale Erfahrung des *Lebens.* Von seinem Ich her kann der Mensch aber das Leben nur bejahen, wo es kein Leiden gibt und keine »Veränderung«, die sich seinem Einfluß entzieht. Das Größere Leben jedoch bringt dem in seinem Ich befangenen Menschen *Leiden,* treibt ihn, sich zu *verwandeln,* und begegnet ihm gerade dort, wo seine Macht am Ende ist.

Das Grunderlebnis, das daher schon den ichbefangenen Menschen immer wieder die Grenzen seiner Ichsicht und an dieser Grenze Transzendenz verspüren läßt, ist das der Unausweichlichkeit des *Schicksals,* das alles Planen in Frage stellt und das Gewordene unvermutet zerschlägt, wie die Erfahrung der *Vergänglichkeit* alles Bestehenden und des *Todes.*

Es ist immer wieder bewegend, zu sehen, wie der Tod des Nächsten, der drohende Tod des eigenen Lebens oder auch nur der Anblick eines Toten den Aufschrei »Es kann doch nicht sein« auslöst, gerade dann aber oft blitzartig den Schleier zerreißt, den der Wille des Ichs, der nur das Bleibende zuläßt, über die Wahrheit des Lebens gelegt hat, und der Mensch, der unausweichlich dem Unbegreiflichen gegenübergestellt ist, nun dort ein Höheres erfährt, wo das Leben ihn nahezu vernichtet. So stößt der Mensch unserer Tage überall an seine Grenze.

Wie viele stehen heute vor der großen und vielleicht einzigen transzendentalen Erkenntnis, zu der sie, im Banne des Ichs, an der Grenze ihrer Ordnungen kommen: daß *alles, was für das Ich feststeht, letztlich doch fragwürdig ist!* Überall kommt der Mensch heute ans Ende seiner theoretischen wie seiner praktischen Weisheit. Doch eben an dieser Grenze leuchtet bisweilen etwas ganz anderes auf, unerbittlich und unabweislich, etwas, das sich weder theoretisch einordnen noch praktisch bewältigen läßt, zugleich aber den Menschen, der es annimmt, in eine andere Seinsordnung stellt. Auf der anderen Seite erfahren auch immer mehr Menschen, deren Scheitern an der Welt sie auf einen Weg geführt hat, auf dem sie die Erlösung in einer Innerlichkeit suchen, die die Welt draußen läßt, daß auch dieser Weg in eine Sackgasse führt. Und gerade aus der Ausweglosigkeit steigt dann bisweilen die Ahnung von einem Leben, das das nur in der Innerlichkeit gesuchte Geheimnis auch in der Welt offenbart.

Im Zusammenbruch des Vertrauens in die Tragfähigkeit des alten Gehäuses, in dem der Mensch glaubte endgültige Sicherheit finden zu können, kann die Erfahrung jenes ganz Anderen eintreten, die Große Erfahrung, die ihn in eine übergegensätzliche Kraft, Klarheit und Liebe stellt, die all sein Begriffsvermögen überschreitet. Und dann kann es dem Menschen auch aufgehen, daß das Numinose, das er schon innerhalb der Grenzen seiner Ichsicht dann und wann fühlte, das von ihm aber als »bloßes Gefühl« abgewehrt wurde, in Wahrheit der Schimmer einer tieferen Wirklichkeit war, die als das Licht des wahren Lebens in sein im Grunde immer dunkel gebliebenes, weil lebenswidriges Gehäuse seiner Ichwirklichkeit eindrang.

Es ist auch ein durchaus verständliches Paradox, daß ausgerechnet dem dem Rationalen Verschworenen das, was sich seinem rationalen Tun und Erkennen entzieht, das *Irrationale,* sich immer wieder als jenes Eigentliche aufdrängt, das all seinem Tun den tiefsten Antrieb und höchsten Sinn gibt.

Wenn nun auch in den Formen, in denen, sei es im gegenständlichen Weltvollzug oder aber im gefühlsgesättigten inneren Erleben, Einheit gesucht wird, die Einheit des Lebensgrundes auch schon faktisch im Spiel ist, so geschieht dies doch nur in einer Weise, die *unbewußt* ist und nicht zur Integration mit dem Wesen führt. Die verwandelnde Erfahrung der wahren Einheit kann im Entweder-Oder zuständlicher oder gegenständlicher Erfüllung nicht eintreten. Die Einheit des Seinsgrundes wird nur im Einklang von Innerlichkeit und Welt offenbar. Dies haben auch die größten der Mystiker gewußt. So wenn Meister Eckehart einem Menschen, der in seiner Versenkung in einen Zustand gerät, der so über alle Maßen wonnevoll ist, daß er für ewig darin verweilen möchte, zuruft: »Reiße dich los so schnell, wie du kannst, und ergreife das Nächste, das zu tun ist, denn das sind schmelzende Gefühle.«

Je mehr der Mensch in die Not des Gegensatzes kommt, desto mehr leidet er unter dem Druck der von ihm ausgeschlossenen, ihn aber im Grunde ausmachenden und ans Licht drängenden Einheit. Dann wird er für sie hellhörig und vielleicht auch einmal bereit, sich ihr zu ergeben.

Das Aufgehen des Seins im Bewußtsein ist nun heute konstelliert wie wohl niemals zuvor. Doch an diesem entscheidenden Wendepunkt kommt es für uns darauf an, daß wir die Zeichen der Transzendenz, wenn sie aufblitzen, nicht sogleich wieder vertun in gegenständlichen Abstraktionen und Begriffen oder in bloßer Verzücktheit und zuständlichem Schwelgen des Ichs.

Doch nun erhebt sich die Frage: Gibt es überhaupt für den Menschen die Möglichkeit, seinem Ich zu entweichen, dessen Vorstellungen der Transzendenz sie ebenso verfehlen wie jenes vorstellungsfreie Erleben, in das ihn sein Luststreben lockt? Ist er, einmal erwachsen zum Ich, nicht verloren an den unheilbaren Zwang, auch alle in ihm aufleuchtenden Zeichen der Transzendenz, die ihn der Gegenständlichkeit enthebt und sich aller gegenständlichen Fixierung entzieht, doch immer wieder fixieren und in eine sich für ihn rundende Ordnung bringen zu müssen und damit ihres Sinnes sowohl wie ihrer erlösenden Wirkkraft zu berauben? Gibt es eine Bewußtseinsform, die weder gegenständlich noch zuständlich ist? Es gibt sie nicht nur auch, sondern es ist die, in der wir unser Leben beginnen und die auch das Leben in der Bewußtseinsform des Ichs integrierend übergreift, deren Kraft aber im Schatten der gegenständlichen Fixierung verblaßt. Sie kann und muß aber wieder in ihr Recht kommen, wo die Entfremdung vom Sein an die Grenze gelangt ist. Welcher Art ist diese Bewußtseinsform?

Das inständliche Bewußtsein

Diejenige Bewußtseinsform, in der der Gegensatz gegenständlich – zuständlich noch nicht da oder wieder aufgehoben ist, ist jene Bewußtseinsform, in der sich im Menschen das Leben in seiner übergegensätzlichen Einheit unreflektiert schenkt oder schließlich seiner selbst *inne wird*. Es ist die Bewußtseinsform, in der der Mensch, in welcher Lage auch immer, seine Einheit im Grunde er-*innert*. Wo der Mensch kraft seines Ichs in die Spaltung gegangen ist und sich in seinem Bewußtsein aus der Einheit des Seins herausgestellt hat, tritt er in dieser Bewußtseinsform wieder in sie ein und wird sich in ihr seines unabdingbaren »Instandes« im Sein wieder *inne,* dessen Einheit ihn nunmehr im *Innesein* erfüllt und bestimmt – was »*inständliches Bewußtsein*« genannt werden kann.

»Inständliches Bewußtsein«, das ist ein neuer Begriff! Aber so gewiß der Einbruch der Transzendenz in unser Leben, so wie er heute im europäischen Raum konstelliert ist, ein Novum bedeutet, das eine wirkliche Wendung der Geister einleitet, so gewiß fehlt im Arsenal der Begriffe bislang das Wort für diejenige Bewußtseinsform, die diesem Novum gemäß ist. So mag das Wort »inständliches Bewußtsein« das, worum es geht, vorläufig bezeichnen. Die Erhellung dessen, was mit dem Begriff »inständliches Bewußtsein« gemeint ist, muß auf verschiedenen Wegen erfolgen. Der Begriff muß phänomenologisch, genetisch, psychologisch und vor allem ontologisch, also in seiner metapsychologischen, auf die Möglichkeit der Erfahrung des Seins hinweisenden Bedeutung geklärt werden.

Phänomenologisch hebt sich das inständliche Bewußtsein ab vom Hintergrunde des sich in den Gegensätzen gegenständlich-zuständlich bewegenden Bewußtseins.

Das inständliche Bewußtsein ist zunächst das jeweilige Erlebnis*ganze* im Licht der Bewußtheit. Es ist also weder Bezogenheit auf einen bestimmten gegenständlichen Inhalt, noch ist es bloß zuständliche Erfülltheit durch ein Gefühl. Es ist vielmehr seinem Gehalt nach die *Komplexqualität des Erlebnisganzen,** das als solches die im Ichbewußtsein vorhan-

---

* Vgl. Felix Krueger: *Lehre vom Ganzen,* Hans Huber Verlag, Bern 1948. – Albert Wellek: *Die genetische Ganzheitspsychologie. Neue psychologische Studien,* C. H. Beck Verlag, München 1954.

dene Spaltung von Subjekt und Objekt, von Zustand und Gegenstand übergreift.

Der aus dem inständlichen Bewußtsein heraus lebende Mensch ist nicht primär bestimmt von gegenständlich fixierten Vorstellungen und Ordnungen, sondern durch die *Stimmung* des Gesamtbewußtseins. Es ist natürlich, daß diese »Stimmung« (oder Verstimmung) des Bewußtseinsganzen vom Ichstand her dem Reich des »Emotionalen«, also der »nur subjektiven Wirklichkeit« zugeordnet und als Grundlage verantwortlichen Handelns und gültigen Erkennens abgelehnt wird; denn die in dieser »Stimmung« ansprechende Basis geht über den Horizont des Ich-Gegenstandsbewußtseins hinaus. In Wahrheit jedoch ist die »Stimmung« aber der Ausdruck für die Resonanz des *ganzen* Menschen. In ihr »resoniert« der *ganze* Mensch in der Sprache des augenblicklichen Erlebens. Und ist nicht gerade das ernst zu nehmen, was aus dem ganzen Menschen heraus »resoniert«, d. h. Richtung gebend anklingt? Bekundet sich nicht im Vernehmen des hier Anklingenden die *höhere* Vernunft? Sein ganzes Leben lang ist der Mensch begleitet von der Resonanz seiner Welt und Innerlichkeit, Ich und Wesen umfassenden Ganzheit. Was aber die treibende, mahnende, rufende Stimme der im Sein gegründeten Ganzheit zu sagen hat, wird verzerrt und übertönt von den sie auffangenden Ordnungen des Ichs.

Im wiedergewonnenen inständlichen Bewußtsein wird sie wieder in ihr Recht gesetzt. Und dann kann sich auch die Einheit und Ordnung des Wesensgrundes durchsetzen, und der Mensch bleibt innerhalb seiner Ichwirklichkeit gelöst, getragen und gerichtet von dem sie übergreifenden Ganzen, das nun im Innesein vorherrscht.

Das inständliche Bewußtsein entwickelt sich – darin unterscheidet es sich vom gegenständlichen Bewußtsein – nicht im Zuge einer fortschreitenden Auseinandersetzung mit der sich immer weiter vergegenständlichenden Welt noch in einem die Welt ausklammernden Rückzug in eine alle Gegenständlichkeit aufhebende Innerlichkeit, sondern kraft einer sich an jeder Spaltung neu belebenden Wieder-in-eins-Setzung des vom Ichstand her Auseinandergesetzten. Ein Beispiel hierfür ist die echte Meditation.

Meditation hebt an mit einer sich mit ihrem Gegenstand

auseinandersetzenden Konzentration auf etwas, schreitet fort zum eigentlich meditativen Zustand, in dem Subjekt und Objekt verschmelzen, und mündet in der »Kontemplation«, darin der Meditierende in einer zur Ruhe gekommenen Einheit des Erlebens verweilt, in der nichts mehr da ist als ein erfülltes »Innesein dieser Einheit«. Aus solcher Erlebniseinheit, in der die große Stille einzieht, spricht mehr als ein nur augenblicklicher Erlebensgehalt. Es klingt darin die Einheit des divinen Seinsgrundes. Damit ist echte Meditation ein Grundbeispiel für den Sinn und die »Möglichkeit« des das gegensätzliche Bewußtsein wieder überwindenden inständlichen Bewußtseins überhaupt.

Das inständliche Bewußtsein des Menschen steuert immer auf eine den Gegensatz von Ichstand und Gegenstand aufhebende Ganzheit hin, die, wo sie zu voller Stimmigkeit erblüht, die Einheit des Grundes aufklingen läßt. Was in der Meditation bewußt gepflegt wird, bewegt uns insgeheim von Augenblick zu Augenblick unseres Lebens. Aber das Wunder, das am Ende der Bewegung *immer* auf uns wartet, kommt nicht ans Licht; denn es geht unter im Schatten des Sinnes, den das Leben je und je in den gegensätzlichen Bewußtseinsformen gewinnt. In ihnen wird die Einheit immer wieder vertan. Es besteht aber die Möglichkeit und die Aufgabe, den eigentlichen Sinn der sich nur im inständlichen Bewußtsein erfüllenden Gerichtetheit, die im verborgenen unser ganzes Leben bestimmt, bewußt zu machen, sich übend in ihm zu verankern und dadurch dem Grundanliegen des Menschen zu dienen: die ihn tragende, verlorene, aber ewig gesuchte Einheit des Grundes wiederzufinden und sich und seine Welt aus dem Innesein der Einheit wesensgemäß zu »artikulieren«.

Die Erfüllung dieser Aufgabe muß ausgehen von dem dem inständlichen Bewußtsein innewohnenden *Antrieb,* die sich immer erneuernden und vom Ich fixierten Gestörtheiten aufzuheben in einer *Verfassung,* aus der heraus der Mensch, auch wo er in den Gegensätzen weiterleben muß, kraft seiner Grundgestimmtheit die Einheit des Grundes bewahrt, fühlt und in seinem Handeln bewährt. Aus seinem inständlichen Bewußtsein treibt es den Menschen letztlich immer zu dieser Verfassung, in der er, integriert mit der Einheit des Grundes, aus ihm heraus auch frei ist von der Abhängigkeit von seinen

Gefühlen wie von der Welt, in deren abwechselndem Bann er sich im Ichstand ständig befindet.

Angesichts der Tatsache, daß das inständliche Bewußtsein den im Ich verankerten Gegensatz von gegenständlichem und zuständlichem Bewußtsein übergreift, liegt es nah, nach seinem Verhältnis zu »primitiven Bewußtseinsformen« zu fragen. Wo steht das inständliche Bewußtsein im Ganzen der menschlichen Entwicklung?

Das inständliche Bewußtsein ist sowohl phylogenetisch wie ontogenetisch das früheste. Das Kind wie der primitive Mensch lebt praktisch auch in seiner Vorstellungs- und Begriffswelt noch vorwiegend aus dem übergegensätzlichen Sein heraus. Dies bedeutet zugleich, daß das, was er erlebt, von ihm mit seinem ganzen Menschsein vollzogen wird. Dies geschieht so lange, als der seinshaltige Sinn seiner Erlebensgehalte den sich anbahnenden Gegensatz zwischen subjektivem Erleben und objektiv Erlebtem noch überwiegt.

Je weniger noch das objektivierende Ich über den Menschen Herrschaft gewinnt, desto mehr ist er immer als Ganzer am Werk. Denken, Fühlen und Wollen sind noch nicht getrennt, Leib und Seele noch nicht unterschieden. Sein Erleben findet seinen Ausdruck nur in beseelten Gebärden, stellt sich dar in seinsträchtigen Bildern und erfüllt sich in ganzheitlichen Zuständen. Die fortschreitende Aufgliederung seiner Erkenntnis- und Lebensformen vollzieht sich als Wachstum und Artikulation der ihn ursprünglich ergreifenden Ganzheit. Weil das so ist, sind dem vorrationalen Menschen auch alle Inhalte des Bewußtseins inständlich wahrgenommene Zeichen für etwas, worin er als Ganzer im Grunde lebt.

In dem Maße, als im Prozeß der fixierenden Verdichtung und ordnenden Vergegenständlichung das im Menschen wesende Sein und die es ganzheitlich bezeugenden Erlebnisgehalte umgemünzt und aufgespalten werden in Inhalte des fixierenden Ichs und »bloße Gefühle«, kommt es zur Spannung zwischen Ichwirklichkeit und Seinsgrund. Wird diese Spannung schließlich unerträglich und kommt es zur Zerreißprobe, dann ist eine Wandlung konstelliert, in der dann wiederum fortschreitend das inständliche Bewußtsein zum maßgebenden wird.

Der in seiner Ganzheit beide Pole umfassende Mensch fühlt

204

sich im Zuge seiner Entwicklung auf einer bestimmten Stufe in seinem Ich bedrängt vom Wesen und in seinem Wesen bedrängt vom Ich. Dann versucht er erst in einer weiteren Verfestigung und Verdichtung seiner Ichwirklichkeit das aus dem Seinsgrund Aufsteigende zu bannen, indem er die im inständlichen Bewußtsein aufleuchtenden Gehalte immer wieder vergegenständlicht und ordnet. Zugleich aber wird seine Gesamtsituation immer weniger haltbar; denn trotz des Einsatzes aller Vermögen des Ichs findet er sich immer mehr durchwittert von den Gefühlen einer ihm unheimlichen Angst, Schuld und Hohlheit, die ihn schließlich bereit machen, aufzuhorchen und dem, was aus der Tiefe ans Licht drängt, Raum zu gewähren. Doch dies ist letztlich nur möglich, wenn er sich fortschreitend im inständlichen Bewußtsein beheimatet.

Hat man einmal erkannt, daß das Ich mit seinen sich immer weiter differenzierenden Bewußtseinsordnungen am Ende dazu führt, daß das übergegenständliche, bild- und weiselose, überraumzeitliche und übergegensätzliche Sein verdrängt wird, indem es sich in fortschreitend sich fixierenden und *konturierenden* Bildern, Vorstellungen, Gedanken und Begriffen verhüllt, dann ist es auch klar, daß die Entwicklung des menschlichen Bewußtseins zwar eine Weile parallel läuft mit der Entwicklungsgeschichte des Ichs, keineswegs aber in der Höchstform des fixierenden Ichs zu Ende kommen darf; denn nicht in der Verhüllung und Verdrängung des Seins, sondern in seiner Erschließung und Bezeugung erfüllt sich der Sinn des menschlichen Bewußtseins.

Die Entwicklungsgeschichte des Ichs und der in ihm verankerten Erkenntnis und Lebensordnung des Menschen kennzeichnet nur den ersten Teil der dem Menschen zugedachten Entwicklung. Sie ist die Geschichte des Heraustretens des Menschen aus seinem Seinsgrund. Stufe um Stufe spiegelt die Weise, in der der Mensch sich und die Welt in sich wandelnden Bildern wahrnimmt und darstellt, die Geschichte seiner Entfremdung vom Wesensgrund wider, der selbst jenseits der Bilder ist. Die Bedeutung dieser Einsicht geht dann erst voll auf, wenn man einsieht, daß auch die noch ursprungsnahen Bilder keine *unmittelbaren* Zeugen des Seins sind, sondern Spiegelungen des Seins, vielleicht noch unkonturierte, in der Brechung des jeweils schon vorhandenen Ichbewußtseins.

Ist freilich einmal das gegenständliche Bewußtsein entwik-kelt, dann kann es nicht ausbleiben, daß alle Erlebnisse des Menschen, so auch die Gehalte seines inständlichen Bewußt-seins, sich zu Inhalten seines gegenständlichen Bewußtseins verwandeln. So wenn beispielsweise der Mensch inständlich einen Duft genießt und der inständliche Gehalt dieses Erle-bens dann in das Schema seines gegenständlichen Bewußtseins springt und er sich fragt: Was riecht hier so gut? Das bedeutet: Zu was (zu welchem Gegenstand) gehört das von mir (zuständlich) Gefühlte? Antwortet er dann: Es ist der Geruch einer Rose, so hat er die inständliche Bewußtheit des *Duftens,* das ihn in der Komplexqualität des Erlebensganzen erfüllte, verwandelt in die Eigenschaft eines *Dinges* und sie als »Geruch« identifiziert, festgestellt und in seine »Ordnung der Gerüche« gereiht. Doch wenn nunmehr auch im Vordergrund des Bewußtseins das Wissen um den begriffenen Geruch und seinen Träger vorherrscht und der Mensch das Geruchsgefühl kausal auf eine im Außen befindliche Gegebenheit zurück-führt, so kann doch das Duften als eine Gesamtqualität des Subjekt und Objekt übergreifenden Erlebensganzen im inständlichen Bewußtsein noch da sein. Und dies mag wichti-ger sein als das Wissen um seine gegenständliche Herkunft.

Es ist von ausschlaggebender Bedeutung, zu erkennen, daß es nicht der Sinn der menschlichen Gesamtentwicklung ist, die im inständlichen Bewußtsein lebendigen Erlebnisgehalte immer nur den Ordnungen des gegenständlichen Bewußtseins einzu-fügen, sondern daß es umgekehrt nicht weniger notwendig ist, das gegenständlich bewußt Gewordene immer wieder ein-zuschmelzen im inständlichen Bewußtsein. Nur im inständli-chen Bewußtsein kann das übergegensätzliche Leben aufge-hen, darin mit Bewußtsein Wurzeln zu schlagen auch die Vor-aussetzung dafür ist, daß der Mensch auch in den Bewußtseinsordnungen des Ichs für das wahre Sein durchlässig wird.

Der Sinn der Entfremdung des Menschen vom Sein ist nicht, daß er dieses endgültig preisgibt, sondern im Gegenteil, daß er es auf ihrem Hintergrund erst wirklich findet. Und so ist der Sinn der Entwicklung der Ichwirklichkeit und ihrer gegensätzlichen Struktur letztlich auch der, daß dem Menschen an ihr das Übergegensätzliche aufgeht.

Die einseitige Entwicklung der Kräfte zum Meistern der Welt wird unheilvoll in dem Maße, als der Mensch sich ihrer auch zur *Sinngebung* seines Lebens bedient. Nichts kennzeichnet die Entfremdung des Menschen vom Sein daher besser als ein Fehlen des Verständnisses für Formen des Bewußtseins, die denen des Ichs voraufgehen.

Die Entwicklung des inständlichen Bewußtseins zum gegenständlichen Bewußtsein ist implicite wiederholt dargestellt worden.* Obwohl nun der Standpunkt längst überholt ist, der das rationale Bewußtsein als Krönung der Bewußtseinsentwicklung betrachtet, so wird das Auftauchen und Sichfestigen des gegenständlichen Bewußtseins doch immer wieder so aufgefaßt, als sei es eine endgültige »Überrundung« des inständlichen Bewußtseins, die dieses aufhebt. In Wahrheit handelt es sich hier aber nicht um ein bloßes Sichablösen zweier Bewußtseinsformen, sondern um eine nie abgeschlossene Entwicklung, in der beide Bewußtseinsformen zugleich bestehen und sich gegenseitig vorantreiben. Nicht nur verhüllt sich das Sein immer mehr, wo das Ich sich entwickelt, sondern es drängt, je mehr es verstellt wird, zugleich immer stärker und unverhüllter ans Licht.

Die Bewußtseinsform, in der das Sein am unmittelbarsten ins Innesein des Menschen tritt, ist die des inständlichen Bewußtseins. Das gegenständliche Bewußtsein des Menschen befähigt ihn zwar zu vielem, dessen er im inständlichen Bewußtsein noch nicht mächtig ist. Im Zuge der *Gesamt*entwicklung aber vermag auch die im Ich verankerte Bewußtseinsform ihren Sinn erst voll zu erfüllen, wenn sie sich aus dem auch der Transzendenz offenen inständlichen Bewußtsein nährt.

Genetisch ist das inständliche Bewußtsein das früheste und das ursprüngliche. Was aber bedeutet »ursprünglich«? Es bedeutet nicht eigentlich das zeitlich erste, sondern vor allem das dem Ursprung Nahe! Jede Entwicklungsstufe des Menschen aber hängt in ihrer Gültigkeit und Fruchtbarkeit, d. h. in der ihr möglichen »Reife«, davon ab, daß er dem Ursprung

---

* Vgl. u. a. Jean Gebser: *Ursprung und Gegenwart,* Deutsche Verlagsanstalt, Stuttgart 1949. – Erich Neumann: *Ursprungsgeschichte des Bewußtseins,* Rascher Verlag, Zürich 1949.

verbunden bleibt und ihn dort, wo er ihn aus dem Sinn verlor, wiederfindet; sonst wird seine Entwicklung heillos. Er verhärtet sich oder löst sich auf. Im Zen heißt es: Der Mensch lebt zunächst *im* Zen, dann fällt er aus dem Zen heraus, um auf Grund des hier entstehenden Leidens zu lernen, *aus* dem Zen zu *leben.** So auch lebt der Mensch ursprünglich im Sein, und sein Bewußtsein zeugt von seiner Aufgehobenheit im Sein. Löst er sich in seinem Bewußtsein aus der ursprünglichen Einheit heraus, dann verdrängt er sie ins Unbewußte und lebt in der vom Ich her wahrgenommenen Wirklichkeit. Dann aber macht sich die Einheit des Grundes, die den Menschen im Wesen beseelt, früher oder später als *Widersacher* des sich festigenden Ichbewußtseins bemerkbar, obwohl und weil sie immer auch als das Eigentliche und zuletzt Gesuchte in ihm selber am Werk ist! In jeder Bewußtseinsform ist *im Grunde* nie etwas anderes als sie. Aber ins helle Innesein treten kann die von Anfang an im inständlichen Bewußtsein mitschwingende Seinswirklichkeit als solche erst, nachdem der Mensch sich in seinem Ichbewußtsein von ihr abgesetzt und dann ihr entgegengesetzt hat und hierunter *leidet.* Doch erst, wo das inständliche Bewußtsein wieder zur *herrschenden* Bewußtseinsform wird, kann der Mensch, weil nun auch *in* seinem Bewußtsein erhellt vom Sein, seinem Wesen gemäß, voll zu sich selber und auch innerhalb seiner Ichwirklichkeit zur Erfüllung seiner Bestimmung kommen.

So ist die Entwicklung des inständlichen Bewußtseins für den zum Ich erwachsenen Menschen alles andere als eine Regression in das vorgegenständliche Bewußtsein oder gar als eine Auflösung im Unterbewußtsein. Das voll entfaltete inständliche Bewußtsein ist vielmehr ein höheres Bewußtsein. Es hat mit dem inständlichen Bewußtsein erster Stufe gemein, daß in beiden der Gegensatz gegenständlich – ungegenständlich fehlt. Im inständlichen Bewußtsein erster Stufe ist er noch nicht da, im wiedergewonnenen inständlichen Bewußtsein ist er aufgehoben! Das inständliche Bewußtsein zweiter Stufe hat also die Erfahrung der Gegensätzlichkeit und des Leidens an ihr zur Voraussetzung. Selber aber ist es *übergegensätzlich,* d. h.

* Vgl. D. T. Suzuki: *Leben aus Zen,* O. W. Barth Verlag, München 1954.

es schließt die nun einmal konstituierten Gegensätze nicht aus, sondern in sich ein. Es nimmt daher auch die Einheit des Seins nicht neben oder über der gegensätzlich gegebenen und vollzogenen Welt wahr, sondern auch als ihre eigentliche »Substanz«. Es erkennt dann der Mensch das allem vorgegebene Sein auch in seiner gegenständlich geordneten Welt in der *Brechung,* der sein Strahl im Prisma des fixierenden Ichs unterliegt. Das bedeutet: Das raumzeitlich und rational begriffene Dasein wird *transparent* auf das Sein! Erst im inständlichen Bewußtsein kann auch die gegenständliche Welt auf das Sein hin transparent werden. Nur dann aber kann die dem inständlichen Bewußtsein sich erschließende Transparenz des Daseins die ihr für allen Weltvollzug zukommende Bedeutung gewinnen, wenn der Mensch die übergegensätzliche Einheit einmal *unmittelbar* erfährt und sich in dem hier Erfahrenen verankert, indem er die dem Sein entsprechende, weil ihm gegenüber *offene* Bewußtseinsform als die *maßgebende* entwickelt.

Der Mensch kommt der Transzendenz immer nur in dem Maße nahe, als all seine Bilder und Lebensbezüge den Seinsgrund in ihm wachrufen, der jenseits aller Bilder und Bezüge ist, aber von allen Bildern und Bezügen erlöst und in ihnen allen erscheinen kann. Die sich hier anzeigende Reintegration mit dem Seinsgrund wird vor allem gefördert durch das Auftauchen von Erlebnisgehalten, die sich aller Vergegenständlichung entziehen und den in seinem Ichstand lebenden Menschen in numinosen Qualitäten anrühren. Wenn man daher glaubt, die Annäherung an den Seinsgrund und damit die Entstehung des wahren Selbstes dadurch fördern zu können, daß man die hier auftauchenden Bilder im Hinblick auf den auch in ihnen vorhandenen gegenständlichen Sinn den Ordnungen des gegenständlichen Bewußtseins anschließt, so ist man einem tiefgreifenden Irrtum verfallen. Dieser Irrtum wird auch dadurch nicht behoben, daß man den Symbolcharakter beispielsweise der archetypischen Bilder mit Bezug auf ihren Seinssinn betont, denn auch das Reden vom »Symbol« erfolgt noch vom Standpunkt des Ichs. Die Erkenntnis der Symbolik gewisser Bilder ist für den im Ichstand lebenden Menschen gewiß von großer Bedeutung, denn er wird dadurch für ihren tieferen Sinn erschlossen. Die Frucht dieser Erkenntnis jedoch

reift nur auf dem Wege, auf dem die Gehalte des Kollektivunbewußten nicht nur mit den Inhalten des gegenständlichen
Bewußtseins in Verbindung gesetzt werden, sondern wo umgekehrt diese angeschlossen und eingeheilit werden in das so
vernehmlich aus dem Kollektivunbewußten und seinen Bildern
sprechende Sein.

Es geht auf der ganzen Linie darum, das menschliche Subjekt aus dem Bann und den Grenzen des Gegenstandsbe-
wußtseins herauszulösen und in die Freiheit eines umfassenderen Bewußtseins zu stellen. Nur so kann es zu dem *Subjekt*
werden, als das es eigentlich gedacht ist. Was aber ist das Subjekt, das im Zuge der Entfaltung des inständlichen Bewußtseins zu sich selber kommt? *Subjekt* ist der Mensch nur in dem
Maße, als er sich für sein Denken und Tun verantwortlich
weiß, als er Stellung nimmt und entscheidet, kurz, als er in seiner *Freiheit* steht.

Verantwortung, Stellungnahme, Entscheidungsfähigkeit und
Freiheit haben zur Basis jeweils das, was als Wirklichkeit und
Wert bindend anerkannt wird. In dem Maße, als das Ganze
des als Wirklichkeit und Wert Anerkannten sich verändert und
erweitert, verändern und erweitern sich auch der Charakter
und der Boden der Freiheit. Im Transzendieren der Wert- und
Wirklichkeitsordnungen des fixierenden Ichs wird der Mensch
zu einem neuen Subjekt, weil sich die Basis seiner Freiheit
erweitert. Das entscheidende Kennzeichen der sich hier vollziehenden Veränderung und Erweiterung ist, daß im Durchbrechen der Grenzen das unbegrenzte Reich des Wesens aufgeht
und mit ihm die aus dem Wesen sprechende Wirklichkeit und
Ordnung des Seins. In dem Maße, als sie zur Basis aller Stellungnahme und Freiheit wird, bezeugt sich das neue Subjekt.

Erst wo der Mensch zur Einheit und Ordnung seines
Wesensgrundes entbunden ist, wird er zum *eigentlichen* Subjekt. Als solches ist er nicht mehr primär und maßgebend den
Wirklichkeits- und Wertordnungen des Ichs unterworfen, sondern ein Subjektum des Seins und seiner wesenhaften, im
»ordre du cœur« ansprechenden Ordnungen. Von hier aus
gewinnt er auch erst jene wahre Freiheit, die innere Unabhängigkeit und zugleich Herrschaft über die Welt gibt, während er
ohne die Basis im Wesen abhängig ist von der Welt und so
auch dort ihr Gefangener, wo er sie zu meistern glaubt.

210

Das Subjekt des inständlichen Bewußtseins bestimmt sich also von einem Objekt her, denn die Aufhebung der Subjekt-Objekt-Spaltung ist ja das Grundkennzeichen des inständlichen Bewußtseins. Subjekt des inständlichen Bewußtseins ist der Mensch, in dem etwas bewußt wird, woran er *teilhat,* ohne von ihm abgesetzt zu sein. Das aber, woran er teilhat, wächst mit der Entfaltung des inständlichen Bewußtseins über das bloß im Augenblick Erlebte hinaus in die Weite und Tiefe des Seins. So gipfelt sich, wo das inständliche Bewußtsein zu seiner vollen Entfaltung und Höhe gelangt, der ganze, Ich, Welt und Wesen umfassende Mensch in ihm auf und erfährt sich, denkt und handelt als Subjekt in der Freiheit, die ihm seine Integration mit dem Lebensgrund gewährt.

In dem Maße, als der Mensch in Fühlung mit seinem Wesen zum Subjekt wird, tritt auch erst seine wesenhafte *Individualität* hervor, die nichts anderes ist als die besondere Weise, in der er teilhat am Sein.

Während der Konsensus im Bereiche des gegenständlichen Erkennens auf der Gleichheit des aller Menschlichkeit entkleideten Ichs beruht, beruht die Möglichkeit des Konsensus im Bereich der inständlichen Erkenntnis auf der Einheit des Wesens im Grunde, also darauf, daß jede Individualität Teilausdruck des einen Seins ist, so daß der Einklang im Wesen gerade von der Auszeugung der Individualität abhängt. Das Verhältnis der Menschen ist hier das der Brüder und Schwestern im Sein.

Geht es in der Therapie wie in jeglicher echten Führung des Menschen darum, sein wahres, immer individuelles Subjekt zu befreien, so bedeutet dies immer auch die Arbeit an einer Verfassung, die die Dominanz des inständlichen Bewußtseins zuläßt und garantiert. Die Möglichkeit zur Inangriffnahme dieser Aufgabe ergibt sich daraus, daß so, wie das gegenständliche Bewußtsein höchster Stufe – wie es sich beispielsweise in den Systemen der klassischen Naturwissenschaften bekundet – in seiner Grundstruktur bereits in der Geisteshaltung des Alltagsbewußtseins angelegt ist, so auch die höchste Stufe des inständlichen Bewußtseins, auf der der Mensch mitten im Dasein aus dem ihm innegewordenen Sein und Wesen zu leben vermag, in ihrer Grundform bereits das Alltagserleben des Menschen durchwebt. Ehe wir jedoch auf die Entfaltung und Übung des inständlichen Bewußtseins eingehen, sei kurz zusammengefaßt und ergänzt, was das bisher Ausgeführte zur Einsicht in die transzendentale Bedeutung der Ichwirklichkeit beiträgt.

Der transzendentale Sinn der Ichwirklichkeit

Die transzendente Wirklichkeit des Seins meldet sich im menschlichen Bewußtsein an der Grenze der Möglichkeiten, die er im Ichgehäuse seines Daseins hat. Erfährt der Mensch etwas, das unabweislich ist, sich aber schlechterdings nicht mehr in das Gefüge seiner gewöhnlichen Bewußtseinsordnung einfügen läßt, dann ist er gezwungen, zuzugeben, daß sein bisheriger Begriff von Wirklichkeit den Gehalt seiner möglichen Erfahrung in einer Weise eingrenzt und abgrenzt, die die Totalität des auf ihn zukommenden Lebens ausklammert.

Am Anfang solcher Besinnung wird vom Menschen, der sich ja immer noch mit seiner Ichwirklichkeit identifiziert, das sie Überschreitende als etwas verstanden, was seiner bisherigen Vorstellung von Wirklichkeit nur widerspricht und auch nur gegensätzlich zu ihr begriffen werden kann. So nimmt er gegenüber allem raumzeitlich Begreifbaren das Neue als Erscheinung eines unraumzeitlichen Seins, versteht es, im Gegensatz zu allen rationalen Ordnungen, als etwas von irrationalem Charakter, erfaßt es gegenüber seiner als vergänglich erfahrenen Wirklichkeit als ein Unvergängliches usw. Immer wird die neu auftauchende Wirklichkeit als im Widerspruch zur alten stehend aufgefaßt, und damit bricht das *Ganze* des jetzt Zugelassenen wieder in zwei Reiche auseinander, die gegensätzlich zueinander stehen. Das kann auch nicht anders sein, solange das alte Ich immer noch den Vorrang im menschlichen Subjekt beibehält. Das, was von der bestehenden Bewußtseinsordnung ausgeschlossen ist, sich aber im Erleben doch durchsetzt, kann gar nicht anders als im Gegensatz zu ihr erscheinen. Aber das übergreifende *Ganze* tritt überhaupt nur in die Erscheinung, *weil* der Mensch sich in einer *Teilsicht* festgesetzt hat!

Nur weil sich die in der Ichsicht konstituierende Wirklichkeit absolut setzt und der Mensch sich mit ihr identifiziert, entsteht jene »Setzung«, an der das von ihr Ausgeschlossene ins Innesein treten kann. So wie eine bestimmte Wellenschwingung zum Licht nur wird, wo sie auf ein undurchlässiges Medium auftrifft und von diesem reflektiert wird, so auch bildet die sich begrifflich verdichtende und in ihrer Gegensätzlichkeit sich festziehende Ichwirklichkeit die Voraussetzung für das bewußtseinsmäßige Aufleuchten des Seins.

Das also ist die erste transzendentale Bedeutung der Ichwirklichkeit: gerade *weil* sich in ihren Ordnungen das Sein verhüllt oder ausschließt, wird sie im Menschen zum »Hintergrund«, auf dem ihm das die Ichordnungen transzendierende Sein »aufgehen« kann.

Welches aber ist das Subjekt, dem das vom Ich Ausgeschlossene aufgeht? Das alte Ich? Gewiß nicht! Der Mensch könnte überhaupt nicht in die Spannung der Gegensätze zwischen dem, was neu aufgeht, und dem, was er bisher als wirklich zuließ, geraten, wenn er nicht selber als Ganzer beides umfaßte. Das Bewußtseinszentrum, von dem her er sich also dieses Gegensatzes inne wird, ist – das ist eine erkenntnistheoretisch wichtige Einsicht – das *Selbstbewußtsein seiner Ganzheit,* die beide Pole umfaßt, die Ichwirklichkeit und die in seinem Wesen verkörperte und nun hervorbrechende Wirklichkeit des Seins! Zwar *deutet* und *wertet* er das ihm neu Aufgehende erst gegensätzlich vom Ich her, aber das Bewußtseins*zentrum,* von dem her es ihm aufgeht, ist nicht mehr das Ich, sondern das Selbstbewußtsein des Ich und Wesen umfassenden Ganzen, in dem alle Gegensätze letztlich sich zu neuer Ganzheit fügen.

Je mehr dem Menschen zum Bewußtsein kommt, daß im vollen Ernstnehmen der neu gesichteten Wirklichkeit der ganze Horizont seines Erlebens sich weitet, das Erleben an Tiefe gewinnt, Kräfte aufsteigen, die die bisherigen in den Schatten stellen und eine Mächtigkeit im Erkennen, Tun und Ertragen einzieht, vor der die Macht aus dem Ich verblaßt, senkt sich im Rahmen des als wirklich anerkannten Ganzen die Waage zugunsten des Neuen. Erfährt er dann endlich, daß das neu Erfahrene die alte Wirklichkeit durchaus nicht auslöscht, sondern ihr nur einen neuen Hintergrund gibt, dann kann er sich dessen innewerden, daß die im Transzendieren neu erfahrene Wirklichkeit nicht neben oder gegen die alte steht, sondern allumfassend sie mit durchdringt, ja selber im Wesen mit ausmacht. Ferner kann es ihm dann eines Tages auch aufgehen, daß die in der Ichsicht wahrgenommene Wirklichkeit überhaupt keine eigenständige Realität hat, sondern nur Spiegelung der besonderen Sicht ist, in der sich im Prisma des Ichs die diesem überlegene Wirklichkeit bricht und darbietet. Und in diesem Augenblick kehrt sich dann alles um!

Während bisher die transzendente Wirklichkeit ihren Sinn aus ihrem Widerspruch zur Ichwirklichkeit nahm, muß nun umgekehrt diese von der umfassenderen Wirklichkeit her verstanden und bewertet werden. Dies bedeutet: Der Mensch muß sich fortan auch *in* seiner Ichwirklichkeit an der ihm neu aufgegangenen Wirklichkeit orientieren.

Wenn auch gegenständliche Vorstellungen und Begriffe die Weise darstellen, in welcher der Mensch im Ichstand Wirklichkeit wahrnimmt, und er also auch die Seinswirklichkeit, die im Transzendieren aufgeht, erst in der Weise des Ichs, also begrifflich und gegensätzlich, aufzufangen und einzuordnen versucht, so muß er jedoch einmal einsehen, daß ihr das nicht gemäß ist.

Das Bewußtwerden und Wahrnehmen der transzendenten Wirklichkeit hat eine besondere Bewußtseinsform zur Voraussetzung, die jede Gegensätzlichkeit und begriffliche Ordnung »überrundet«. Wir haben sie als das inständliche Bewußtsein kennengelernt. Der noch seinsverbundene Mensch lebt in ihm noch ursprünglich. Dann wird der Gehalt des inständlichen Bewußtseins vom Ichbewußtsein überschattet, bis er auf einer neuen Stufe wieder ans Licht treten kann. Damit aber das inständliche Bewußtsein zweiter Stufe fortschreitend zur *tragenden* Bewußtseinsform werden kann, muß eine *Wandlung* des Menschen Platz greifen, in der er seine Identifikation mit der Ichwirklichkeit in einer fortschreitenden Integration mit dem Wesen und Sein aufhebt.

Im Fortschreiten dieser Integration verliert das, was neu ins Innesein tritt, immer mehr den Charakter eines gegenständlich Seienden, an dem der Mensch sich zu beruhigen sucht. Bewußtwerdung bedeutet vielmehr ein fortschreitendes Innewerden des Seins, daran der Mensch selbst *teil*hat, und zwar nicht nur unbewußt im Wesen, sondern bewußt in einem ihn ständig vorantreibenden, verpflichtenden und zur Bezeugung aufrufenden Antrieb! So auch erfüllt sich der Mensch im Innewerden des Wesens immer nur in dem Maße, als er die ihm inne gewordenen Forderungen aus seinem Wesen in seine Verantwortung aufnimmt und sein Leben entsprechend gestaltet. Wo aber der Mensch ihnen folgt, gewinnt seine Wirklichkeit auch dort, wo sie das Zentrum ihrer gegenständlichen Ordnung im Ich hat, ein neues Gesicht. Denn auch innerhalb seiner Ichwirklichkeit kreist der Mensch nunmehr nicht mehr nur um das Feststehende, sondern um die auch in ihm mögliche *Transparenz*. So öffnet sich allem Leben in der Ichwirklichkeit ein schöpferisch-erlösender Sinn – doch nur in dem Maße, als der Mensch sich wirklich fortschreitend aus der neugewonnenen Seinsfühlung heraus *wandelt;* denn der neue Sinn geht nur dann immer aufs neue auf und kann nur verwirklicht werden, wo der Mensch als Subjekt seinen Stand nicht mehr selbstherrlich gegen das Sein nimmt, sondern seinem Wesen gemäß sein Subjektsein als verantwortliche Teilhabe am Sein begreift. Gelingt ihm das, dann ist seine Ichwirklichkeit in einem zweifachen Sinn für ihn aufgehoben.

Sie ist einerseits in ihrer Ausschließlichkeit, in der sie als die einzige und eigentliche Realität erscheint und das Sein verstellt, *vernichtet,* andererseits aber als die zur Manifestation des Absoluten im Relativen geschenkte Sicht und Weise des Lebens zu ihrem eigentlichen Sinne *entbunden.*

Darin liegt die zweite transzendentale Bedeutung der Ichwirklichkeit: in dem Maße, als das Sein im Innesein aufgeht und die Integration mit dem Wesen fortschreitet, *wird die Ichwirklichkeit selbst zum Felde bewußter Bezeugung des Seins im Dasein!*

Während vom Ich her das Leben sich notwendigerweise in Gegensätzen darstellt und zu vollziehen ist und so ein Leben aus dem Absoluten erst nur in einem Gegensatz zu einem Leben aus dem Ich begriffen werden kann, wird nun das Leben im Relativen erhellt als mögliche Weise, das Absolute in der Sicht des Ichs mit wahrzunehmen und zu vollziehen. Das Relative, so zeigt sich, ist überhaupt kein Gegensatz zum Absoluten, sondern die Form, in der es sich im Medium des Ichs darstellt. Wo das Absolute erstmals aufdämmert, erscheint der Mensch und alles, was *er* sieht und erkennt, dem Absoluten gegenüber als »nur relativ« und daher das Sein als solches dem Menschen, bloß weil er ein Mensch ist, verstellt. Demzufolge bemüht sich der Mensch dann, um die Wahrheit zu finden, sich in seiner Menschlichkeit immer mehr auszuschalten. Nun aber kann man einsehen, daß der Mensch dem Absoluten nur in dem Maße nahekommen kann, als er sich gerade *in* seiner Menschlichkeit bejaht und im Erkennen und Handeln voll zuläßt.

Das Absolute ist in allen Wesen gegenwärtig nur in *ihrer* Weise zu sein, d. h. teilzuhaben an ihm: in der Rose *in* ihrem Rosesein, in der Heuschrecke *in* ihrem Heuschreckesein, im Menschen nur in seinem Ganz-Menschsein. Das Absolute kann den Menschen nur ansprechen, wo er als Mensch, als ganzer Mensch »anspricht«, nicht nur mit seinem Kopf, sondern ebenso mit seinem Herzen und seinem Leibe.

Es kann dem Menschen nur begegnen und aufgehen, wenn er sich selbst in seiner Ganzheit zuläßt und ernst nimmt. Und insofern zum Menschen die Ichwirklichkeit bleibend gehört, ist auch sie dazu da, in ihrer Weise das Sein zu manifestieren. Sie wird dies aber nur in dem Maße vermögen, als dem Menschen das Absolute selbst nicht mehr nur im Widerspruch zu ihr als das Unraumzeitliche, Gegensatzlose, Unvergängliche erscheint und in bestimmte Begriffe und Vorstellungen eingezwängt wird, sondern als das Überraumzeitliche, Übergegensätzliche und über alles Begreifen Erhabene zugelassen wird, das jenseits aller Bestimmungen und Gegensätze ist und doch alle in sich einschließt. Erst als das radikal Unbestimmbare wird es für den Menschen wieder zum *Mysterium,* vor dem alle Fragen verstummen, weil kein Fragen hineinreicht, das aber gerade als das Mysterium Magnum der Quell aller schöpferisch-erlösenden Kraft, Sinnhaftigkeit und Geborgenheit ist.

Weil die Ichwirklichkeit erstens das Medium ist, an dem die wahre Wirklichkeit erst aufleuchten kann, in welchem sich zweitens das Absolute auch manifestieren soll, ist sie im Menschen, der als Ganzer Ich und Wesen umfaßt und nur in ihrer Integration heil werden kann, wo sie sich absolut setzt, die Wurzel seines spezifisch menschlichen *Leidens*. Gerade als solche aber wird sie – und dies ist ihre dritte transzendentale Bedeutung – zur Quelle des Antriebs auf dem Wege, der ihn immer wieder heimführt ins Sein. Das Leiden kann sich nur lösen, wenn der Mensch die ihn bislang beherrschende Identifikation mit der Ichwirklichkeit einklammert, sie also nur in jenem partiellen Ausmaß beläßt, das erforderlich ist, auf daß er auch in seiner Weltbezogenheit die Bestimmung alles Lebens zu erfüllen vermag: das in seinem Wesen hervordrängende, ihn immer als Ganzen fordernde divine Sein im säkularen Dasein zu manifestieren. Sofern das geschieht, geht die Legislative über vom Ichsubjekt auf das neue Subjekt, und das Ich behält nur die Exekutive. Das neue Subjekt ist aber das sich in einem neuen Selbstbewußtsein aufgipfelnde Ganze, das, Ich und Wesen übergreifend, nur als Ganzes der menschliche Resonanzboden des Seins ist.

WANN IST DER MENSCH IN SEINER MITTE?

1. »La bonne assiette«

Im Französischen gibt es eine vielsagende Redewendung. Sie lautet: »Il n'est pas dans son assiette« (Er ist nicht in seinem Teller). Was ist damit gemeint? Nichts anderes, als daß der Betreffende nicht so recht beieinander, nicht ganz bei sich selbst, nicht so recht im Gleichgewicht ist. Er ist leicht nervös, empfindsam, verträgt schlecht Kritik, ist zerstreut, ohne rechten Halt, leicht umzuwerfen, ohne Gelassenheit – mit einem Wort, nicht im Lot oder, wie man auch sagen könnte, nicht in seiner Mitte! Damit ist auch schon vielerlei von dem angedeutet, was das heißt: »In seiner Mitte sein« oder »nicht in seiner Mitte sein«. Was hat das aber mit dem »Teller« zu tun? Was ist die »assiette«? Es ist nichts anderes als »le bassin«, das *Becken*. Man kann also ebenso von einem Menschen, der nicht in seiner rechten Verfassung und Haltung ist, sagen, er ist nicht »in seinem Becken«!

Die »rechte assiette« ist zugleich ein Reiterausdruck. Der gute Reiter, so sagt man, hat eine »gute assiette«, d. h., er hat den rechten Sitz. Er sitzt richtig in seiner Mitte, im Becken. Dies erlaubt ihm echte Einfühlung mit dem Pferd und gibt ihm die aus ihr kommende sanfte Meisterschaft über das Pferd. Das Pferd fügt sich, gehorcht dem leisesten Druck. Auf der anderen Seite aber sitzt der Reiter dank dem aus der Mitte heraus möglichen und gewährleisteten »Mitgehen« fest im Sattel, ist nicht umzuwerfen und nicht abzuwerfen. Er sitzt fest in seiner Pferd und Reiter zentrierenden Mitte und damit im umfassenden Sinne richtig in sich selbst. Die »rechte Mitte«, die hier sichtbar wird, bedeutet also eine Verfassung des ganzen Menschen, in der er mit sich und der Welt im Einklang und damit zugleich der Welt in besonderer Weise gewachsen und selbst in größter Freiheit als »er selbst« da ist.

Das Beispiel des Reiters zeigt, daß das »In-seiner-Mitte-Sein« ein personales Phänomen ist, jenseits des Gegensatzes von Leib und Seele, eine Weise der Person, in der Welt zu *sein*. Je tiefer man der Besonderheit dieser Weise nachgeht, erkennt man, daß der Mensch erst dann ganz in »seiner« Mitte ist, wenn er aus einem Überweltlichen heraus, an dem er selbst in seinem Wesen teilhat und das ihn letztlich überhaupt erst zum Menschen macht, in der Welt ist.

2. *Leben und Welt im persönlichen*
und sachlichen Aspekt

Wir nehmen die Welt, in der wir leben, auf zweierlei Weise wahr: im sachlichen und im persönlichen Aspekt. Die Bedeutung aller Phänomene ist eine andere, je nachdem, aus welcher Sicht wir sie wahr-nehmen. So auch das Phänomen der Mitte.

Im sachlichen Aspekt suchen wir die Welt so wahrzunehmen, wie sie an und für sich ist, ohne Bezug auf einen sie erlebenden, sie erleidenden und in ihr tätigen Menschen, so z. B. wenn wir sie raumzeitlich messend bestimmen. Das Ergebnis solcher Bestimmung nennen wir »objektive Erkenntnis« im Unterschied zu einer nur subjektiven Schau, die mitbestimmt ist durch das erlebende Subjekt. Alle Naturwissenschaft sucht Welterkenntnis im objektiven Sinn, auch wenn sie am Ende entdecken muß, daß der erkennende Mensch doch immer noch im Spiel ist. Sie wird auch dann noch um objektive Erkenntnis ringen, wenn sich am Ende herausstellen sollte, daß gültige Erkenntnis letztlich nie durch Ausschaltung, sondern nur durch rechte Einschaltung des menschlichen Faktors, genauer gesagt des *ganzen Menschen,* zu gewinnen ist.

Der sachliche Aspekt des Lebens ist übergriffen vom persönlichen Aspekt. Das heißt: Er ist ein Aspekt unter anderen, deren der Mensch als Person fähig ist. Das Bewußtseinszentrum des sachlichen Aspekts ist das gegenständlich fixierende Ich. Dieses ist nur eine Subjektform unter anderen. Von seinem imaginär unbedingten Ichstand aus macht das erlebende

Subjekt das Erlebte zum Gegenstand. Das Gefüge dieser Gegenstände ist die Welt. Und wo der Mensch sich bemüht, die Welt objektiv zu sehen, sucht er sein zum Erkennen angesetztes »Zentrum«, das beobachtende, fixierende und unterscheidende Ich, möglichst von allen Eintrübungen und Störungen persönlicher Art rein zu halten, so von allen Wünschen und Befürchtungen, Hoffnungen und Sorgen, kurz von allen Gefühlen und Trieben. Der Mensch nimmt sich dann gleichsam selbst nach Kräften aus dem Geschehen heraus, klammert sich zugunsten des erkennenden Ichs als persönliches, liebendes und leidendes Subjekt aus, versucht sich also zu einer Art unpersönlichem Instrument zu reduzieren. Wenn möglich, ersetzt er auch – wie der rein medizinisch orientierte Arzt – sich selbst durch eine Röntgenplatte oder ein Reagenzglas. Wer aber ist »der Mensch«, der solcherlei mit seinem fixierenden Ich tut?

Im persönlichen Aspekt ordnet und bestimmt sich die wahrgenommene Welt im Bezuge zu dem sie wahrnehmenden Subjekt. Während im sachlichen Aspekt der Mensch als der Erkennende diesen Bezug auszuschalten versucht, sich selbst also als die Mitte der Welt eliminiert, bildet das erlebende Subjekt die selbstverständliche Mitte seiner Welt im persönlichen Aspekt. Es ist die Mitte des von ihm gelebten Lebens und der von ihm erlebten Welt. Das ganze Welt- und Lebensgefüge, dessen Mitte es ist, gewinnt von ihm her seine Bestimmtheit nach Maß, Wert, Sinn und Bedeutung. Zug um Zug spiegelt das Bedeutungsrelief der persönlichen Welt das in ihrer Mitte lebende Subjekt in der Ordnung seiner Lebensanliegen wider. Und wenn das Subjekt nicht in seiner Mitte ist, gerät seine ganze Welt aus den Fugen, wie umgekehrt eine ungeordnete oder beängstigende Lebenswelt auf ein Subjekt weist, das nicht in seiner Mitte ist.

Im persönlichen Aspekt des Lebens gibt es nichts, das in seiner Bedeutungsqualität nicht auf das erlebende Subjekt hinweise. Darum hat auch alles, wirklich alles, was wir im persönlichen Aspekt erleben, einen *physiognomischen* Charakter. Der physiognomische Charakter der Welt ist keineswegs nur ein Privileg der Kinder, Dichter und Primitiven. Auch wenn der Mensch erwachsen wird und lernt, die Welt im sachlichen Aspekt zu sehen, sie rational wahrzunehmen, und er es vermag, die Spiegelungen und Projektionen, die ihn als Subjekt reflektieren, auszuklammern – die Grundform seines Erlebens bleibt die persönliche. So ist es zu verstehen, daß jeder Gegenstand: jeder Stuhl, jedes Haus, jeder Stein und jeder Riß in der Wand, Sofakissen und Teekanne, Ziegelstein oder Wolke, aber auch jeder sogenannte abstrakte Begriff – wie »Haß«, »Gerechtigkeit«, »Liebe«, »Organisation« – im persönlichen Aspekt des Lebens einen physiognomischen Charakter haben. Alles »begegnet« uns, und wir begegnen allem als einem »Wesen«, das uns in bestimmter Weise anschaut, in den verschiedenartigsten Stimmungsqualitäten anmutet und in immer eigentümlichen Stellungsqualitäten angeht, anzieht oder abstößt*: Das ganze Gefüge der uns persönlich begegnenden Welt weist in all ihren Qualitäten, Bezügen, Ordnungen und Formen hin auf ihre Mitte, das erlebende Subjekt, das sich in ihnen also auch immer *selbst* begegnet. Wir Menschen sehen, was immer wir sehen, solange wir uns nicht ausdrücklich als Menschen ausklammern, menschlich, und jeder begegnet in allem, was er sieht, *zugleich* sich selbst.

Während im sachlichen Aspekt die Wahrheit der Dinge durch die Anwesenheit des persönlichen Subjektes in Frage gestellt ist (seine Funktion als Mitte des Erkennens also nach Kräften ausgeschaltet wird), wird die im persönlichen Aspekt gesuchte menschliche Wahrheit des Lebens nur in dem Maße sichtbar, als Sinn und Bedeutung all dessen, was im Umkreis des Erlebenden sich befindet, von ihm her und auf ihn hin verstanden wird. Auch der sachliche Aspekt selbst und alles, was in ihm wahrgenommen wird, hat seinen Platz im Rahmen der persönlichen Sicht und also in ihr auch seine ganz bestimmten Gefühlsqualitäten. So hat z. B. alles objektiv Wahrgenommene den Charakter einer bestimmten Distanz. Es liegt in einer »kühlen« Sphäre. Ja, das Wort »sachlich« hat selbst einen ganz bestimmten Gefühlswert, hat seine bestimmte Farbe im

---

* Vgl. K. Dürckheim: »Untersuchungen zum gelebten Raum«, in *Neue psychologische Studien,* Bd. 6, hrsg. v. Felix Krueger und Otto Klemm, C. H. Beck Verlag, München 1932. – Ferner: Otto Friedrich Bollnow: *Mensch und Raum,* Wilhelm Kohlhammer Verlag, Stuttgart 1963.

Gesamtbild des persönlichen Aspektes, und auch das sachlich Bestimmte bewahrt im Erleben eine »persönliche« Qualität.

Das, was der Mensch hört, sind keine »Schwingungen«, sondern Töne, es sind Rhythmen und keine abstrakten, zahlenmäßig zu bestimmenden Ordnungszusammenhänge (obwohl er im sachlichen Aspekt solcherlei entdecken und abstrahieren kann und dieses auch in einen bestimmten Bezug zum Erlebten zu bringen vermag). Ebensowenig sieht, hört, schmeckt und spürt der Mensch das, was er im sachlichen Aspekt aufgrund begrifflicher bzw. messender Abstraktion denkend »wahr«-nimmt. Er erlebt vielmehr immer eine von Gefühlsqualitäten geladene Welt, die ihn fördert oder gefährdet, lockt oder zurückstößt, beglückt oder zur Verzweiflung bringt, erfüllt oder leer ausgehen läßt, und all dies als Gegenform zu der Form*, in der er sich selbst in der Welt erlebt und darlebt. So hängt letzten Endes alles davon ab, um was sein Leben kreist und in welcher Verfassung er sich selber befindet, und diese wiederum hängt davon ab, ob und in welchem Sinne der Mensch in seiner Mitte ist.

Im sachlichen Aspekt des Lebens bezeichnet das Wort »Mitte« ein räumlich bestimmbares Zentrum. Es ist ein Punkt, auf den hin und von dem her alles andere auf seinem Platz »im Kreise« ist, d. h. sich in bestimmter Weise »herum«-ordnet. Der Punkt in der Mitte ist das alle Ordnung bestimmende Zentrum, der Umkreis ist seine Peripherie. Diese ist das Außen gegenüber dem Punkt mittendrin. Er ist die Mitte des Kreises, und wo Bewegung ist, dreht sich alles um die Mitte herum im Kreise.

Spricht man von »Mitte« im persönlichen Aspekt, so meint das nicht das Zentrum einer räumlich bestimmbaren und meßbaren Ordnung. Trotzdem finden sich alle mit Bezug auf räumliche Ordnung gebrauchten Begriffe wieder, aber mit einem neuen persönlichen Sinn. Dann bedeutet »Mitte« das, was im Zentrum des persönlichen Lebens und Erlebens steht, das, worum das Leben des Subjektes kreist. Und das ist es vor allem erst einmal selbst.

---

* Vgl. den Abschnitt »Gegenform und Einklang« in *Im Zeichen der Großen Erfahrung,* O. W. Barth Verlag, Weilheim 1958 (2. Aufl.).

Das personale Subjekt ist die Mitte seiner Welt. Alles zu ihr Gehörige hat die Wurzel sowie das Ordnungsprinzip seiner Bedeutung in ihm. Das Ordnungs- und Bedeutungsgefüge der Welt, in der jeder von uns lebt, liebt und leidet, spiegelt in den Gestalten seiner hierarchischen Ordnung, seiner inhaltlichen Bestimmtheit, in seinen Qualitäten und Spannungen, seinen Flächen und Tiefen, seinen Chancen und Gefahren, seinem Sinn und Unsinn, Zug um Zug die Gestalt, die Positionen und die Lebensanliegen des es tragenden Subjektes wider. So auch wird z. B. »die volle Bedeutung der Raumsymbolik für die Menschenkunde erst dadurch erschlossen, daß auch die philosophische Anthropologie den Bauplatz der aufrechten Leibesgestalt als ihr verbindlich vorgegebenes Urbild erkennen läßt«*.

3. Die Mitte des Menschen: die Dreieinheit seiner Grundanliegen

Wenn wir auch wissen, daß der Mensch als persönliches Subjekt jeweils die Mitte seiner Welt ist, um die sich insgeheim oder bewußt alles immer auch »dreht«, dann ist damit noch nichts darüber ausgesagt, was es bedeutet, daß ein Mensch, der selbst die Mitte seiner Welt ist, seinerseits in seiner Mitte steht. Aber die Einsicht in die Grundanliegen, um deren Erfüllung menschliches Leben immer kreist, ist die Voraussetzung zur Beantwortung der Frage: »Wann ist der Mensch in seiner Mitte?«

Was immer auch das Leben eines bestimmten Menschen im Großen und im Kleinen bestimmen mag – unendlich sind ja die Verschiedenheiten der menschlichen Leben –, so kreist menschliches Leben doch immer um drei Grundanliegen.

Das erste Anliegen des Menschen ist es, zu *leben,* ganz einfach zu leben und Tag um Tag zu *über*leben. Sobald dieses Anlie-

---

* A. Vetter: *Personale Anthropologie. Aufriß der humanen Struktur,* Karl Alber Verlag, Freiburg/Brsg. – München 1966, S. 15.

gen in Frage gestellt ist, Lebensgefahr droht oder auch nur eine Beeinträchtigung oder Verunsicherung des Lebens eintritt, ist das ganze Bedeutsamkeitsfeld beschattet. Das ganze Leben steht dann im Zeichen der Sorge, der Furcht, der Angst oder gar des Schreckens. Dort aber, wo dies erste Anliegen erfüllt ist, Leben und Überleben sichergestellt – hier also keine »Sorge« ist und der Mensch außer Gefahr –, schwingt er gleichsam immer wieder auf sich, in seine Mitte, zurück. Aber *ist* das »seine Mitte«? Wenn ihn nichts stört, fühlt er sich wohl in seiner Mitte. Aber *ist* er dort, wo er sich in seiner Mitte *fühlt,* wirklich in seiner Mitte?

Das zweite Anliegen des Menschen ist nicht nur überhaupt zu leben oder zu überleben, sondern *sinn*voll zu leben. Sinnvoll erscheint das Leben dort, wo es übersehbar dem eigenen Gesetz entspricht und stimmige, gültige Lebensgestalt ermöglicht. Alles persönliche Leben kreist um Ordnung, Gerechtigkeit, mögliche Vollendung, Gleichgewicht und Harmonie in der Ruhe wie in der Bewegung, in der Arbeit wie in der Muße. Wo solches gesichert erscheint, fühlt sich der Mensch im Lot, wo es ihm versagt wird, verliert das Leben seinen Sinn. Es wird langweilig, leer, ärgerlich oder treibt schließlich zur Verzweiflung. Wo immer die Ordnung gestört ist oder der Zweifel an der Möglichkeit, sinnvoll zu leben, aufkommt, gerät das ganze Bedeutungsgefüge des Lebens ins Schwanken, das Weltgebäude bekommt Risse, droht zusammenzustürzen.

Das dritte Anliegen des Menschen zielt auf *Gemeinschaft.* Der Mensch ist dialogisch gebaut. Er bedarf des Du. Er kann nicht in totaler Einsamkeit leben. Und auch, wo er, erwachsen werdend und reifend, sich als einzelner und besonderer aus dem Kollektiv ursprünglicher Gemeinschaft herauslöst, sucht er doch wieder die Verbindung. Er bedarf der Liebe, der Geborgenheit, des Aufgehobenseins in einem ihn umgreifenden Ganzen. Solange das fehlt, kommt er nicht recht zu sich, und insgeheim oder bewußt dreht sich alles darum, es zu finden.

Diese drei Grundanliegen, die das Leben des Menschen in Atem halten, repräsentieren somit zugleich auch die ihn bewegende lebendige Mitte. Sie sind die lebendige Wurzel, die Antriebskraft und auch das Regulationsprinzip all seines Tuns und Lassens. In dem Maße, als die drei Grundanliegen erfüllt

224

sind, fühlt sich der Mensch im Gleichgewicht und gelegentlich auch ganz bei sich selbst, d. h. in seiner Mitte, und das Leben scheint in Ordnung. Aber jede Gefährdung der Erfüllung eines der drei Grundanliegen stört seine Ruhe, scheucht ihn auf, bringt ihn aus der Fassung. Jedoch: Wenn auch die drei Grundanliegen die Mitte sind, insofern menschliches Leben um sie kreist, der Mensch also zentral von ihnen bestimmt ist und sich, wenn sie erfüllt sind, auch gelegentlich in seiner Mitte *fühlt* – so bedeutet dies doch noch nicht, daß er damit schon in »seiner Mitte« *ist*.

4. Die Dreieinheit des Seins

In den drei Grundanliegen des Menschen – zu leben, sinnvoll zu leben und in Gemeinschaft zu leben – bekundet sich in der Sprache menschlicher Erfahrung die Dreieinheit des überweltlichen Seins: Das Sein als ungeschiedene *Fülle,* inbildliche *Ordnung* und alldurchwaltende *Einheit.* In dieser Dreieinheit bekundet sich das Sein als das Große Leben im kleinen Leben, als Transzendenz in der Immanenz, als überweltliche Wirklichkeit in der Welt, als das Unbedingte im Bedingten, als das *Wesen* im Selbst. Unter »Wesen« verstehen wir die Weise, in der das göttliche Sein im Menschen anwesend ist und je in der Sprache seiner Individualität zum Offenbarwerden drängt.

Die Dreieinheit des Seins erscheint in allem, was lebt, in Pflanze, Tier und Mensch, je in der Sprache des besonderen Wesens. Immer aber bekundet die Fülle sich als *Kraft* zu leben, die Ordnung als das innewohnende Gesetz und der eingeborene Weg zu bestimmter *Gestalt,* die Einheit als das beseelende Prinzip übergreifend verbindender *Ganzheit.* Wo die Bekundung des Seins im Dasein behindert ist, befindet sich das Lebendige – statt in der Kraft – in Schwäche und Ohnmacht. Anstelle wesensgemäßer Gestalt steht Entstellung und Abwegigkeit, anstelle verbindender Ganzheit Isolierung oder Zerfall.

Wo Sein sich im Menschen erweisen kann, erfüllt ihn die *Lust* am Leben, die *Freude* an der tätigen oder hinnehmenden Teilhabe an sinnvollen Gebilden und Werten und das *Glück* der Einswerdung in der Liebe. Wo das Sein sich nicht offenbaren kann, herrschen *Angst, Verzweiflung* und *Einsamkeitsnot.* Aus alledem wird deutlich, *daß die geheime Mitte, um die sich im Grunde alles menschliche Leben dreht, das Offenbarwerdenkönnen des Seins im Dasein ist. Und so ist der Mensch erst dann in seiner wahren Mitte, wenn das in seinem Wesen anwesende göttliche Sein in ihm und durch ihn offenbar werden kann, als tragende Kraft, sinnerfüllende Gestalt und schöpferisch-erlösende Liebe.*

Das Offenbarwerden des Seins im menschlichen Dasein ist der alles Leben beseelende Drang, dessen Erfüllung dem Leben Bestand, Sinn und Wert gibt. In allen Religionen der Erde wird das Sein in seiner Dreieinheit in den Attributen der Gottheit verehrt. So im Christentum als Offenbarung von Macht, Weisheit, Güte des Vatergottes. Sie scheinen auf in den drei Schätzen des Buddhismus: Buddha, Dharma (das Gesetz), Samgha (Gemeinschaft der Jünger); in den drei Insignien der Gottheit im Shinto: Schwert, Spiegel und Edelsteinkette etc. . . .

Was immer aber der Mensch in seinen Götterbildern als das »Höchste« verehrt, ist die in der Gottheit draußen geschaute Dreieinheit des »Tiefsten«, was er in gnadenvollen Stunden in sich selbst als transzendente Wirklichkeit wahr-nimmt: die unbegreifliche Fülle eben einer überweltlichen Kraft, Sinnhaftigkeit und Liebe, die seinem Wesen inhärent sind, seinem »Wesen« als der individuellen Weise, in der in ihm das Sein anwesend ist. Der Fortschritt seines personalen Werdens zeigt sich im Wandel der Ebene und der Bedingungen, unter denen der Mensch die Zeichen des dreieinigen Seins – Kraft, Sinn und Geborgenheit – zu erfahren, seiner wahren Mitte damit innezuwerden und aus ihr heraus zu leben vermag. Dieser Fortschritt hängt ab von einer *Bewußtseinserweiterung,* dank der das Sein fortschreitend als Transzendenzerfahrung ins Innesein treten und den Menschen von Grund auf verwandeln kann. Die entscheidende Schwelle, jenseits derer erst die eigentliche Mitte, das Sein selbst, im Bewußtsein des Menschen als *seine* Mitte aufgehen kann, ist die Überwindung derjenigen Bewußtseinsstufe, in der der Mensch von seinem auf gegenständliche Erkenntnis beschränkten, von der Welt abhängigen, »natürlichen« Ich beherrscht ist. Seine statische Sicht widerspricht der Dynamik des Seins und, indem dies Ich aus seiner Bewußtseinsenge auch das Große Leben, das Sein selbst, zu einem Gegenstand macht, verfehlt es das »Wesen«.

5. Drei Arten und drei Ebenen des Selbstbewußtseins

Ob und in welchem Grad sich der Mensch nicht nur in seiner Mitte *fühlt,* sondern auch in seiner Mitte *ist,* zeigt sich in der Art seines *Selbstbewußtseins* und an dem Maß, in dem es bedingt oder unbedingt ist. Selbstbewußtsein gibt es in dreierlei Sinn. Darin kommt die Dreieinheit des Seins in der Sprache des Selbstbewußtseins zum Ausdruck. Selbstbewußtsein gibt es als Selbst-*Kraft*bewußtsein, als Selbst-*Wert*bewußtsein und als Selbst-*Wir*bewußtsein.

Das *Selbst-Kraftbewußtsein* ist ein Ausdruck der Gewißheit, daß letztlich nichts einen umwerfen kann. Es ist das Gefühl, allem gewachsen zu sein, was immer auch an Gefahr drohen mag. Man wird schon damit fertig werden, es irgendwie bewältigen. Es ist die Zuversicht, daß, falls etwas einen umwirft, irgendwie beeinträchtigt oder wesentlicher Dinge beraubt, die Kraft da ist, es wieder auszugleichen, sich zu erneuern und die ursprüngliche Lage wiederherzustellen. Bei solchem Kraftbewußtsein ist jede Gefährdung Gelegenheit, die eigene Kraft zu erweisen und also als solche nicht gefürchtet, sondern willkommen. Das alles bedeutet eine große Sicherheit, gegründet auf Vertrauen in die eigene Kraft, und bildet die Grundlage eines Lebens ohne Angst.

Selbstbewußtsein als *Selbst-Wertbewußtsein* ist Ausdruck der Gewißheit, daß es in der Welt mit rechten Dingen zugeht, so daß man auch selbst in ihr seinen dem eigenen Wert gemäßen Platz hat. Es ist Ausdruck der Gewißheit, daß die Gestalt, die man selbst ist, »recht« ist, daß man in ihr und mit ihr einen sinnvollen Platz im Rahmen des Ganzen ausfüllt und daß, weil das Ganze in Ordnung ist, auch am Wert der eigenen Person und an der Gültigkeit der eigenen Existenz nicht zu zweifeln ist. Der Mensch ist voll guten Glaubens und fern aller Verzweiflung.

Selbstbewußtsein als *Selbst-Wirbewußtsein* ist Ausdruck der Gewißheit dafür, daß man im Ganzen des Lebens wohl aufgehoben ist, daß man »dazugehört«. Man fühlt sich niemals draußen, ist überzeugt, daß man geliebt wird und daß die Liebe, die man für den anderen empfindet, angenommen und auch erwidert wird. Es ist das Gefühl, daß das Leben eine ganz selbstverständliche Gemeinschaft ist und sich auch überall letztlich als solche bewährt. Es herrscht das beglückende Gefühl des Einsseins mit sich und der Welt. Nicht nur die Natur, sondern vor allem die Mitwelt, die Gemeinschaft der Mitmenschen ist bergender Raum einer mit Selbstverständlichkeit möglichen Selbstentfaltung. So kann man sein, wie man ist, ohne Scheu; man lebt aus einem Allgeborgenheitsgefühl. Das Gegenteil ist das Leben mit der ständigen Frage: Gehöre ich dazu? Werde ich geliebt? Droht nicht in jedem Augenblick der Ausschluß?

Der Mensch *fühlt* sich in seiner Mitte, wenn sein Selbstbewußtsein in keiner dieser drei Hinsichten gestört ist. Er fühlt sich nicht in seiner Mitte in dem Maße, als es gestört ist. Aber die Antwort auf die Frage, wie weit er dann auch in seiner Mitte *ist,* erfordert eine differenziertere Betrachtung im Hinblick darauf, daß das dreifache Selbstbewußtsein auf sehr verschiedenen Ebenen dasein oder fehlen kann. Zum mindesten drei Ebenen sind zu unterscheiden: die Ebene des naiven Selbstbewußtseins, das Selbstbewußtsein auf der Stufe des entwickelten – zugleich aber auf seinen Horizont beschränkten und auf seine eigenen Kräfte bauenden Welt-Ichs – und das Selbstbewußtsein auf der Stufe des zur Erfahrung des Seins und zur Integration seines Welt-Ichs mit dem Wesen gelangten Selbst. So muß man unterscheiden: das noch ungebrochene, naive Selbstbewußtsein des *Kindes* vom Selbstbewußtsein auf Grund der Kraft, der Gaben und der Fertigkeiten der in ihrer Position der Welt gewachsenen *Ich-Persönlichkeit* und dieses wiederum von dem Selbstbewußtsein des zur Transzendenz hin transparent und also zur *Person* gewordenen Menschen.

Kindliches Selbstbewußtsein

Das Selbstbewußtsein des ungestörten Kindes erscheint in einer naiven Selbst- und Lebenssicherheit, die noch ungebrochen, unreflektiert und noch durch keinerlei Einbrüche von der Welt her gefährdet ist. Hier herrscht noch das natürliche *Urvertrauen* in die tragende Gesichertheit des Lebens. Ebenso selbstverständlich obwaltet hier ein *Glaube,* daß alles in Ordnung und man selbst nie in Frage gestellt ist. Endlich herrscht hier das Bewußtsein einer fraglosen und unbedingten, in der liebevollen Zuwendung der Nächsten sich bekundenden *Geborgenheit* des Lebens. Hier sind Selbst-, Welt- und Lebensbewußtsein noch eins. Urvertrauen, Urglaube und Urgeborgenheitsgefühl sind Ausdruck noch ungestörter Verbundenheit mit dem Sein. Das Wesen ist noch nicht vom Welt-Ich verstellt. Die Ungestörtheit kindlichen Lebensbewußtseins währt so lange, bis irgendein unerwartetes Ereignis die Urverbundenheit »anknackst« oder sie durch irgend etwas »Schreckliches« unterbricht. Hier vollziehen sich die Dramen der frühen Kindheit, vor allem dort, wo die Schlüsselfiguren die selbstverständlichen Urerwartungen auf Sicherheit, sinnvolle Entsprechung und Geborgenheit enttäuschen, in denen die lebendige Dreieinheit des Seins sich im kindlichen Bewußtsein bekundet. Die Ungebrochenheit des kindlichen Lebensgefühls ist Ausdruck dafür, daß die Urverbundenheit mit dem Sein im Bewußtsein des Kindes das auf der Basis des werdenden Ichs sich bildende Welt-Gefühl noch übergreift. Im Verhältnis zwischen dem sich ablösenden Ich und der Verwobenheit mit dem Sein überwiegt noch die Urverbindung. In dem Maße, als dies der Fall ist, ist der Mensch noch *in* seiner ursprünglichen Mitte, so daß auch die kleinen Erschütterungen vom Grund her aufgefangen und ausgeglichen werden. Glücklich der Mensch, bei dem die Entwicklung des Welt-Ichs im Rahmen bleibender Verbundenheit mit dem Seinsgrund erfolgt.

Mit der Entwicklung des Welt-Ichs stellt der Mensch sich sozusagen fortschreitend auf eigene Füße. Er hat dies um so mehr und um so schneller zu tun, als frühkindliche Enttäuschungen ihm die Erfüllung seiner Urerwartungen versagten und z. T. auch versagen mußten sowie sein Urvertrauen, seinen Urglauben und sein ursprüngliches Geborgenheitsgefühl verblassen ließen. Von nun an hängt sein Selbstbewußtsein von der Entfaltung seiner eigenen Kraft, das Leben zu meistern, ab. So auch fühlt sich der Mensch im Leben sicher, im Lot und fähig, das Gleichgewicht zu halten, nicht mehr nur aufgrund dessen, was er eigentlich, d. h. vom Wesen her ist, ein im Grunde nie entlassenes Kind des Seins, sondern fortan mit Bewußtsein nur im Verlaß auf sein Welt-Ich. Damit aber hängt sein Leben und Überleben nun weitgehend von »Bedingungen« ab: einerseits von der Welt, andererseits von dem, was er selbst hat, kann und weiß. Aber nicht nur das Selbst-Kraftbewußtsein, sondern auch das Selbst-Wert- und das Selbst-Wirbewußtsein hängen dort, wo die Urverbindung mit dem Sein aus dem Innesein des Menschen zu schwinden beginnt, von Bedingungen ab, die *in der Welt* liegen, sowie von der Fähigkeit, sie zu meistern oder zu entsprechen.

Das *Selbst-Kraftbewußtsein* hängt auf der Stufe, die vom Welt-Ich beherrscht ist, ab von dem, was der Mensch *hat, kann* oder *weiß*. Er fühlt sich im Gleichgewicht und seiner Mitte erschlossen in dem Maße, als sein Leben gesichert ist, d. h. seine Fähigkeiten den Weltforderungen entsprechen, sein Besitz außer Gefahr und seine Macht gefestigt ist. Solches mag sich auf die Gesundheit beziehen, auf den finanziellen Hintergrund, auf die Position in der Welt, auf die Überlegenheit des Wissens und Könnens oder auf die Zuverlässigkeit seiner Lebensgenossen. Immer bezieht sich das Sicherheitsgefühl hier auf die bewältigte Gefährlichkeit und Bedingtheit des Lebens. Das Gefühl, dem Leben gewachsen zu sein, beruht auf den eigenen Kräften oder zuverlässigen Weltverbindungen. Scheinen sie auszureichen, so kommt ein Gefühl der Beruhigtheit auf. Und dies Bewußtsein, der Welt gewachsen zu sein, erlaubt es dem Menschen, wenn auch immer nur vorübergehend, sich bei sich selbst zu fühlen, so als vermöchte er nun aus seiner

Mitte zu leben. Da aber letztlich immer Unerwartetes droht, dem man nicht gewachsen ist, irgendwann einmal Krankheit einbricht und mit Gewißheit das Ende, der Tod auf uns zukommt, ist das Ganze doch immer auf Sand gebaut. So verläßt eine heimliche Unruhe und Sorge, die Furcht vor etwas Unbestimmtem, den Menschen nie völlig. Eine nie ganz weichende Angst vor etwas nicht Gekanntem schwingt mit und straft das Gefühl, in eigener Mitte zu sein, Lügen. Der Mensch fühlt das Tor zur eigenen Mitte geöffnet, wo er sich mit seinem Haben, Wissen und Können den Forderungen der Welt überlegen weiß. Aber insofern dieses »aus der eigenen Mitte leben dürfen« durch »weltliche Faktoren« bedingt ist, ist es eben nicht unbedingt. Der Mensch *fühlt* sich zwar, wo bestimmte Weltbedingungen erfüllt zu sein scheinen, vorübergehend in seiner Mitte. Aber er *ist* noch nicht in seiner Mitte.

Auch das *Selbst-Wertbewußtsein* – wie das damit zusammenhängende, den Glauben begründende Gefühl, daß das Leben letztlich doch sinnvoll und die Welt in Ordnung sei – hängt, wo der ursprüngliche Glaube des Kindes verblaßt, auf der Stufe des Welt-Ichs ab von bestimmten Weltbedingungen, insbesondere davon, daß man den Sinn des Geschehens irgendwie *einsehen* kann. Die Welt, in der man lebt, muß irgendwie »stimmig« sein, jedenfalls nicht unverträglich mit dem, was man unter Gerechtigkeit und Sinn versteht. So ist das Selbst-Wertgefühl hier auch abhängig von Anerkennung und Wertschätzung durch die Welt. Wo sie in Frage gestellt ist, bemächtigt sich des Menschen sogleich eine gewisse Unsicherheit. Automatisch schleichen sich Zweifel in das Gefühl des eigenen Wertes ein, und das drohende Minderwertigkeitsgefühl bringt zum Ausgleich ein entsprechendes Geltungsstreben hervor. Dann ist das natürliche Gleichgewicht verloren, die Gelassenheit dahin. Der Mensch ruht nicht mehr in sich, fühlt sich nicht in seiner Mitte, sein Selbstbewußtsein ist gestört. In dem Maße, als der Mensch auf der Stufe der Ich-Persönlichkeit die Urverbundenheit mit dem Sein aus seinem Bewußtsein verlor und noch nicht wiedergefunden hat, und er also ganz mit seinem Welt-Ich identifiziert ist, macht ihn das Gefühl, von der Welt nicht anerkannt zu sein, nicht den Platz zuerkannt bekommen zu haben, der ihm gerechterweise gebührte, krank.

Dieser Verlust des Glaubens an Sinn und Gerechtigkeit wirft ihn aus seiner Mitte. So fühlt der Mensch sich hier vorübergehend nur dann in seiner Mitte, wenn er sich in der Welt und im Bewußtsein der Welt auf dem Platz weiß, der ihm entspricht. Aber diese Art Selbst-Wertgefühl steht auf schwankendem Boden, und so kann man fragen: *Ist* der Mensch, dessen Selbstgefühl und Lebensglaube davon abhängt, daß er sich anerkannt, richtig placiert weiß und den Sinn von allem einsieht, wirklich jemals in seiner Mitte?

Das *Selbst-Wirbewußtsein* des Menschen hängt auf der Ebene der Befangenheit im Welt-Ich ab vom faktischen Vorhandensein eines Du oder einer bergenden Gemeinschaft. Gewiß, es gibt hier – wie auch beim Selbst-Kraftbewußtsein und beim Selbst-Wertbewußtsein – ein Selbstbewußtsein ganz naiver Art, das auch durch gegenteilige Erfahrungen nicht gestört werden kann, dort nämlich, wo das vom Ursprung her vorhandene Verankertsein im Sein die Kindheit überlebt hat. So gibt es den Menschen, der in ganz naiver Weise das unerschütterliche Gefühl hat, überall willkommen zu sein, dazuzugehören und von allen geliebt zu sein. In einer geradezu rührenden Taktlosigkeit dringt er auch in geschlossene Kreise ein und erzwingt Nähe, auch wo sie ihm in keiner Weise zugedacht ist. Wo aber das Selbstbewußtsein seiner Wurzeln im Sein verlustig ging, hängt das Selbst-Wirbewußtsein vom Vorhandensein wirklicher Gemeinschaft ab. Und wo diese fehlt oder durch den Tod des geliebten Menschen aufhört, oder ein unerwarteter Ausschluß aus der Gemeinschaft erfolgt, der man sich zugehörig fühlte, wird Leben unmöglich. Hier irrt der Mensch, seiner Mitte beraubt, wie im Leeren umher, als sei ihm sein eigenes Selbst abhanden gekommen. Wo dagegen echte Geborgenheit in der Familie herrscht, eine harmonische Ehe gelebt wird, eine auf wechselseitigem Vertrauen beruhende Zugehörigkeit zu einer Gemeinschaft besteht, in der man persönlich aufgenommen und geliebt ist, Zugehörigkeit also ausdrücklich gesichert und bezeugt erscheint, da hat der Mensch das Gefühl, er selbst sein zu dürfen. Dann fühlt er sich im Gleichgewicht des Lebens, geborgen und gleichsam in seiner Mitte bejaht. Aber *ist* er hier wirklich schon in seiner Mitte? Nein, denn auch diese Mitte ist noch bedingt, sie hängt von den

Umständen ab. Die echte Mitte des Menschen ist unbedingt, und so auch das eigentliche Selbst-Wirbewußtsein des Menschen.

Das Selbstbewußtsein aus dem Wesen

Es gibt die Erfahrung eines tieferen Selbstbewußtseins, das Selbstbewußtsein aus dem *Wesen,* das sich paradoxerweise gerade dort bewährt, wo alle Bedingungen für das zur Stufe des Welt-Ichs gehörende Selbstbewußtsein fehlen oder vernichtet sind.

Es gibt die Erfahrung, darin der Mensch auch und gerade angesichts des unausweichlich herannahenden Todes eines *Lebens* inne wird, im Unsinn der Welt einen tiefen *Sinn* verspürt und in der Verlassenheit durch die Welt eine tiefere *Geborgenheit* zu erleben vermag, die nicht von dieser Welt ist. Hier ist dann Sein ins Innesein getreten – und darum zieht ausgerechnet dort, wo höchste Angst natürlich wäre, ein übernatürliches Vertrauen ein; ausgerechnet dort, wo die Begegnung mit dem Absurden zur Verzweiflung treiben müßte, bricht ein neuer Glaube auf und dort, wo die höchste Einsamkeitsnot Leben unmöglich machen müßte, wird auch unbegreifliche Aufgehobenheit erfahren. Wo das Ich an den Grenzen seiner Kraft *ein*ging, ging das Wesen *auf.* Und aus solchen Erfahrungen wächst ein tieferes Selbstbewußtsein, das unabhängig ist von dem, was der Mensch dank bestimmter Weltbedingungen zu leisten, zu begreifen oder zu erfahren vermöchte. Es gibt ein Stehen in einer überweltlichen *Kraft inmitten der Schwäche,* das Erlebnis einer überweltlichen *Klarheit inmitten der Dunkelheit der Welt* und einer überweltlichen *Geborgenheit* in einer unbegreiflichen Liebe *inmitten der Lieblosigkeit* dieser Welt. Erst dort, wo solches »einzieht ins Gemüt«, da und nirgends anders, ist der Mensch in die Fühlung mit seiner eigentlichen Mitte gelangt, d. h. mit dem sie inmitten der Bedingtheit der Welt treu bewährenden Wesen, in dem das unbedingte Sein in uns anwesend ist. Wenn der Mensch dies Offenbarwerden des Seins im Dasein in besonderen Erlebnissen einmal wirklich erfahren hat, dann kann die zunächst verborgene Mitte zur *bewußten* Mitte seines personalen Lebens werden. Dann erst kann sich in einem Menschen fortan alles bewußt, verantwortlich und frei um das drehen, worum alles Lebendige unbewußt kreist: *daß sich in ihm und durch ihn das göttliche Sein bekunde in der Welt.* Beim Menschen bedeutet das, daß sein Kämpfen, Gestalten und Lieben sich immer bewußter und personal zum Zeugnis der Fülle, Gesetzlichkeit und Einheit des göttlichen Seins entfaltet. Wo einer in dieser Weise in seine Mitte gelangt ist, fallen zusammen: die gewaltigste Triebfeder, das tiefste Sollen und die übergreifende Sehnsucht in einer Bewegung, die sie alle drei erfüllt.

6. Die Mitte des Menschen:
Das in seinem Wesen anwesende Sein

Das eigentlich und wahrhaft wirkliche, weil alles bewirkende Zentrum, die ursprüngliche und eigentliche Mitte alles Lebendigen, ist das in ihm verkörperte und zum Offenbarwerden in je bestimmter Gestalt drängende göttliche Sein. Die Mannigfaltigkeit des lebendigen Daseins dieser Welt bringt das Sein in der Vielheit individueller Gestaltformeln zur Erscheinung. Das *Inbild* jeder unter den Bedingungen von Raum und Zeit sich bildenden Gestalt ist der ihr eingeborene *Inweg,* ihr Werde-Gesetz, dem gemäß sie in einer bestimmten Folge von Schritten und Stufen sich entfaltet, vollendet und wiederum eingeht, im Entwerden Frucht bringt: den Keim zu neuem Werden. Dieser Inweg ist die jedem Lebendigen eingeborene *wirkende* Mitte seines Daseins. So auch ist der Mensch als Bewußtseinswesen in seiner eigentlichen Mitte erst dort, wo ihm sein Inweg aufgegangen ist, aufgegangen als seine eigentliche Wahrheit und als sein eigentliches Sollen, und wo er fähig geworden ist, diesen Weg zu gehen. Der Mensch ist in seiner Mitte also erst dann, wenn er fähig ist, den *Weg,* der seine Mitte ist, ungestört zu *gehen.*

Dem Menschen ist es gegeben und aufgegeben, die Mitte allen Lebens und so auch seine eigentliche Mitte nicht nur, wie alles

Lebendige sonst, unbewußt in sich wirken und walten zu lassen, sondern sie bewußt werden zu lassen und ihr Wirken in die Verantwortung eigenen Mitgestaltens zu nehmen. Ihm ist es gegeben, nicht nur wie alles Lebendige im Sein zu leben, sondern mit Bewußtsein aus dem göttlichen Sein, als seiner wahren Mitte, heraus zu leben.

Das Bewußtsein dieses Seins ist keineswegs schon mit dem natürlichen Ich-Weltbewußtsein gegeben, und das Innesein des Seins mitten im Dasein des Menschen ist nicht selbstverständlich. Die Seinserfahrung ist vielmehr ein zuerst durch das Ich-Weltbewußtsein verstelltes Ereignis besonderer Art. Erst das Leiden an der Verstellung dessen, dessen Offenbarwerden das geheime Grundanliegen des Bewußtseinwesens Mensch ist, macht den Menschen sehnsüchtig und bereit, zu gegebener Stunde das Aufgehen bzw. Durchbrechen des Seins in seinem Bewußtsein als besonderes Erlebnis zu erfahren. Das ist dann ein erschütterndes Ereignis der Befreiung aus der Vorherrschaft einer Bewußtseinsform, die das Erleben des eigentlichen Seins verstellt und ausschließt. Welcher Art und Hartnäckigkeit auch immer die das Sein verstellende Bewußtseinsform sein mag, immer erzeugt sie eine Spannung, deren Einlösung eine Bewußtseinsform ist, in der das Sein immer mehr ins Bewußtsein treten und also dem Menschen offenbarer werden kann.

Jede Bewußtseinsform, die das Offenbarwerden des umfassenden Seins behindert, bedeutet, daß der Mensch verhindert ist, in seiner wahren Mitte zu sein, und er gelangt in seine wahre Mitte nur dort, wo er dem Aufgehen des Seins in seinem Bewußtsein Raum geben kann, ja nur in dem Maße, als all sein Tun und Lassen als Antrieb, Sinn und Erfüllung in dem Offenbarwerdenlassen des überweltlichen Seins in seinem weltlichen Dasein verwurzelt ist.

7. Der Weg zur Mitte

Wenn es so ist, daß der Mensch sich dann in seiner wahren Mitte befindet, wenn seine Gesamtverfassung das fortschreitende Offenbarwerden des *transzendenten Seins* in seinem *Bewußtsein* gewährleistet, dann ist der Weg, der dazu führt, der mit der vollen Seinserfahrung beginnende »*Weg der Initiation*«. Der initiatische Weg ist die von Seinserfahrung ausgehende, Schritt um Schritt fortschreitende Einweihung und Einweisung in die gesetzliche Folge der Stufen, in der der Mensch aus der Oberflächenexistenz seines natürlichen Bewußtseins vordringt in die Tiefen jenes Bewußtseins, in denen sein Wesen, d. h. das in ihm lebendige, überweltliche Sein, als Erlebnis und Wirkkraft aufgehen kann. Dabei geht es vom Anfang (unbewußt) bis zum Ende (bewußt) letztlich gar nicht um den Menschen, sondern um das göttliche Sein, d. h. darum, daß dieses Stufe um Stufe ins Innesein treten kann und den Menschen fortschreitend zu einem personalen Medium seiner Manifestation verwandelt. Das Eingehen des göttlichen Seins in das menschliche Dasein, d. h. das Einlassen des transhumanen Wesens ins humane Selbst beginnt als befreiendes Ereignis, stiftet überdauernde Verpflichtung und verspricht endgültige Erfüllung, insofern der Mensch seine Mitte im nie endenden *Prozeß* dieses Aufganges findet, erkennt und wahr-nimmt. In dreierlei Kanälen vollzieht sich die Verwandlung: *in Erlebnis, Einsicht, Übung*.

Am Anfang des Weges steht meist eine blitzartige, alles verwandelnde Erleuchtung. Es ist, als zerrisse ein Nebel, und schlagartig tut sich eine andersartige Farbigkeit, Fülle, Ordnung und Ganzheit auf. Berge stürzen ein, Rinnsale verwandeln sich in befruchtende Ströme, und ein Licht geht auf, als löste die Sonne das Mondlicht ab. Solche Erlebnisse sind Sternstunden. Es gibt sie in verschiedener Tiefe, Dauer und Qualität. Sie überraschen uns mitten im grauen Alltag oder in leidvollen Grenzsituationen. Immer aber kennzeichnet sie eine in ihrer Unbedingtheit evidente Gültigkeit. Es ist ein alles natürliche Erleben hinter sich lassendes Erleben, ohne das der Mensch nicht um das wüßte, was er nun die »andere Dimension« nennt.

Am Anfang des Weges steht das Ernstnehmen jener Erlebnisse, »Seinserfahrungen« genannt, in denen auch das »Selbstbewußtsein aus dem Wesen« erwacht. Nicht immer sind es erschütternde Erfahrungen, wie sie dem Menschen dort geschenkt werden, wo das Gefüge seiner natürlichen Ich-Welt an den Grenzen seiner eigenen Kraft zusammenstürzt.*

Es gibt diese Seinserfahrungen auch als überraschendes Geschenk mitten im »gewöhnlichen Leben« – und solange sie währen, befindet sich der Mensch in einem ganz eigenartigen »Zustand« und vorübergehend auch in seiner Mitte. Am Anfang des initiatischen Weges zur Mitte steht die Schärfung des Sinnes zum Wahr-Nehmen solcher Augenblicke, in denen er vorübergehend ganz von seinem Wesen erfüllt ist. In solchen Augenblicken hat sein ganzes Da-Sein, sein Erleben und Sich-Verhalten einen ganz bestimmten Charakter. Er befindet sich in einem Maximum der Empfindsamkeit für das, was die Bewegung zur Transparenz für Transzendenz fördert oder hindert.

In der rechten Mitte sein heißt hier, zentriert sein auf solche Transparenz hin, hingeordnet sein auf das möglicherweise Durchscheinende. Dieses Hingeordnetsein ist kein fester Zustand. Es ist vielmehr ein In-der-Schwebe-Sein, ein Sein im Gehen, im Voranschreiten ohne Aufenthalt, ohne Halten, wie auf einem Grat, wo jedes Innehalten Absturz bedeuten kann. Es ist ein Gehen, das sozusagen kaum den Boden berührt.

Es ist auch ein *Geöffnetsein* besonderer Art, so daß der Geist des Großen Lebens ein- und ausgehen kann ohne Behinderung, aber auch ein Geschlossensein, das zu wahren vermag, was nicht verloren werden darf. Das aber ist eine lebendig sich verwandelnde *Form,* Schale des Großen Lebens, köstliches Gefäß, dessen Kostbarkeit empfunden wird, so daß die Bewegungen unwillkürlich behutsam werden. In alledem ist ein Kontakt, eine Fühlung, die durchgehalten wird zu etwas Unsagbarem, das den Zugriff nicht erlaubt und nur im »Haben, als hätte man nicht« bei uns bleibt. Es ist zugleich ein Wachsein in und mit allen Sinnen – ein nach innen hin Wachsein aller Sinne, ein besonderes Wachsein wie in einem lichten Halbdunkel, in dem alles von innen zu glühen beginnt.

---

* Siehe Seite 232.

Es ist als »Innesein des Seins« ein besonderes Erfahren, in dem alle Sinne, das Hören, Riechen, Schmecken, Spüren und auch das Schauen wie im urtümlichen Gemeinsinn wieder vereinigt sind zu besonderem Empfangen. Nirgends aber stößt ein Sinn zu, alles ist Empfangen, und das »Eignen« beschränkt sich auf das Widerscheinen, das Spiegeln. Daher ist auch der ganze Zustand durchlichtet von einem besonderen Glanz, einem Licht, das innerlich leuchtet und zugleich lebenweckend und nährend wärmt. Aber alles hängt davon ab, daß ein geheimnisvolles Gleichgewicht gewahrt wird in der Bewegung. Es ist ein stetes Gehaltensein in bestimmter Richtung und in bestimmter Ebene. Man ist Wasserwaage und Kompaß zugleich. Man ist der Tropfen und die Nadel und zugleich in geheimnisvoller Weise das, worauf diese hinweist, und das, was die leiseste Verfehlung der Waagrechten anzeigt – Zeichen dafür, daß der Mensch auf dem Weg in seine wahre Mitte ist. Denn das eben kennzeichnet den Zustand des »In-der-wahren-Mitte-Seins«, daß er, der in dieser Mitte west, und der, der sie sucht, immer wieder verfehlt und wieder aufs neue sucht, eins sind. Dieser unbeschreibliche Zustand – Geschenk der Gnade und des von ihr durchlichteten Augenblicks – ist vorübergehend in dem Maße, als der Mensch noch befangen ist im Netz des natürlichen Bewußtseins. Aber er wird um so mehr zum bleibenden Erlebensgrund, je konsequenter der Mensch sich auf dem Weg in seine eigentliche Tiefe hält und dadurch zunimmt an Transparenz.

Seinserfahrung und *Verwandlung aus dem Sein* sind zweierlei. Zum bloßen Erleben müssen Erkenntnis und Übung hinzukommen. Verwandelnde Bedeutung können Seinsfühlung und Seinserfahrung erst im Ausschreiten des zweiten Kanals gewinnen: auf dem Weg der *Erkenntnis*.

Der erste Erkenntnisschritt betrifft die Einsicht in die Bedeutung der Seinserfahrung als Ausgangspunkt einer Verwandlung, die eine lebenslange Arbeit erfordert. Dazu bedarf es vor allem der Einsicht, daß unser sogenanntes »natürliches Bewußtsein« infolge seiner Vordergründigkeit weitgehend Finsternis ist, die das eigentliche Licht nicht begreift, weil sowohl der vergegenständlichende Charakter des rationalen Bewußtseins als auch die statische Ordnung, die aus ihm her-

238

vorgeht, dem übergegenständlichen und dynamischen Charakter des übergreifenden *Lebens* widerspricht und so auch den Aufgang des Großen Lebens im kleinen Leben verstellt. Seit Jahrtausenden belehrt die Weisheit des Ostens uns über die uns dem Sein entfremdende Enge des natürlichen, d. h. einseitig rationalen Bewußtseins. Es ist an der Zeit, daß auch der Westen sie zur Kenntnis nehme und also erkenne, daß der Mensch nicht in seine Mitte gelangen *kann,* es sei denn, er durchbreche die Schranken seines natürlichen Bewußtseins.

Diese Entdeckung ist die erste Antwort auf die Frage, was denn eigentlich zwischen dem natürlichen Ich und dem in der ersten Seinserfahrung gespürten »Wesen« steht. Der erste Vorhang ist das *statische Ich-Weltbewußtsein*. Die zweite Wand aber, die den Aufgang des Wesens im Selbst und damit die rechte Mitte verhindert, ist der *Schatten.*

Der »Schatten«, einer der fruchtbarsten Begriffe der Psychologie von C. G. Jung, ist das Insgesamt des nicht zugelassenen bzw. verdrängten Lebens, sei es ursprünglicher Lebensimpulse oder aber verdrängter Reaktionen auf die »böse Welt«. Der Mensch muß den Schatten erkennen sowie das, was eigentlich als das Beschattende und als das immer wieder den Schatten Erzeugende dem Licht des Wesens im Wege steht. Das Ausmaß und die Tiefe des Schattens ist gleichbedeutend mit der Größe des Hindernisses für die Berufung des Menschen, in seiner Mitte zu stehen. Die Einsicht in die Natur, den Ursprung, in die Daseinsform und die Überwindungsmöglichkeit des Schattens und der ihn erzeugenden Blockaden bildet den Inhalt der den Weg bereinigenden Arbeit *tiefenpsychologischer Besinnung*. Denn eine »erste Wesensfühlung« bedeutet freilich nicht, daß im tiefenpsychologischen Sinn damit auch schon eine »Bereinigung des Grundes« mitvollzogen ist. Um der höheren Dimension wirklich teilhaftig zu werden und ein in Wandlung Begriffener zu sein, muß es der Mensch mit seiner Schattenexistenz bis in letzte Seelentiefen aufnehmen und die unbekannte Seite seines Wesens, die identisch ist mit dem schöpferisch-chaotisch in ihm »Waltenden«, integrieren.*

* Vgl. Maria Hippius: »Am Faden von Zeit und Ewigkeit«, in *Transzendenz als Erfahrung. Festschrift für K. Graf Dürckheim zum 70. Geburtstag,* O. W. Barth Verlag, Weilheim 1966, S. 28.

Ohne solche Mühsal gibt es keine rechte Bearbeitung des Feldes, auf dem dann der Same des transzendenten Seins im Erleben und schließlich auch in der Verfassung des Suchenden aufgehen kann, ohne Gefahr zu laufen, sogleich wieder im Unkraut verborgener Mechanismen, frühreifer Sehnsüchte und unerlaubter Vor-Griffe nach dem Höchsten erstickt zu werden.

Zur tiefenpsychologischen Bereitung des Weges gehört auch die Erkenntnis der Schritte, deren gesetzliche Folge zur Verwandlung hinführt. »Das Durchspürenlassen des Eigentlichen, das hinter der Verbildetheit oder Unbewußtheit eines Menschen steht, ist Grundregel, Anfang und Ziel aller Arbeit. Man darf immer erwarten, daß beim Abbau und der Bewußtmachung der eingegangenen Fehlformen gleichzeitig anderes und Neues aus dem Hintergrund auftaucht und die Kreativität und Formkraft des Grundes lebendig wird.«* Die Metanoia, um die es geht, führt über einen Umbruch, einen Zusammenbruch der alten Ordnung, über eine Vernichtung des alten Subjektstandes, über einen Tod des Ichs, über eine echte Preisgabe der alten Form, über das Opfer, ohne das es keine Verwandlung gibt. Ohne solche Verwandlung gelangt der Mensch auch nicht in seine Mitte.

Diese Wandlung ist ein vielgliedriges Geschehen, in dem der Mensch zum Schauplatz einer Auseinandersetzung der großen Mächte wird, die, erlebt als Licht und Dunkel, männlich und weiblich, reich und arm, oben und unten, Leben und Tod, in ihrer relativen Eigenständigkeit und Gegenständlichkeit erfahren, erlitten und gelebt werden müssen, um dann im eigentlichen Erlebnis der Wandlung in die *coincidentia oppositorum* einzugehen und in der Erfahrung des *Lichtes,* das jenseits von Licht und Schatten ist, aufzugehen. Diese höchste Erfahrung erst ist die erschütternde Begegnung mit unserer wahren Mitte. Doch von diesem *Erleben* des übergegensätzlichen Seins als der wahren Mitte zu der *Verfassung,* in der dann der Mensch, wahrhaft Person geworden, in seiner Mitte *ist,* einsgeworden mit ihr und aus ihr lebt, ist noch ein weiter Weg. Es ist ein Weg, auf dem man nicht »ankommt«, so daß man sagen kann: Der Mensch gelangt schon dort in seine Mitte, wo er endgültig auf den *Weg* zu ihr gelangt ist.

* Ebd., S. 29.

Mit dieser Weise des »In-der-Mitte-Seins« hat jedoch keineswegs ein Leben ohne Leiden begonnen. Im Gegenteil: Erst in dem Maße, als der Mensch die andere Dimension in sich hat ein- und aufgehen lassen, als unzerstörbare Wurzel seines Selbstseins erspürt, die Verpflichtung zu ihr anerkannt und sie in sich voll zugelassen hat, ist er in der Lage, auch Leiden zuzulassen. Ein Kriterium dafür, daß der Mensch in seine Mitte gelangt ist, besteht darin, daß er leiden *kann,* nicht darin, daß er »nicht mehr leidet«! Vom Wesen her meint Überwindung des Leidens: das Leiden im Leiden durchleiden können. Diese Art Überwindung ergibt auch erst die Erhärtung der Form, die in der Welt zuverlässig vom transzendenten Sein zeugen kann. Es möchte der Mensch, der dieses Sein wahrhaft »geschmeckt« hat, sich wohl gerne weltabgewandt ganz im erlösenden Sein verlieren. Doch fällt er gerade dann wieder aus ihm heraus, wenn er nicht immer wieder die nur lichte Seite seiner Seinsfühlung in der Begegnung mit den Dunkelmächten des Lebens aufs Spiel setzt. Nur im Wagnis der gefahrvollen Hingabe bildet sich die Form, in der ein Mensch dann vollbewußt, verantwortlich und frei die Fühlung mit seinem Wesen bewahren und so nicht nur vorübergehend, sondern bleibend in seiner Mitte sein kann. Der Mensch bleibt auch in seiner höchsten Form Mensch. Er ist also dann, wenn er »abseits von der Welt« in sein Wesen gelangt, noch nicht in der Mitte seiner selbst als Person. Diese Mitte findet er nur in der Re-Integration von Wesen und Welt. Dies aber erfordert planmäßige Übung.

Der *dritte Kanal,* in dem die Ausprägung des Seins im Dasein und damit das »In-seiner-Mitte-Sein« bereitet werden muß, ist die Übung, das *exercitium* als Arbeit an der Weise, in der der Mensch nicht nur *innerlich lebt,* sondern *in der Welt da ist.* Es ist dies immer auch die zuchtvolle Arbeit an der rechten Ordnung des *Leibes.* »Nur so gewinnt der Impuls zur Ganzheit und zum Aufbau eines umfassenden Bewußtseins sein legitimes Verwirklichungsfeld in der Zeit. Das im kosmischen Sinn Leibhaftige ist auch die Matrix, auf die sich alles Geistige einlassen und dank derer es sich ins Essentielle umschaffen, Form und Produktivität gewinnen kann. Das Einleiben erleuchtender Erkenntnisse ist ebenso notwendig für die gesunde Entwicklung des Geistesmenschen wie das Entfachen des ›heiligen Feuers‹ des Geistes, das der Durchlichtung dumpfer Stofflichkeit dient und dieser erst *Leben* gibt.«* Die Arbeit am Leibe bildet das Kernstück des Weges als *exercitium ad integrum.* Der »Leib« ist nicht zu verstehen als der Körper, den man im Gegensatz zu Geist und Seele hat, sondern er ist der Leib, der man *ist.***

Der Mensch als Person lebt, indem er erlebt und sich darlebt. Das sind die zwei Seiten seines Daseins: Sich zu *er*leben und sich *dar*zuleben, d. h. darzu*leiben.* So wie sich hierbei deformierende Faktoren einmischen und in Fehlformen der natürlichen Lebensbewegung die Durchlässigkeit des Daseins als Leib für das Sein in Frage stellen, so bedeutet das *exercitium ad integrum* die zuchtvolle Arbeit an einer leiblichen Verfassung, die als durchlässige Form und geformte Durchlässigkeit das Hervorkommen des Seins in nie endender Verwandlungsbewegung ermöglicht und gewährleistet. Das *Leibgewissen,* das es hier zu wecken gilt, ist nicht nur wie beim natürlichen Ich an der Funktionstüchtigkeit, d. h. an der *Gesundheit* oder aber am Ebenmaß von Erscheinung und Ausdruck, nämlich an der *Schönheit,* orientiert, sondern an der *Transparenz für Transzendenz.* Und man muß wissen, daß eben diese Transparenz immer auch durch die Fehlordnung des Leibes verstellt ist und daß also Übung zur rechten Mitte immer die Übung zur rechten Verfassung im Leib einschließt. Wie drückt es sich nun leibhaftig aus, wenn der Mensch in seiner Mitte und also auch als Leib durchlässig für Transzendenz ist? Die Antwort auf diese Frage ist die erste Voraussetzung einer personalen Arbeit am Leibe.***

Das »In-seiner-Mitte-Sein« drückt sich aus in der gesamten Erscheinung, im Gleichgewicht des Ganzen, in der Wesensgemäßheit und einer aus ihr kommenden harmonischen Bewegungsordnung der Gestalt. Diese harmonische Ordnung, die

---

* Hippius, a.a.O., S. 32.
** Vgl. den Beitrag »Der Leib, der man ist«, Seite 140, sowie K. Dürckheim: »Der Leib in der Psychotherapie«, in *Dialog über den Menschen.* Festschrift für Wilhelm Bitter, hrsg. v. G. P. Zacharias, Ernst Klett Verlag, Stuttgart 1968.
*** Vgl. Ruth Peltzer: »Transparenz in der Arbeit am Leib«, in *Transzendenz als Erfahrung,* a.a.O., S. 122 ff.

Transparenz verbürgt, meint nicht ein statisches, nach Maßen und Maßverhältnissen bestimmbares Gebilde, sondern die Verfassung einer Dynamik, kraft derer der Manifestation des Seins als Verwandlungsbewegung vom Leibe her nichts mehr im Wege steht. Ja mehr noch: Leibhaftig ist der Mensch in seiner Mitte erst in dem Maße, als die Grundbewegung des Lebens, der Rhythmus von Schöpfung und Erlösung, von Aufgehen und Eingehen, von Sich-Öffnen und Sich-Schließen, Sich-Geben und Sich-Zurücknehmen, kurz der »Atem des Lebens« *gewährleistet* ist und alles, was der verwandelnden Lebensbewegung im Wege steht, sie einschränkt oder deformiert, alsbald gespürt und automatisch auf Transparenz hin korrigiert wird.

So wie die Entwicklung des Menschen zur Person über die Subjektform des Welt-Ichs führt, dessen um Positionen kreisende Grundtendenz in ihrer Orientierung am statischen Prinzip dort, wo sie vorherrschend wird, der Dynamik des Lebens im Wege steht, so auch befindet sich, solange dieses Ich herrscht, das leibhaftige Dasein in der Welt im Schatten ichzentrierter, d. h. lebenswidriger Haltung. Die am leichtesten erkennbare Abweichung von der rechten, d. h. Transparenz bedeutenden Form, die Haltung also, in der sich die Dominanz des Welt-Ichs als Verhinderung der Transparenz am leichtesten bemerkbar macht, ist die Verlagerung des Schwerpunktes im Leibe zu weit nach oben. Im Gefolge dieser wesenswidrigen Schwerpunktsverlagerung macht das wesensgemäße »Zugleich« von Spannung und Entspanntheit dem Wechsel von Krampf und Auflösung Platz, und anstelle des lebensgerechten, weil wesensgemäßen, Zwerchfellatems zeigt sich ein flacher Brustatem. So also enthalten und bekunden Haltung, Spannung und Atem die rechte oder unrechte Lebensformel des Menschen.*

»Im Rahmen der Raumsymbolik wird die ›Stellung des Menschen im Kosmos‹ (Scheler) sinnfällig faßbar. Der sinnbildliche Aufbau seiner gegliederten Leibeserscheinung bietet aber auch den Ausgangspunkt für eine morphologische Wesensdeutung, die sich die Analyse der humanen Struktur

* Vgl. den Beitrag »Haltung, Spannung und Atem ...«, Seite 124.

zur Aufgabe setzt.«* Der Sinn des Leibes und seiner Gestalt ist primär das Ausdrucksfeld der in ihm sich in nie endender Verwandlung darleibenden Person. Die Symbolik des Leibes ist nicht Folge einer »Interpretation«, die etwas in einen, »vom Menschen abgesehen, daseienden Körper« (den gibt es gar nicht!) hineinprojiziert, etwas also, das an sich gar nicht da ist. Vielmehr kann der Leib des Menschen in seinen Gliedern und Funktionen überhaupt nur »personal« verstanden werden, d. h. als die Weise, in der sich ein Mensch darlebt, sich »hat«, da ist und etwas vertritt** und dabei die seinem eingeborenen Gesetz entsprechende Gestalt fortschreitend findet oder verfehlt. So auch haben das Oben und Unten des Körpers im Leibe nicht einen primär physikalischen, sondern einen personalen Sinn. »Die geheime Sinnbildlichkeit der vertikalen Haltungsachse des Menschen in Abhebung von der horizontalen Bewegungsebene seines Ganges, die er mit dem Landtier gemeinsam hat, ist für die intuitive Anthropognomik von unvergleichlicher Eindrucksgewalt.«*** Oben und Unten bedeuten Beziehungen zwischen Dimensionen, Gerichtetheiten und Positionen des menschlichen Lebens und kennzeichnen immer wieder zu durchlaufende Stationen auf dem Wege des Menschen zur Transparenz! So bedeuten sie die Möglichkeit des Menschen, sich zu erheben und etwas, das unten ist und ihn herabzieht, zu überwinden. Schwere und Leichtigkeit, Härte und Weichheit, Festes und Flüssiges etc. – alle solche »Bestimmtheiten« haben nicht primär eine physikalische und dann im übertragenen Sinn »auch« eine menschliche Bedeutung, sondern sie bezeichnen primär Qualitäten menschlichen Erlebens, Möglichkeiten menschlicher Entwicklung, Bewegung und Entfaltung. Erst in einem Prozeß fixierender Vergegenständlichung und unterscheidender Abstraktion wandeln sie sich zu Bestimmtheiten und Begriffen einer angeblich »an sich« bestehenden materiellen Wirklichkeit.

Daher auch haben die verschiedenen »Partien« des Leibes eine andere Bedeutung je nachdem, in welcher Lebens- und

---

* Vetter, a.a.O., S. 16.
** Vgl. Udo Derbolowsky: »Inkarnation – Okkupation – Repräsentation«, in *Transzendenz als Erfahrung,* a.a.O., S. 371 ff.
*** Vetter, a.a.O., S. 14.

Entwicklungsthematik sie als Stationen oder Zentren auf dem Wege des Menschen gesehen werden. Dieselbe Körpergegend kann einmal das »Unten« bedeuten, ein andermal die »Mitte«. Beispielsweise erleben wir als »Unten«, als Erde, einmal das, worauf wir mit unseren Füßen stehen. In anderem Zusammenhang erleben wir aber auch den Bauchraum mit allem, was er birgt und bedeutet, als Unten. Das Wort »Erde« hat einen anderen Sinn, wenn wir damit den Boden meinen, auf dem wir mit unseren Füßen stehen oder den Raum der mütterlich verwandelnden Mächte, dem wir uns im Becken zu öffnen haben und in den wir uns auf dem Weg der Verwandlung immer wieder hineinlassen müssen, wenn wir nicht »oben«, in Kopf (Denken), Brust (Willen) und Herz (Gefühl) hart und steril werden wollen.

Wo es um die Verbundenheit des Menschen mit den ursprünglichen Kräften der Erde geht, erfährt er die Gegend unter dem Nabel, den Unterbauch, als Mitte. Ist er dagegen vorwiegend der Verwandlungsbewegung inne, darin er sich im Auf- und Absteigen zwischen »Himmel« und »Erde« als »Person im Werden« bewährt, dann ist der Bauchraum als Raum der tragenden und erneuernden Wurzelkräfte »Unten«, und der Kopf ist nicht nur das, was »in den Himmel ragt« (Gegensatz zu den erdgebundenen Füßen), sondern Raum des Geistes. Und dann ist die Mitte nicht mehr der Bauchraum, sondern das *Herz*. Das Herz ist die Mitte zwischen Himmel und Erde, darin im Spannungsfeld von Oben und Unten ein Neues aufgehen kann.

Das Hinfinden zur »Erdmitte des Menschen«,* leiblich verkörpert im Unterbauch und Beckenraum, ist auf dem Weg zur Transparenz von ausschlaggebender Bedeutung. Es kennzeichnet den ersten Schritt auf dem Wege vom Welt-Ich zur Person.

Der Mensch befindet sich überhaupt erst dort auf dem Wege zur Transparenz und damit zu seiner Mitte, wenn er das gelassene Ruhen in der Leibesmitte als Voraussetzung der rechten Gelöstheit und der rechten Form erfahren, erkannt und zu üben begonnen hat. Gewiß hat es für den westlichen Men-

---

* Vgl. K. Dürckheim: *Hara. Die Erdmitte des Menschen,* O. W. Barth Verlag, Weilheim 1967 (3. Aufl.).

schen zunächst etwas Überraschendes und Befremdendes, wenn er vernimmt, daß die zuallererst zu verwirklichende und zu bewahrende Mitte des zur Transzendenz hin sich ordnenden Leibes der Bauch ist, genauer der Unterbauch und das Becken. Doch die »assiette«, von der eingangs die Rede war, birgt weit über den ersten Anschein hinaus *im* Leibesraum das Geheimnis der Übung zur gesamtmenschlichen Mitte.

Die Bedeutung des Bauches, wie sie uns immer wieder in der romanischen und frühgotischen Darstellung des Menschen begegnet, aber auch in der Christusvorstellung, wo er als Herr der Welt dargestellt wird, ist im Osten, insbesondere in Japan, seit langem bewußt und in die *Übung* zur Reife, d. h. zur Integration mit der Transzendenz, aufgenommen. Im japanischen Raum finden wir das in der Lehre und Praxis von »Hara«. Wörtlich bedeutet Hara »Bauch«, im übertragenen Sinn aber jene Gesamtverfassung des Menschen, in der er immer freier wird vom Bann des kleinen Ichs und sich gelöst und gelassen in einer Wirklichkeit zu verankern vermag, die ihn befähigt, von woanders her das Leben zu fühlen und die Welt zu meistern und ohne Rest dem zu dienen, was seine Aufgabe in der Welt ist. Er kann ohne Angst kämpfen, sterben, gestalten und lieben. Wo er es vermag, sich in den »Hara« niederzulassen und dort zu verankern, erfährt er ihn als einen Raum ihm verbundener Lebensmächte, die es vermögen, alle hart gewordenen Ichformen, »ohne zu richten«, aufzunehmen, einzuschmelzen und zu neuen Formen zu verwandeln. Kraft dieser Fähigkeit zur Verwandlung und Erneuerung vermag er auch die Welt anders zu nehmen. Es wirft ihn nichts um, es stößt ihn nichts aus seinem schwingenden Gleichgewicht. Der Kopf bleibt kühl, der ganze Leib ist gelöst-gespannt, und der Mensch atmet im Rhythmus des Sich-Öffnens und Schließens, Sich-Gebens und Wiederfindens den Atem der Mitte. Er kann auch im »Sturm der Welt« gelassen bleiben. Im »Hara« ruht der Mensch im Quellraum nie endender Verwandlung und eben damit im Wurzelraum seines personalen Seins und Werdens. Der Hara-no-hito, der »Mensch mit Bauch«, bedeutet den gereiften Menschen, den also, der die *Voraussetzung zur Integration* von Welt-Ich und Wesen gewonnen hat. Nur der Mensch, der sich aus dem Ich-Raum in den »Hara«-Raum, in die Erdmitte niederzulassen und hier zu verankern vermochte, kann am Ende dann in seine personale Mitte gelangen. »Hara haben« und »im Hara sein« bedeutet noch nicht, daß der Mensch in seiner wahren Mitte ist. »Hara« allein garantiert noch nicht die Mitte des Menschen als *Person.* Zur »Erdmitte« muß die Fühlung mit der »Himmelsmitte« hinzukommen.

Diese »Himmelsmitte« ist etwas anderes als die »Erdmitte Hara«. Sie zu gewinnen bedeutet die Herstellung der Verbindung zu den geistigen Mächten. Doch nur kraft aufgeschlossener Erdmitte vermag der Mensch den Samen des Logos aufzunehmen, ohne ihn in »logische« Ordnungen zu zwängen und damit zu entstellen.

Während die Erdmitte ihren Sitz im Bauch- und Beckenraum hat, dem Raum des natürlichen Ursprungs und der Verbindung mit den kosmischen Mächten, hat die Himmelsmitte, raumsymbolisch gesehen, ihren Sitz oben, im Kopf, und um ihn herum, genauer im Brust-Hals-Kopf-Raum und seiner Aura.

So wie nun im Prisma des Welt-Ichs die übermenschlichen »unteren« Mächte – die Fülle der kosmischen Kraft, an der der Mensch ursprünglich teilhat – sich reduzieren zur Vorstellung und zum Begriff sinnlicher Triebe und Bedürftigkeiten, so reduziert sich der Geist, verstanden als Logos, im Prisma des Ichs auf die Ordnungen der Logik, Ethik, Ästhetik. Das Reich ihrer Werte ist die Weise, in der das überweltliche Sein im Prisma des Ichs wahrgenommen wird. Hier aber werden auch sie Opfer der alles feststellenden und festhaltenden Tendenz des Welt-Ichs und dadurch in ihren statisch und sich traditionell verhärtenden »Ordnungen« zu einer Trennwand zwischen diesem und dem überweltlichen Sein. Erst dort, wo auch diese Ordnungen einzugehen vermögen und aufgehoben werden in der Erdmitte, diese sich auftut und der Mensch frei wird zum Empfangen der allen festen Ordnungen überlegenen »Fülle«, »Ordnung« und »Einheit« des Seins, bildet sich jene obere Mitte, die wir die *Himmelsmitte* nennen.

Die »Himmelsmitte« bedeutet in sich das von aller Raumzeitlichkeit und Bedingtheit unberührte und unberührbare Sein, die Quelle also jener Seins*erfahrungen,* in denen der Mensch das *Unbedingte* im Bedingten, das *Leben* im Tode, den *Sinn* im Unsinn und die *Liebe* in der Lieblosigkeit der Welt erfährt.

Wo der Mensch in sich die Himmelsmitte erfährt und dort verweilt, ist er der Welt entrückt. In diese Entrücktheit kann er sich, ganz von seinem Wesen erfüllt, vorübergehend in ihm als Mitte *fühlen.* Aber weil er ein Mensch ist, an seinen Leib in Raum und Zeit gebunden, *ist* er, wenn er im Wesen allein ruht, noch nicht in seiner wahren Mitte. Und doch geben ihm die Augenblicke, in denen er ganz von seinem Wesen erfüllt und getragen ist, einen Vorgeschmack vom Dasein in der wahren Mitte.

In seine wahre Mitte gelangt der Mensch erst kraft einer Integration von »Himmel und Erde«, und diese Mitte ist – raumsymbolisch gesehen – das *Herz.* Und erst, wenn in ihm dieses Herz aufgeht, kommt er, als der »Sohn« von Himmel und Erde, in seine wahre Mitte.

Das Teilhaftigwerden an den das Welt-Ich übergreifenden »irdischen« und »himmlischen« Mächten macht den Menschen also noch nicht zur Person. Im Gegenteil:

Das Teilhaftigwerden an den das Welt-Ich übergreifenden »irdischen« geistigen Mächten, den Logosmächten, ist an sich unpersönlich und unpersonal. Die Erdmächte sind vorpersönlich, die Geistmächte überpersönlich. Der Mensch kann aus beiden heraus wirken, ohne schon selbst im höchsten Sinn Person zu sein und ohne sich als Person zu engagieren. Er kann von den Mächten der Erde wie von den Mächten des Geistes ergriffen sein; sein kleines Ich kann im Wechsel von beiden aufgenommen, ja aufgesogen sein, so daß er wie ichlos da ist und wirkt, nicht nur im Rausch oder in der Begeisterung, auch in seinem verantwortlich täglichen Tun (z. B. als Heiler oder Seelsorger). Und doch gibt er sich in solchem, vielleicht sehr segensreichen Wirken noch nicht ganz selbst. Er selbst als dieses einmalige, nur in seinem tausendfältig bedingten Leibe wirkliche, von seinem persönlichen Schicksal unlösbare Individuum, das durchwirkt ist von seinem Glück und seiner Not, seiner Hoffnung und seiner Angst, mit einem Wort: er selbst als dieser *Mensch* – ist in solchem Teil-Wirken noch gar nicht wirklich da. Jeder wahre Lehrer, jeder Arzt, jeder Therapeut, aber auch jeder Seelsorger kennt den eigentümlichen Sprung, der sich in seiner Beziehung zu dem ihm aufgegebenen Menschen vollzieht in dem Augenblick, in dem er sich dem anderen gegenüber selbst öffnet, durch sein Amtskleid hindurch als der ganze Mensch hervortritt und so dem anderen als er selbst begegnet. Bei allen Gefahren, die damit gegeben sind – er weiß und spürt es: Erst jetzt erreicht er den anderen wirklich von Person zu Person.* Freilich muß, damit solches heilvoll sei, der Gebende und Führende selbst zu seinem Personzentrum gelangt sein. Allzu leicht kommt dieser erst eigentlich personale Einsatz gerade dort nicht zustande, wo der Mensch, sei es im Bund mit den kosmischen oder mit den geistigen Mächten gleichsam ichlos geworden ist. Er lebt, schafft, liebt und wirkt dann entweder aus seiner Erdmitte oder seiner Himmelsmitte heraus, aber noch nicht aus der Mitte seines »In-der-Welt-Seins« als Person. »Der Mensch, als Ganzes gesehen, d. h. der vollendete Mensch, ist nicht nur Mittelglied zwischen Erde und Himmel, zwischen Natur und Geist, sondern die Vereinigung beider im erleuchteten Bewußtsein.«**

»Als angemessene Bindungsmitte fordert die menschliche Struktur die Instanz der Person, ohne die sie nur gedacht und nicht wirklich wäre« ... »Ihren raumsymbolischen Ort hat die numinose Person im Schnittpunkt zwischen dem geistigen und dem leiblichen Bereich als dem Oben und Unten ...«***

Und so ist die Mitte des Menschen also weder das, was »Hara« verkörpert, noch das, was der »obere Raum« verkörpert, sondern das *Herz!* Aber das »Herz«, das hier gemeint ist, ist nicht das Herz, darin der Mensch gefühlsmäßig im Guten und Bösen an der Welt haftet, sondern das »Herz«, das erst aufgeht, wo er als Ich alles gelassen hat, eingegangen ist in die Erde, aufgegangen in den Mächten des Himmels und endlich hingefunden hat zu *dem* Punkt, der *in ihm selbst* beide verbindet. Es ist das »Große Herz« gemeint, das Herz, das in der Herz-Jesu-Verehrung nicht zufällig in der Mitte, d. h. in der Gegend des Sonnengeflechtes dargestellt wird. Sagt man, die Mitte des Menschen ist das Herz, so ist *dieses* Herz gemeint.

Das Herz der Mitte meint den Menschen als das Kind von Himmel und Erde. Aber erst dann kann man sagen, daß die-

---

* Vgl. Hans Trüb: *Heilung aus der Begegnung,* Ernst Klett Verlag, Stuttgart 1962 (2. Aufl.).
** Anagarika Govinda: »Durchbruch zur Transzendenz«, in *Transzendenz als Erfahrung,* a.a.O., S. 270.
*** Vetter, a.a.O., S. 18.

ses Herz aufgegangen und der Mensch in seine Mitte gelangt ist, wenn er es nicht nur gelegentlich, gleichsam in einer Wallung, erlebt, sondern erst, wenn er als Kind des Himmels und der Erde zu einem zuverlässigen Zeugen des Himmel und Erde übergreifenden Seins geworden ist. Doch wir müssen noch einmal fragen: Was bedeuten die Bilder »Himmel« und »Erde«?

»Erde« meint einmal die mütterlich-kosmischen Mächte der großen Natur gegenüber dem »Himmel« als »Stätte der väterlichen Logoskräfte des Geistes«. Aber die Gegensätzlichkeit von Himmel und Erde meint mehr als die unpersönlich wirkenden Kräfte der Natur im Unterschied zu auch »universal« und unpersönlich wirkenden Mächten des Geistes, an dessen Urbildern, Ideen, Gesetzen und Ordnungen wir, wie alles Lebendige, auch teilhaben. Der Gegensatz von Himmel und Erde ist in uns auch lebendig im Rhythmus von »Yin« und »Yang«, als ewig schöpferisch zeugender Ausgang und Aufgang des Lebens in die Vollendung besonderer Form und zum anderen als erlösender Heimgang im Großen All-Einen.

»Erde« bedeutet aber noch ganz etwas anderes, nämlich *das Leben* in seiner Bedingtheit, in der Einmaligkeit und Leibhaftigkeit einer durch ihre Lebensumstände und ihr Schicksal bedingten und bestimmten, d. h. durch Anfälligkeit, Alter und Tod auch immer begrenzten und beschränkten Individualität. Demgegenüber der »Himmel«: jenes überweltliche, durch kein Schicksal berührbare, ewig »junge«, jenseits von Raum und Zeit wesende gotthafte Sein, zu dem, wie östliche Weisheit lehrt, der Mensch aus dem ihn begrenzenden Ich-Welt-Wahn als zu seiner »Buddha-Natur« »erwachen« kann. Aber wenn wir in das Auge eines Menschen blicken, der wirklich auf dem Wege ist, ein ganzer Mensch zu werden, so blickt uns weder nur das unter seinem individuellen Schicksal leidende Welt-Ich an noch nur das unter diesem Welt-Ich verborgene schicksalsjenseitige »Wesen«, sondern ein personales Ich, das, gleichsam als der Kreuzpunkt der zeitüberlegenen Vertikalen und der zeitverhafteten Horizontalen, Zentrum ist jener sehnsuchtsgeladenen, zugleich verheißungsvollen und leiderfüllten Spannung eines ewigen Ringens um die rechte Integration von Himmel und Erde, von Wesen und Welt-Ich, von unbedingtem Sein und bedingtem Dasein. Im Kraftfeld dieser Spannung nur bildet sich die wahre Mitte des Menschen. Nur in ihr wird der Mensch der ganze Mensch. Nur aus ihr heraus geht jenes *Herz der Mitte* auf, dessen Liebe etwas anderes ist als die blutvolle kosmische Wärme, aber auch etwas anderes als jene blutlos »geistige« Liebe, die aus einer »Himmelsmitte« kommt, die die Erde nicht kennt oder nicht will. Erst in der Einswerdung von Himmel und Erde geht das wahre Person-Zentrum auf. Erst dort also kommt der Mensch in seine wahre Mitte, wo er mitten in der Welt sich mit einem Überweltlichen eins weiß; weiß, daß er zu ihm hin, in ihm und aus ihm heraus zu leben hat und es von daher zugleich auf sich zu nehmen vermag, daß er als der Weltgebundene immer wieder »heraus«fällt und in der Horizontalen die Vertikale verrät. Die »Mitte«, in die der Mensch als in *seine* Mitte gelangen kann, ist also letztlich *kein fester Punkt,* in dem man einmal ganz ankommen kann, sondern es ist *die treue Unbeirrbarkeit einer Bewegung,* in der er das Kreuz annimmt und darin lebt im Durchhalten einer nie endenden zentripetalen Bewegung. In ihr nimmt der über-raumzeitliche Geist immer neu raumzeitliche Gestalt an, in der er in die Welt der Bedingungen »eingeht« und zum anderen in seinem tausendfältig bedingten Leib immer wieder neu durchsichtig werden muß, auf daß das Himmelslicht rein aus ihm aufzuleuchten vermag. Erst also, wo das Darleben dieses Kreuzes das für einen Menschen Bestimmende wird, *da* ist der Mensch als Person in seiner Mitte. Die Mitte des Menschen ist also die in ihm zur Manifestation drängende, aber nur in Kreuzesgestalt im Menschen offenbar werdende »Transzendenz«.

Hat der Mensch diese »Mitte« gefunden, d. h. diese Transparenz zur Transzendenz hin, dann steht sein Erleben in einem besonderen Glanz; eine besondere Strahlung geht von ihm aus, und was auch immer er wirkt und wem auch immer er begegnet, es wird seinerseits transparent.[*] Denn wie mit sanfter Gewalt rückt er alles, was ihm begegnet, in seine Mitte.

---

[*] Vgl. K. Dürckheim: »Auf dem Wege zur Transparenz«, in *Transparente Welt. Festschrift für Jean Gebser zum 60. Geburtstag,* hrsg. v. G. Schulz, Hans Huber Verlag, Bern – Stuttgart 1966.

Der Mensch ist in seiner Mitte dann, wenn er unbeirrbar *in* der Welt *aus* seinem überweltlichen Wesen heraus lebt. In seinem Wesen hat der Mensch teil am göttlichen Sein. Aber nur in dem Maße wird ihm diese Teilhabe bewußtes Erlebnis, Verpflichtung und Erfüllung, als er sich auch in seiner menschlichen, schicksalhaften Einmaligkeit und Bedingtheit annimmt. Nicht »trotz«, sondern nur »in« seiner Bedingtheit erfährt sich der Mensch in der Unbedingtheit der besonderen »Weise des Seins«, die er im Wesen ist. Und gerade aus dieser seiner bejahten Bedingtheit heraus kann er *gnadenhaft* auch einmal in der Begegnung mit seinem individuellen Wesen das Wesen aller Wesen erspüren, sich selbst gläubig in Einheit mit dem Prinzip aller Gestalt erfahren, mit Christus als dem »Wort«. So also müßte man sagen, der Mensch ist dort in seiner Mitte, wo er sich in Einheit mit Christus weiß und aus ihm heraus lebt. Insofern er erst durch die Integration mit seinem Wesen in seine wahre Mitte gelangt ist, ist er in ihr mit dem Wesen aller Wesen, d. h. mit Christus, verbunden. Aber insofern er als Mensch zugleich als in der Welt Seiender doch immer auch mit seinem Wesen nicht voll »eins« ist, ist er in seiner *Erfahrung* »eins mit Ihm« nur in der *Begegnung*. In der Begegnung aber erscheint ihm, wofern er sich selbst im leidvollen Kreuzpunkt von Himmel und Erde als Person erfuhr, Christus nicht als »Prinzip«, sondern als göttliches *Du*.

Erst in der Erfahrung seiner eigenen Kreuzsituation geht dem Menschen das »innere Auge« auf. Und der Mensch ist erst in der Mitte seiner »Mitte«, wenn ihm das Auge aufging, das im geistigen Sinne wesentlich »sonnenhaft« ist, sozusagen das Christusauge, in dem der, der sieht, eins wird mit dem, der ihn sieht. Mit diesem »Auge«, das im strengen Sinne nicht mehr sein kleinmenschliches Auge ist, sieht der Mensch die Mitte, aus der er eigentlich leben darf und soll, nicht mehr von seinem natürlichen Ich aus »ganz draußen«, aber auch nicht in reiner Identifikation mit seinem eigenen Wesen »ganz drinnen«, sondern als der Mensch, der er auch in der Integration von Welt-Ich und Wesen bleibt, im Kreuzpunkt der Begegnung von »innen« und »außen«. Sofern er sich selbst in der Struktur seiner Dimension auf das Kreuz hingeordnet erfuhr, steht er – dürfen wir das sagen? – mit Christus in einem Dialog. In ihm »zeigt sich als der innerste Grund des Men-

schen das personale göttliche Du. Indem der Mensch sich selbst zu Ende erfährt, erfährt er als Tiefstes den personalen Dialog mit Gott und damit auch seinem göttlichen Partner«.*
Man kann also sagen:

Der Mensch ist in seiner Mitte, wenn er in Christus ist. Man hat Scheu, solches auszusprechen, denn es verwässert solch ein Satz allzu leicht in der beruhigten Zustimmung derer, die er als ein Glaubensbekenntnis ohne Erfahrung und Verwandlung begleitet und nicht, wie wir ihn hier meinen: als unendliches Ziel eines durch Tod und Verwandlung gehenden Weges.

Der initiatische Weg wird vorgebildet und übergriffen vom *Glauben,* insofern Glaube kein billiges Fürwahrhalten ist, sondern Ausdruck der im Innesein des Menschen lebendig gewordenen Transzendenz. In diesem Sinn auch ist es dem Menschen auf jeder Stufe seiner inneren Entwicklung gegeben, in seiner Mitte zu sein. Aber es ist dem Menschen aufgegeben, je nach der Stufe ihm möglicher Seinserfahrungen, in einem Prozeß fortschreitender Individuation durch Bewußtseinserweiterung und Überwindung der Grenzen seines natürlichen Bewußtseins das, was er im Grunde ist, das Kind des Himmels und der Erde, mit Bewußtsein zu sein und zu bezeugen.

Nur der immer aufs neue von Seinsfühlungen belebte und erneuerte Glaube gewinnt den Rang jenes höheren Wissens, das als absolutes Gewissen den Menschen in seiner wahren Mitte hält, aus der heraus er in der Welt den Mut auch zur gefährlichen Wahrheit und zur wirklichen Liebe gewinnt. Notwendigerweise werden jedoch auch die Geheimnisse der Offenbarung und die in ihnen enthaltenen Forderungen für das neue Bewußtsein, das in der Seinserfahrung aufgeht und das gewöhnliche Bewußtsein überschreitet, in einem neuen Licht erscheinen. Was in diesem Licht als wahre Mitte aufleuchtet, ist für das der Seinserfahrung vorausgehende Bewußtsein nicht mehr zugänglich.

---

* Johannes Lotz: »Auf dem Wege zum personalen Transzendenten«, in *Transzendenz als Erfahrung,* a.a.O., S. 247.

Im Programm des Otto Wilhelm Barth Verlages sind von
Karlfried Graf Dürckheim lieferbar:

Erlebnis und Wandlung. Grundfragen der Selbstfindung
Hara – Die Erdmitte des Menschen
Japan und die Kultur der Stille
Der Weg, die Wahrheit, das Leben. Gespräche über das Sein
mit Alphonse Goettmann
Wunderbare Katze und andere Zen-Texte
Im Zeichen der großen Erfahrung. Studien zu einer
metaphysischen Anthropologie
Zen und wir

Im Verlag Hans Huber, Bern/Stuttgart:
Durchbruch zum Wesen
Der Alltag als Übung

Im Verlag Herder, Freiburg/Basel/Wien:
Meditieren – Wozu und wie
Vom doppelten Ursprung des Menschen

Im Verlag Martin Lurz, München:
Übung des Leibes auf dem inneren Weg

Im Aurum-Verlag, Freiburg:
Mächtigkeit, Rang und Stufe des Menschen